CW00843206

RENDEZ L'ARGENT !

DU MÊME AUTEUR

Les corrompus
La Table Ronde, 1971

Dossier S... comme Sanguinetti
Éditions Alain Moreau, 1973

Tous coupables
(Dossier O.R.T.F. — 1944-1974)
Éditions Albin Michel

Les finances du P.C.F.
Éditions Albin Michel, 1977

La France communiste
Éditions Albin Michel, 1978

Les secrets de la banque soviétique en France
Éditions Albin Michel, 1979

La maffia des syndicats
Éditions Albin Michel, 1981

850 jours pour abattre René Lucet
(Les secrets d'une exécution politique)
Éditions Albin Michel, 1982

Lettre ouverte d'un " chien "
à François Mitterrand
au nom de la liberté d'aboyer
Éditions Albin Michel, 1993

Mitterrand
et les 40 voleurs...
Éditions Albin Michel, 1994

Jean Montaldo

RENDEZ L'ARGENT !

Albin Michel

© Éditions Albin Michel, S.A., 1995
22, rue Huyghens, 75014 Paris

ISBN 2-226-07850-9

Pour solde de tout compte

7 mai 1995, 18 h 25 : tandis que l'on m'informe des premières estimations « sorties des urnes » réalisées par les instituts de sondage — elles donnent Jacques Chirac élu nouveau Président de la République française —, mon regard s'arrête sur les centaines de dossiers et documents entassés autour de moi, dans mon bureau. Ils sont là, sous mes yeux, étiquetés par thèmes, noms et dates, si nombreux qu'ils débordent de mes rayonnages et s'entassent à même le sol. Effrayantes reliques de quatorze années de brigandages, d'une folle nouba, sous les deux septennats du Président de la République sortant, François Mitterrand. Elles constituent la trame de ce livre, complément indispensable de *Mitterrand et les 40 voleurs...* [1].

L'extraordinaire écho reçu par cet ouvrage m'a convaincu de la nécessité d'aller plus avant dans l'exposé des mille et une vilenies qui ont sali, pendant ces quatorze années, la fonction présidentielle... et l'honneur de la France.

1. Éditions Albin Michel, Paris, juin 1994.

Après avoir révélé l'étendue des vols perpétrés ou couverts au sommet de l'Etat, pendant si longtemps, je vais donc m'efforcer, maintenant, de dresser l'inventaire des trésors accumulés, en toute impunité, par les complices du plus grand hold-up de notre histoire politique et économique.

Vaste programme !

Voici, dans leurs grandes pompes et basses œuvres, les fiers gouvernants, tout de rose vêtus, princes de l'arnaque médiatique et principaux bénéficiaires de cette longue période où l'appât du lucre attira tant et tant de malfaiteurs sous les ors de nos palais nationaux.

Voici comment pendant le règne du plus grand monarque que notre République se soit donné, nos grandes Institutions et les fonds de la collectivité ont été pillés, livrés à des indélicats invétérés, quand ils n'ont pas été mis, sans la moindre vergogne, à la disposition des croupiers insatiables de l'« Etat PS ».

Voici encore comment, une fois la droite revenue aux affaires, en 1993, les coupables ont réussi à échapper aux foudres de la Justice, simplement parce que, se laissant dérouter par les sirènes faussement cohabitationnistes de l'Elysée, le nouveau chef du gouvernement, Edouard Balladur, ne voulait surtout pas déplaire à François Mitterrand, toujours Président de la République et, à ce titre, premier magistrat de France.

Serait-il normal que, misant sur les capacités d'oubli des Français, les acteurs présentés dans ce livre, mauvais génies de notre société malade de la corruption, puissent continuer de manipuler les esprits, de noyauter les institutions en charge du contrôle des comptes dans les services publics, divers établissements de l'Etat, collectivités territoriales ou locales, pour bâillonner la Justice... et, du même coup, de se prévaloir du silence de celle-ci ?

Serait-il acceptable que des bandits en écharpe tricolore, délinquants de haut vol — toujours drapés de lin blanc — restent impunis et puissent se retirer tranquillement, eux et leurs héritiers, fortune (mal) faite, en emportant avec eux, au douillet Luxembourg, sur les bords enchanteurs du lac Léman ou dans les coffres climatisés de Grand Caïman, les fabuleux produits de leurs rapines ?

S'il peut pardonner à ceux qui l'ont trahi, un grand peuple n'a pas le droit d'oublier. Ce qui est vrai pour les crimes commis au cours de notre histoire politique, sous toutes les Républiques, l'est aussi pour ce qui concerne les auteurs des vols, détournements de fonds publics et privés, trafics d'influence, corruption, faux et usage de faux, abus de biens sociaux... et j'en passe, dont les contribuables et les entreprises françaises de toute taille ont été les victimes depuis l'arrivée au pouvoir du Président François Mitterrand, en mai 1981.

Trompé par ses leaders — au premier rang desquels les François Mitterrand, Lionel Jospin, Henri Emmanuelli, Pierre Mauroy, Jack Lang, Claude Estier et autres Pierre Joxe (l'actuel président de la Cour des comptes !) ou Roland Dumas (président du Conseil constitutionnel !) — le peuple de France et, plus encore, celui de gauche, ressent maintenant une forte et salutaire envie de se ressourcer. Quoi de plus naturel ?

Les électeurs de François Mitterrand, en 1981 et 1988, ont trouvé saumâtre d'être, avec leur famille de pensée, couverts d'opprobre en raison des malfaisances de leurs idoles d'hier, à peu près toutes citées dans les « affaires » qui ont valu aux cinq gouvernements socialistes de ces quinze dernières années d'entrer dans la légende de la criminalité politique, économique et financière. Aussi, comment ne pas comprendre l'aspiration des millions de Français, indignés et inquiets, à laver leur mémoire des mauvais souvenirs de cette longue et si triste période ? Quoi, en effet, de plus légitime ?

Cependant, du passé il serait trop facile de faire table rase.

Sur tous ces accablants dossiers, aucun état précis, complet, n'a été dressé par la Justice, comme il était pourtant de son devoir de l'établir.

Dans *Rendez l'argent !*, j'entends présenter, sans faux-fuyants ni artifices, la facture des dégâts, afin que les Français puissent juger de l'ampleur prise par la corruption sous la longue présidence de François Mitterrand. Et, surtout, pour que plus jamais un tel homme, se réclamant de la morale et de la vertu, ne puisse accéder et se maintenir au pouvoir en laissant s'épanouir autour de lui ce qu'il faut bien appeler — il n'y a pas d'autres mots — une association de malfaiteurs.

Comme le remarque Claude Imbert, dans un remarquable éditorial de l'hebdomadaire *Le Point*, le 18 février 1995, sous le titre « Changer d'air » :

« La contagion du pot-de-vin dans les marchés publics, petits et grands, est effrayante. Combien d'élus ont-ils glissé du financement de leur parti jusqu'à celui de leur piscine ou de leurs vacances à Tegucigalpa ? On écrirait sans fin sur la ruine de l'esprit républicain, sur la déchéance de l'Etat jacobin, sur les bêtises de jeunesse des nouveaux pouvoirs régionaux qui s'essaient à la corruption sous l'œil de préfets amoindris. On ferait un roman des ravages de l'argent-roi qui déferla sur une France socialiste : à peine revenue de sa "rupture" avec le capitalisme, elle lui tomba dans les bras comme un séminariste dans ceux d'une fille de joie. Quelle volière, avec ses grands vautours — Maxwell, Parretti, Tapie — et ses étourneaux vide-poches, ses grands scélérats et ses petits jocrisses piégés par leur désir d'esbroufe, et qui contemplent en gagne-petit les gouffres du Crédit Lyonnais... »

Comment ne pas être d'accord avec Claude Imbert quand il propose pertinemment de « tirer un trait sur cette bamboula, pour installer au sommet d'une France plus démocrate et moins républicaine un Etat à nouveau convaincu que, sans vertu, la nation court à sa ruine » ? Comment ne pas souhaiter, avec lui et tous les vrais démocrates, que l'Elysée redevienne un « espace de dignité, après que l'on a vidangé les douves du "Château" et vraiment chassé les aventuriers de finances et tous ceux qui y entrent en amis et en sortent en complices » ?

L'arrivée d'une nouvelle majorité parlementaire de droite, en mars 1993, et d'un nouveau Premier ministre — Edouard Balladur —, en remplacement du socialiste Pierre Bérégovoy, n'a pas arrêté le flot des scandales et des affaires d'Etat. Bien au contraire.

Malgré les mises en garde et oubliant la colère des Français exprimée lors d'un vote-sanction historique — celui qui lamina le Parti socialiste et la gauche dans son ensemble, à l'issue des dernières élections législatives de mars 1993 —, Edouard Balladur n'a pas donné le grand coup de balai que les électeurs venaient de réclamer haut et fort. Soucieux, avant tout, de ménager François Mitterrand et son entourage, dont il croyait avoir besoin pour se faire élire Président de la République, en 1995, Edouard Balladur a commis la faute insigne de mettre l'éteignoir sur tous les grands dossiers (en premier lieu « l'affaire Mitterrand-Pelat-Vibrachoc [1] ») chaque fois qu'ils visaient directement le Président de la République, ses proches, ses principaux ministres ou les membres de l'état-major élyséen et du PS.

En outre, au lieu de s'entourer d'hommes au-dessus de tout soupçon, non susceptibles de se retrouver convoqués devant un juge d'instruction, le dernier Premier ministre de François Mitterrand a, par stupide tactique politicienne, commis l'erreur impardonnable de confier plusieurs portefeuilles ministériels à des personnalités de droite dont tous les spécialistes des dossiers délicats savaient qu'elles seraient immanquablement inquiétées par la Justice.

Effarante insouciance du personnel politique... et résultat catastrophique.

Comme la gauche déjà, en 1993, Edouard Balladur

---

1. Voir *Mitterrand et les 40 voleurs...*, *op. cit.*, pp. 141 à 276.

trébuchera sur « les Affaires ». Ce sont elles et les « mises en examen » des siens qui ont noirci l'image de son gouvernement, avant de ruiner ses ambitions présidentielles.

A l'Elysée, François Mitterrand n'en espérait pas tant. Premier responsable du cancer de la corruption qui s'est généralisé en France depuis 1981, il a vu venir comme un don du ciel l'aveuglement du nouveau Premier ministre.

En 1993, n'était-il pas légitime d'attendre de l'avènement d'une écrasante majorité UDF-RPR qu'il dispense le chef du gouvernement qui en était issu de recommencer les erreurs du passé, au temps des gouvernements successifs des Pierre Mauroy, Laurent Fabius, Michel Rocard, Edith Cresson et Pierre Bérégovoy ?

Etait-il excessif d'espérer que François Mitterrand soit enfin contraint de s'expliquer, de rendre des comptes, lui qui est cité dans des affaires aussi graves que le scandale Pechiney-Pelat-Vibrachoc, ou l'étourdissant dossier des 5 000 écoutes téléphoniques de l'Elysée ?

A eux seuls, ailleurs qu'en France, ces viols flagrants de la Loi constatés au plus haut niveau de l'Etat, ces libertés prises avec l'argent des contribuables, auraient coûté son trône au Président de n'importe quelle grande démocratie occidentale. Au lieu de cela, grâce notamment à la connivence cohabitationniste d'Edouard Balladur, le mitterrandisme finissant a pu, jusqu'au bout, briller de ses derniers feux. Sans que jamais les magistrats, les fonctionnaires et les organes de l'Etat chargés du contrôle des administrations, entreprises nationales, collectivités locales et départementales, de même que des sociétés nationalisées et des deniers publics, soient, tous et chacun, mobilisés dans l'indispensable revue de détail du « système Mitterrand ».

Face à ces abandons, à cette lâcheté, et au moment où s'ouvre un nouveau chapitre de la Ve République dont on espère qu'il sera celui de la probité retrouvée, il me paraît indispensable, pour l'histoire, de présenter l'exact bilan de la corruption sous les deux septennats de François Mitterrand, d'exposer les méfaits de ses « gens de maison » tels que je les ai découverts et vécus, dans des circonstances parfois tragiques.

Un " incorruptible " nommé Jospin

Champion providentiel du Parti socialiste — dont on a presque oublié qu'il en fut le premier secrétaire de janvier 1981 à mai 1988, en remplacement de François Mitterrand devenu Président de la République —, Lionel Jospin serait, à l'en croire, un homme neuf, immaculé.

Bel aplomb.

« Jospin, c'est clair » allaient jusqu'à proclamer, dans la France entière, les affiches électorales du candidat socialiste, lors de la dernière campagne présidentielle, en avril-mai 1995.

Amnésie collective, magie des mots... choisis à dessein pour tirer un trait sur l'opaque et honteux passé du PS, pour étayer l'idée que le Parti socialiste et le « Jospin nouveau » n'ont plus rien en commun avec toutes les turpitudes qui ont ruiné l'image de la gauche moralisatrice depuis le 10 mai 1981 et l'accession de François Mitterrand à la fonction suprême.

Venant après « La force tranquille » du candidat Mitterrand en 1981 et la « Génération Mitterrand » de la présidentielle de 1988, le « Jospin, c'est clair » de 1995 est conçu comme un slogan de lessive lavant plus blanc que blanc.

Pour mener à bien sa campagne, le Jospin sans tache et sans reproche n'en est pas à un reniement près. Sacrifice ultime : du jour au lendemain, même le nom déifié de François Mitterrand — jadis célébré avec tant de faste et d'emphase de la Bastille au Panthéon, et jusque sur les bords de la roche païenne de Solutré —, a été rayé des discours et professions de foi.

Hypocrisie de campagne, ingratitude des hommes, cruauté de la politique. Ainsi va l'histoire !

Oubliés les délires militants des congrès socialistes de Valence, Bourg-en-Bresse, Toulouse et Lille, quand, à chaque fois, au temps de la rose au poing triomphante, le « camarade Lionel » se voyait confier la haute direction du Parti, plébiscité par les militants et le premier d'entre eux — qui n'a jamais cessé de l'être —, François Mitterrand !

Oubliées les dentelles, l'argenterie et la porcelaine de Sèvres de l'Elysée, lors des petits déjeuners feutrés des « éléphants du PS », chaque mardi au « Château », dans le « salon des portraits », lorsque le Président réunissait autour de lui le Premier ministre, le premier secrétaire du Parti socialiste et leurs révérencieux conseillers.

Oublié, aussi, le bâton de maréchal, si longtemps convoité et finalement reçu, en mai 1988, quand le dévoué Lionel Jospin put troquer ses fonctions de patron du PS contre un maroquin de choix : celui de « ministre d'Etat, ministre de l'Education nationale, de la Recherche et des Sports », dans le gouvernement de Michel Rocard.

Aux yeux de cet énarque passé par le PSU, apparatchik dogmatique, militant du PS depuis 1971 (l'année du congrès d'Epinay qui vit la création du nouveau Parti socialiste), François Mitterrand n'est manifestement plus, aujourd'hui, qu'un mauvais souvenir, aussi embarrassant que la Renault Twingo verte offerte, en cadeau d'adieu, au Président sortant, par les camarades de la rue de Solférino, le mercredi 17 mai 1995, quelques minutes après son départ de l'Elysée.

Que le candidat Jospin ait, par opportunisme, gommé le nom de Mitterrand dans ses textes et interventions est, somme toute, la conséquence logique d'une attitude consistant à se présenter, devant les électeurs à mémoire courte, comme un gentil caniche pour salons de la rive gauche, histoire de mieux faire oublier son passé de chef de meute.

Même au Front national d'ordinaire peu enclin à distribuer les bons points, voilà maintenant son président, Jean-Marie Le Pen, qui insiste sur « la réputation, méritée sans doute, d'incorruptible de Lionel Jospin [1] ».

Trêve de plaisanterie !

Numéro un du PS — et à ce titre, à la fois général en chef et percepteur de ses « faux facturiers » et tra-

---

1. Déclaration sur les ondes de *France Inter*, le lundi 24 avril 1995, au lendemain du premier tour de l'élection présidentielle, qui laisse aux prises Jacques Chirac et Lionel Jospin.

fiquants en tous genres —, durant toutes les années
de la « rose au poing », Lionel Jospin a cautionné et
fait prospérer l'immense machine de guerre mise en
place par les socialistes et leur tout premier secrétaire,
François Mitterrand, pour se financer en tournant la
loi. N'en déplaise à tous les responsables politiques,
de droite comme de gauche — tous ceux qui ont
choisi de passer par pertes et profits les noirs dessous
du PS dirigé, successivement, par les camarades Mitterrand, Jospin et Mauroy —, les années 1980 ont vu
la montée en puissance d'une horde de prédateurs à
la solde du Parti.

Annonciatrices du grand cataclysme électoral de
1993, ces années du premier septennat resteront, dans
l'histoire, marquées du double sceau de François Mitterrand, Président de la République, et de Lionel Jospin, premier secrétaire du PS, « le Parti du
président ».

1981-1988 : c'est la période dorée d'Urba-Gracco,
durant laquelle le PS, sous la houlette de l'« incorruptible » nommé Jospin, bénéficie des activités coupables de plusieurs divisions de « racketteurs » qui
sillonnent la France, écrèment les comptes des entreprises publiques et privées... pour remplir les caisses
du Parti, quand ce ne sont pas celles des élus socialistes eux-mêmes.

Qui, alors, ose réagir ?

Après 1981, la droite tout entière est terrorisée. A
Paris, Lyon, Marseille, Bordeaux et Toulouse, Strasbourg et Metz, Nice et Tours, Clermont-Ferrand et
Carpentras, Vichy, Nevers et Château-Chinon, l'opposition a pratiquement cessé d'exister. Pour les uns,
c'est la peur du « grand soir », pour les autres, « la

révolution bolchévique est en marche ». Quelques-uns s'exilent à l'étranger.
La France délire.

En fait de révolutionnaires, une fois au pouvoir, socialistes et communistes ne tardent pas à découvrir les charmes et les bienfaits du capitalisme le plus sauvage. Grâce à l'« incorruptible » Lionel Jospin et à ses entreprenants « golden boys », le parti de Jean Jaurès fait des miracles... et des millions. Les affaires démarrent sur les chapeaux de roues.

J'ai déjà relaté dans *Mitterrand et les 40 voleurs...* [1], comment, dès l'été 1981, de modernes croisés de l'« économie sociale », les ascètes au grand cœur de la CFDE (Compagnie française pour le développement des entreprises) se présentent alors comme les « pompiers socialistes de l'emploi ». Ils reprennent et mettent à sac des dizaines d'entreprises, dans toute la France. Ils ont le soutien du PS et empochent au passage, par dizaines de millions, les subventions du déjà peu regardant ministère de l'Economie et des Finances, alors confié à Jacques Delors.

De même que Jean-Pierre Chevènement, Georges Sarre, Michel Charzat, Jean-Michel Boucheron ou Pascal Lamy (aujourd'hui numéro deux du Crédit Lyonnais), Lionel Jospin n'est pas le dernier à en appeler aux « compétences » de cette bande d'aigrefins.

Rapporteur spécial au Parti socialiste pour les entreprises en difficulté, Ignace Loviconi, PDG de la CFDE, laisse derrière lui un champ de ruines. Avec ses asso-

1. *Op. cit.*, pp. 95 à 139.

ciés, il est condamné sévèrement, le 13 mars 1992, par la 11ᵉ chambre correctionnelle du tribunal de Paris. Le jugement évalue les dégâts à quelque 160 millions de francs. A la barre, Loviconi, ses complices et leur avocat, Mᵉ Pascal Dewynter, ont en vain expliqué qu'une partie de ces fonds était destinée au Parti socialiste. A l'appui des dires de ses clients, l'avocat produit plusieurs documents et correspondances. Ils attestent la réalité des liens politiques et financiers unissant les dirigeants de la CFDE à ceux du PS.

Dans une lettre d'Ignace Loviconi, en date du 29 juin 1982, et communiquée au tribunal, un court mais édifiant passage concerne le premier secrétaire du Parti socialiste :

« Tu trouveras ci-joint, écrit Loviconi, deux dossiers que m'a transmis Lionel Jospin. »

Que vient faire « l'incorruptible » Jospin dans cette galère ?

Au cours de sa plaidoirie, Mᵉ Dewynter fustige une instruction incomplète, partiale :

« On n'a, accuse-t-il, pas voulu que le dossier débouche sur le terrain politique. »

En désignant ses clients sur le banc des accusés, l'avocat s'exclame :

« Ils en ont assez d'être les lampistes ! Ils en ont assez d'être les seuls à devoir payer ! Tout ce qu'ils ont fait l'a été sous le couvert des plus hautes autorités de ce pays ! »

Lorsqu'elle reprend des entreprises moribondes, pour mieux les dépouiller, la fabuleuse équipe rassemblée autour d'Ignace Loviconi dans la CFDE a un faible pour les zones géographiques des éminences socialistes : Jean-Pierre Chevènement à Belfort ; Jean-

Michel Boucheron à Angoulême ; Louis Longequeue et Alain Rodet à Limoges ; Pierre Guidoni dans l'Aude ; Philippe Madrelle en Gironde ; Gilbert Mitterrand à Libourne ; Louis Mermaz dans l'Isère ; Jean Le Garrec à Cambrai.

Quand la CFDE et sa société sœur l'EIP (Engineering investissement et participation) rendront l'âme, laissant sur le carreau plus de 3 600 emplois, tous ces beaux esprits fermeront pudiquement les yeux et feront mine d'avoir tout ignoré. Mais, quoi qu'ils aient fait, quelles qu'aient été leurs protections, les industrieux compères de la CFDE n'ont jamais été que des amateurs au regard de l'industrie lourde d'Urba et d'autres réseaux souterrains du PS, dont, avec quelques journalistes amis — parmi lesquels Yves Messarovitch (aujourd'hui rédacteur en chef du *Figaro-Economie*), Patrick de Jacquelot (maintenant grand reporter au journal *Les Echos*) —, nous commençons à percer les mystères, dès la fin 1982, dans *Le Quotidien de Paris* de Philippe Tesson et Bernard Morrot.

Formidable saga !

Novembre-décembre 1982 : voilà des mois que je ferraille avec le gouvernement de Pierre Mauroy et plusieurs de ses ministres, dont Gaston Defferre et Nicole Questiaux, à propos de sordides affaires d'extorsion de fonds impliquant socialistes et communistes. Cette fois, grâce au témoignage d'un promoteur immobilier racketté, Olivier Picot, notre campagne anti-corruption peut passer à la vitesse supérieure.

Le 7 décembre 1982 — huit ans avant que la Justice

se décide enfin à agir, timidement —, Urba fait son entrée dans les gazettes. Yves Messarovitch reçoit les confidences, accablantes, de ce promoteur parisien qui accuse le Parti socialiste de lui avoir soutiré 510 000 francs — une jolie somme à l'époque —, pour obtenir du gouvernement une autorisation de sortie de capitaux. Dossier révélateur. Dans les semaines, les mois et les années qui suivront, nous pourrons, grâce à ce premier indice, remonter la filière d'un réseau de corruption impliquant les plus hautes personnalités de « l'Etat PS ».

Patron de la société civile immobilière Florida, Olivier Picot et son associé Thierry Piccolo ont alors en projet un programme immobilier de loisirs dans le petit paradis espagnol des Canaries. Montant de l'investissement : 17 millions de francs pour 71 appartements. Les études sont prêtes, le dossier est bouclé. Reste à obtenir de la Banque de France l'indispensable feu vert pour pouvoir transférer les capitaux en Espagne. Car, depuis le 10 mai 1981 et l'avènement des socialistes, un contrôle des changes très strict a été mis en place par le ministre des Finances Jacques Delors. Le montage financier et fiscal de l'opération est confié à l'un des plus grands cabinets de la place, Francis Lefèvre. N'empêche, le temps passe et l'indispensable autorisation n'arrive toujours pas. Jeunes dans le métier — ils ont tous deux 30 ans — Picot et Piccolo s'impatientent. Gérant de la Sci, Olivier Picot obtient un rendez-vous rue de Rivoli, au cabinet de Jacques Delors. Quelle n'est pas sa surprise quand son interlocuteur lui explique, sans détour :

« Votre dossier est techniquement irréprochable.

Mais l'aboutissement de la procédure se heurte à des facteurs psychologiques. »

La conversation prend un tour très technique : il est question du franc qui vient d'être dévalué et des consignes données pour contrôler les mouvements de capitaux. Bref, la situation est bloquée. Picot est inquiet.

Mais, bientôt, l'espoir revient. Proche du Parti socialiste, un de ses amis lui indique que son dossier n'a pas abouti, parce qu'il méconnaît les « pratiques en vigueur ». Il lui fournit le sésame : le label d'une mystérieuse société Urbaconseil, qui devrait mettre de l'huile dans les rouages. Picot suit le conseil à la lettre et entre en contact avec un responsable de Mercure International, société bidon dans l'orbite d'Urba... qui ne l'est pas moins. Toutes deux font partie d'un Gie (Groupement d'intérêt économique), intitulé Gsr (Groupement des sociétés regroupées), dont le siège est à Paris, dans un immeuble bourgeois, 140 boulevard Haussmann.

Le marchandage commence. Lors d'une première entrevue, Olivier Picot se voit réclamer une commission de 1,3 million de francs. Refus. Son ami proche du PS entre de nouveau dans la danse :

« L'usage veut, lui confie-t-il, que la commission tourne autour de 3%, ce qui te fera 510 000 francs. »

Le promoteur n'a pas le choix. Il accepte la transaction. A la condition de l'officialiser par un document l'assurant qu'une fois la commission versée, ses 17 millions de capitaux nécessaires pour son investissement espagnol pourront bien passer la frontière pyrénéenne.

Le 28 octobre 1982, une « Convention de mission »

[sic] est signée avec Mercure International, stipulant une « obligation de résultat », matérialisée notamment par « l'obtention de l'avis favorable du ministère de l'Economie et des Finances et de l'autorisation du Trésor ». Une date butoir est prévue : le 10 novembre 1982, douze jours plus tard, dont sept seulement ouvrables ! Prudents, les dirigeants de Mercure International camouflent ce contrat sous l'intitulé « étude de faisabilité pour l'opération projetée », alors que celle-ci est depuis longtemps ficelée.

Malheureusement pour Urba et Mercure International, l'opération capote : Jacques Delors — c'est son honneur — refuse de désavouer les précédentes décisions de ses fonctionnaires. Il maintient le veto des Finances... et Mercure International se voit contraint de restituer les 510 000 francs soutirés au tandem Picot-Piccolo.

Cas unique ! Olivier Picot ignore alors qu'il fait son entrée — par la bonne porte — dans l'histoire du PS et d'Urba. Il est bien le seul dont je puis assurer, dans *Rendez l'argent !,* qu'il a été remboursé.

Dépité et scandalisé, le promoteur décide tout de même de porter l'affaire sur la place publique. Le scandale Urba commence...

Je n'ai pas rappelé ici, par hasard, les mésaventures tragi-comiques de ce chef d'entreprise. Histoire ancienne ? Certes. Mais à quel point exemplaire !

Tout au long des deux septennats de François Mitterrand, je ne vais plus compter les malheureux patrons qui ont été floués, suivant ce même méca-

nisme, par les racketteurs et trafiquants d'influence
d'Urba.

Dans mes archives, un épais dossier bleu rassemble
aujourd'hui les pièces à conviction. Toutes celles qui
me furent transmises au fil des ans par plusieurs socialistes de très haut rang, dont le vieux compagnon et
confident, ô combien déçu, de François Mitterrand,
mon ami François de Grossouvre, retrouvé mort, sui-
cidé, le 7 avril 1994 à l'Elysée. Dans ce classeur figurent les actes constitutifs et modificatifs de la galaxie
Urba-Gracco. Mes propres investigations y ont ajouté
des milliers de fausses factures, talons de chèques,
contrats, organigrammes, etc. Documents eux aussi
précieusement conservés, chez mes avocats, Me Patrick
Gaultier et Me Pascal Dewynter.

Entre les mains d'un magistrat intègre et courageux
— tel le juge italien Di Pietro, ex-numéro un à Milan
de l'opération « Mains propres » —, de telles pièces
auraient abouti, depuis fort longtemps, à une descente
en règle au 10 de la rue de Solférino, à Paris, le siège
du Parti socialiste. Et au renvoi en justice de ses plus
hauts responsables.

Au lieu de cela, seuls quelques comparses, comme
l'ancien trésorier du PS Henri Emmanuelli et le dernier PDG d'Urba, Gérard Monate, ont été quelque
peu inquiétés... et condamnés à des peines de principe, sans rapport avec les actes qui leur sont imputa-
bles.

Ecran de fumée ! Justice théâtrale !

Pourtant, tous ces actes et preuves, qui s'étalent de
la date de création d'Urba, le 15 janvier 1972, jusqu'à
sa liquidation, en 1992, contiennent des indices précis, graves et concordants.

Ils mettent en cause l'ensemble des dirigeants du Parti socialiste durant cette période, au premier rang desquels ses premiers secrétaires au moment des faits. Je dois citer dans l'ordre :

• François Mitterrand, de la création d'Urba, en 1972, jusqu'au congrès de Créteil, en janvier 1981, date à laquelle il démissionne de la fonction de premier secrétaire, pour devenir le candidat du PS à l'élection présidentielle ;

• Lionel Jospin, son successeur en janvier 1981, constamment reconduit à ce poste jusqu'en mai 1988, lors de son entrée au gouvernement de Michel Rocard ;

• Pierre Mauroy de mai 1988 jusqu'en janvier 1992, date de sa démission ;

• Laurent Fabius, enfin, de janvier au 29 juin 1992, date de la liquidation amiable d'Urba (commencée début 1990) et de sa radiation. Après que la Justice a été contrainte de ne plus continuer à ignorer les pratiques palermitaines de ce conglomérat d'officines donnant à la France la réputation d'une République bananière.

Urba n'a jamais été la maison des Enfants de Marie. Créée au lendemain du congrès d'Epinay de 1971 — celui qui fonda le nouveau Parti socialiste, à l'instigation de François Mitterrand —, dès le départ, son unique mission est de récolter, par tous les moyens, s'il le faut les plus frauduleux, les capitaux nécessaires au financement des ambitions politiques du PS et de sa figure de proue, François Mitterrand. L'objet social de la première société coopérative, Urbaconseil, créée

le 15 janvier 1972, est à lui seul tout un programme.
Il nous éclaire sur les objectifs financiers de ses propriétaires déclarés, tous militants ou responsables politiques, dont le profil et les compétences ne
correspondent pas vraiment au bric-à-brac des missions qu'ils s'assignent :

« Assister les Collectivités locales et les Associations
pour la réalisation de toute opération d'aménagement
et d'équipement urbain ou régional. A cet effet, elle
a notamment pour but :

• Etude et révision du plan d'urbanisme.
• Réalisation d'équipements administratifs, socio-
culturels, commerciaux et touristiques.
• Aménagement des secteurs ruraux.
• Etude et estimation, vérification de travaux de voi-
ries, réseaux et ouvrages divers.
• Pilotage de travaux et coordination des entreprises.
• Assistance pour le règlement de problèmes administratifs, notamment l'utilisation rationnelle de
l'informatique.
• Conseils aux Collectivités pour la mise en place
de services d'information et de relations publiques.
• Et généralement, la réalisation de toutes opérations industrielles, commerciales, mobilières, immobilières ou financières intéressant directement ou
indirectement la réalisation de l'objet social. »

L'article 4 précise :

« La société aura en outre la possibilité d'avoir des
succursales, bureaux, agences, tant en France qu'à
l'étranger. »

Lors de la création d'Urbaconseil — officine qui ne
va pas tarder à faire des petits —, le premier secrétaire

du PS, François Mitterrand, charge son homme de confiance Pierre Mauroy[1], puissant patron de la Fédération PS du Nord, de décalquer le modèle éprouvé des quelque 300 sociétés commerciales et monopolistes du Parti communiste, grâce auxquelles celui-ci ramasse, depuis des lustres, des fortunes colossales.

Parmi les associés d'Urbaconseil — qui créent également, deux ans plus tard, le 18 février 1974, la Sarl Urbatechnic puis, bien après, la société sœur, le Gracco —, je retrouve la vieille garde du PS. L'assureur-conseil Daniel Pastre — liquidateur du groupe Urba-Gracco en 1992 — figure aussi parmi les associés d'origine, tous membres du Parti.

Le gérant désigné n'est autre que le cadre administratif d'EDF Guy Marty, militant discret et effacé qui, à la différence de beaucoup de ses camarades, refusera obstinément les honneurs et les fastes du pouvoir.

Issu des rangs de la vieille SFIO, Marty est un compagnon des premiers jours du maire de Lille, Pierre Mauroy. En 1949, il anime le Groupe des étudiants socialistes de Toulouse, avant de devenir le secrétaire particulier du socialiste Paul Ramadier, ministre des Affaires économiques et financières. Avec feu le député européen Roger Fajardie — lui aussi cofondateur d'Urba et ami intime de François Mitterrand —, il a activement participé à la création du nouveau PS, intervenant surtout pour les problèmes financiers et les relations avec l'étranger, notamment l'Afrique, le tiers monde et la Tunisie. Travailleur acharné, c'est

1. Pierre Mauroy se présente alors, dans le *Who's Who* (édition 1977-78), comme « *médecin* », bien qu'il n'ait jamais effectué une seule année de médecine ! Petite vanité... vite corrigée.

un homme de dossiers et de montages juridiques : l'un des cerveaux du système.

En décembre 1981, Marty quitte Urba pour rejoindre Pierre Mauroy à l'Hôtel Matignon, comme conseiller technique. Mais son influence et son nom resteront longtemps mêlés aux activités du Gie.

Le cabinet du Premier ministre fourmille d'ailleurs de fondateurs d'Urba. Chef du secrétariat particulier de Pierre Mauroy, feu Marie-Josèphe Pontillon occupe la 23e place dans la première liste des associés. A la 22e, Raymond Vaillant, l'ancien trésorier du PS de 1971 à 1979, chargé de mission et à ce titre des décorations à Matignon, est un ami d'enfance de Pierre Mauroy, dont il est l'adjoint à la mairie de Lille. Premier de cordée sur la liste des pionniers d'Urbaconseil, en 1972, Antoine Blanca, lui aussi conseiller technique de Mauroy à Matignon, et bientôt ambassadeur itinérant en Amérique centrale, du Sud et aux Caraïbes.

Dans Mercure International, la filiale d'Urba censée s'occuper du secteur de l'immobilier et de l'étranger, figure également du beau linge. L'un des actionnaires et fondateurs, longtemps président de la société, n'est autre que l'ancien trotskiste et homme d'affaires Max Théret, alors patron de la FNAC et future vedette du scandale élyséen Pechiney-Triangle, en 1988-1989. Autre associé : le secrétaire du groupe socialiste à l'Assemblée nationale, Jean-Claude Karsenty. Il effectuera plus tard une carrière miracle et enviée, en étant nommé, de 1990 à 1993 — il arrive ainsi que les camarades ne manquent pas d'humour —, directeur de l'administration pénitentiaire, c'est-à-dire patron des prisons françaises.

Plusieurs fidèles du clan Jospin — celui qui dirige le PS durant les années 1980 —, sont membres du club très fermé des pères fondateurs d'Urba et de ses sous-marques. Député et conseiller du premier secrétaire Lionel Jospin, André Bellon est présent. Chef de cabinet de Lionel Jospin au PS, Yves Lebas est, quant à lui, un des associés de Mercure International, aux côtés du futur président d'Urba, Gérard Monate. En janvier 1982, celui-ci est nommé PDG de Mercure, fonction alors totalement incompatible avec ses activités officielles : membre du cabinet et conseiller technique du secrétaire d'Etat à la Sécurité publique, Joseph Franceschi.

Dans Urba, on place les camarades les plus solides, ceux dont on n'imagine pas qu'ils puissent un jour se désolidariser de ce qui va s'y passer. Ces hommes de confiance portent les intérêts du Parti dans le capital, ici d'Urbaconseil, là d'Urbatechnic, ailleurs du Gracco, de la Socofic, de Valorimmo ou de Mercure International, etc. Sont notamment présents : Jean Deflassieux, le futur PDG du Crédit Lyonnais en 1981 ; le fidèle des fidèles Charles Hernu ; son homme d'argent François Diaz, épinglé dans l'affaire Luchaire ; l'énigmatique Harris Puisais, décédé en 1989 peu après Roger-Patrice Pelat ; ou le vieux confident de François Mitterrand François de Grossouvre, le seul à avoir démissionné (avant 1981), quand il comprit la véritable raison d'être de la galaxie Urba.

Alors inconnu de la Justice, un jeune apparatchik du Nord, qui s'est fait la main en portant les valises du FLN pendant la guerre d'Algérie, a le privilège d'entrer, à la douzième place sur vingt, dans la première équipe d'Urbatechnic, alors installée à Paris, 11 rue de Clichy. Il s'agit de l'ineffable complice de Bernard Tapie, le futur ministre Jacques Mellick, recordman du monde (et à vie) de vitesse automobile sur le trajet Paris-Béthune, ville dont il est le maire. Mellick a été une nouvelle fois réélu, en 1995, malgré une sévère condamnation (certes frappée d'appel) à six mois de prison avec sursis et deux ans d'inéligibilité, pour « faux témoignage et subornation de témoins », dans le cadre de l'affaire Tapie et du match truqué Olympique de Marseille-Valenciennes, en 1993. Aveuglement des électeurs !

Le 7 juin 1975, le conseil des ministres d'Urbaconseil est remanié : le numéro un s'appelle Georges Beauchamp. Pratiquement inconnu du grand public, ce personnage secret et influent est l'une des éminences grises de François Mitterrand. L'un de ses plus vieux amis aussi. Ils se fréquentent depuis la faculté de droit. Homme d'affaires et publiciste, franc-maçon (comme beaucoup des fondateurs d'Urba) et haut gradé du Grand Orient de France, Beauchamp a fait partie de tous les cabinets ministériels de François Mitterrand, au début de sa carrière politique, en 1947, 1948, 1950, 1952 et 1953. Vice-président, depuis 1984, du Conseil économique et social — la confortable assemblée consultative de l'avenue d'Iéna, à Paris —, Beauchamp appartient aussi au saint des saints de la nomenklatura socialiste : la Fondation France Libertés de Danielle Mitterrand, dont il est l'un des administrateurs. En compagnie de l'autre ami intime de François Mitterrand, Roger-Patrice Pelat, il siégera également, après 1981, au conseil d'administration d'Air France. Une sinécure royale qui permet les beaux voyages et tous les déplacements d'affaires, sans bourse délier...

Avec les ans, Urba devient un petit groupe. Au sommet de la pyramide — et avant de céder la place, en 1984, à l'ancien gardien de la paix Gérard Monate —, l'urbaniste Claude Faux préside le Groupement des sociétés regroupées (Gsr), la holding qui rassemble toutes les sociétés de la nébuleuse. Spécialiste apprécié des implantations de supermarchés et de grandes surfaces dans les communes socialistes, Claude Faux est le mari de la talentueuse avocate Gisèle Halimi, député PS de l'Isère, de 1981 à 1984, et auteur, en 1981, de l'inoubliable best-seller : *Quel président pour les femmes ?* écrit en collaboration avec... François Mitterrand !

Quand, en 1981, celui-ci s'installe à l'Elysée, Urba et ses filiales regroupent donc les militants les plus solides du Parti, tous fidèles du Président, autant que du nouveau premier secrétaire Lionel Jospin.

Qui, maintenant, osera prétendre que François Mitterrand a pu ignorer le rôle d'Urba, quand lui-même dirigeait le PS ? Qui soutiendra que le « premier magistrat » de France, de mai 1981 à mai 1995, n'a été informé, à aucun moment, des activités illégales d'Urba, celles qui ont généré des profits énormes, encaissés par le PS... et ses élus, à tous les niveaux, après avoir transité par les caisses des gredins du 140, boulevard Haussmann, à deux pas de l'Elysée ?

Allons plus loin. Plusieurs pièces en ma possession révèlent que la campagne électorale qui vit la victoire de François Mitterrand en 1981 fut déjà financée avec de l'argent sale en provenance d'Urba. Au même titre que celle de 1988, elle encore alimentée avec les fonds inavouables provenant, à profusion, du « racket » des entreprises. Car durant tout ce temps, les socialistes, passés maîtres dans l'art de tourner la législation régissant les marchés publics, ont pu — par l'entremise d'Urba notamment —, emplir à ras bord leurs caisses noires.

De ces documents relatifs à la première élection de François Mitterrand, je n'ai encore jamais parlé. Un seul d'entre eux, rédigé de la main même d'un dirigeant de la « pieuvre socialiste », dresse la liste de 23 grandes entreprises françaises — pour la plupart dans les secteurs du BTP, de la grande distribution, de l'eau et de l'incinération des ordures ménagères — qui se sont vues ponctionnées pour un total de *« 4,363 millions de francs »*, lors de la campagne présidentielle de François Mitterrand en 1981. J'y reviendrai.

En 1988, pour la seconde campagne présidentielle du candidat Mitterrand — je passe, ici, sur tous les autres financements annexes —, c'est encore la modeste somme de *« 24,3 millions de francs »* qui est prélevée dans la caverne aux trésors d'Urba. Car les camarades rançonneurs ont, pendant toutes ces années, su développer un commerce florissant. Au point de m'obliger à agrandir les dépendances où, depuis tant d'années, j'empile les traces de leurs exploits.

Rien de tout cela n'a pu se faire sans le concours d'une gigantesque, puissante machine, celle du Parti socialiste, dirigé, à partir de janvier 1981, par Lionel Jospin. De celui-ci, il serait injuste, inéquitable, de ne pas dire quelle fut sa part de responsabilités.

Qui, en effet, depuis janvier 1981, alors que les collecteurs d'Urba sévissent dans toute la France, préside aux destinées du PS ?

Qui ordonne le « *racket* », terme que je n'invente pas, puisqu'il figure, en toutes lettres, dans les comptes rendus de réunions des dirigeants et délégués d'Urba ?

Qui encaisse les fonds, frauduleusement soutirés et de si vilaine manière ?

Ai-je besoin de préciser que, comme le patron d'une société commerciale, le numéro un d'un parti politique est, de celui-ci, le seul vrai responsable.

Aussi, Lionel Jospin ne saurait se laver les mains des actes de ses trésoriers, ni de la provenance de l'argent sale mis à sa disposition... et dont il a usé, sans ignorer les moyens utilisés pour se le procurer.

Observons qu'en octobre 1981, Lionel Jospin est, à la tribune du congrès de Valence, triomphalement reconduit dans ses fonctions de premier secrétaire, puisqu'il est réélu à l'unanimité. Même scénario en octobre 1983, lors du congrès de Bourg-en-Bresse, puis à celui de Toulouse, en octobre 1985. Cette fois, comme à Pékin et Moscou, le plébiscite a lieu par « acclamation ». Et je ne n'insiste pas sur le congrès de Lille, en octobre 1987. Comme tous les autres il est « payé » avec les pots-de-vin d'Urba. En contrepartie, il est utilisé pour assurer la promotion... et la fortune de cette vaste entreprise d'extorsion de fonds.

Alors, « incorruptible » Lionel Jospin ?

Devenu le patron du Parti socialiste, l'Eliott Ness de la rue de Solférino s'est bien gardé, en janvier 1981, de donner des instructions pour que cessent, sur-le-champ, les activités déjà coupables d'Urba. Au contraire, à partir de cette date, l'entreprise, fondée en 1972 pour *« moraliser le financement du Parti »* — Pierre Mauroy *dixit !* — va instiller le venin de la corruption dans le pays.

Plus que toutes les autres affaires qui ont jalonné et noirci les deux septennats de François Mitterrand, Urba est, de loin, la plus dévastatrice. La France n'a pas fini d'en mesurer les effets. Aucune autre, dans notre histoire, n'a touché autant de ministres, d'élus (députés, sénateurs, conseillers généraux et maires), de hauts fonctionnaires, d'entreprises publiques et privées, d'Institutions de l'Etat... jusqu'à la présidence de la République elle-même.

Des documents en ma possession, il ressort que toutes les Fédérations départementales du PS, la direction nationale du Parti et la quasi-totalité des élus socialistes avaient — parfois sans le savoir — un compte secret et une comptabilité analytique chez Urba, 140 boulevard Haussmann.

Si la Justice avait fait son travail, sans se soucier des pressions, c'est — selon mes calculs — près de 90% des élus du PS qui auraient déjà été tenus de lui rendre des comptes.

Au congrès des 40 voleurs...
et des coupeurs de têtes

Fructueux et impuni, le manège du trafic d'influence et du racket des entreprises va durer pendant la quasi-totalité de l'ère mitterrandienne. Sans que jamais les rappels à l'ordre de la presse, de l'opinion ou de l'opposition ne viennent interrompre cette infernale razzia.

Pour comprendre ce qui s'est réellement passé pendant ces quatorze années de présidence socialiste, au cours desquelles les valeurs essentielles de probité et d'impartialité qui fondent l'esprit républicain ont été battues en brèche, il me faut narrer quelques-uns des événements marquants de cette période où la corruption a triomphé, au point de développer dans le pays et les hautes sphères de l'Etat un climat insupportable.

Petit à petit, à force d'enquêtes, de révélations dans nos journaux respectifs, nous sommes quelques intrépides, de gauche comme de droite, à avoir compris que l'affaire Urba est loin d'être un simple faux pas. Ce ne sont pas dix ou quatorze ans de gouvernement, mais bien tout un système qui est en cause.

Il est vrai qu'à défaut d'alternance politique, l'exercice du pouvoir finit toujours par corrompre. Mais, dans le cas précis de l'ère Mitterrand, tout a commencé bien avant que l'usure du temps ne fasse son œuvre. Parti mystificateur, dont les dirigeants jouent aux Saint-Just à la tribune, tandis que, en coulisse, les mêmes se comportent comme des filous, dépourvus de tout scrupule, le PS n'a aucune excuse. Son hypocrisie n'en apparaît que plus impardonnable.

Nous sommes à l'automne de 1981. Les 23, 24 et 25 octobre, le congrès du Parti socialiste est réuni à Valence, dans la Drôme. Six mois après la vague rose et l'installation de François Mitterrand à l'Elysée, les camarades savourent leur victoire dans une grand-messe néo-révolutionnaire. Chacun fait assaut d'imagination et d'imprécations, comme pour mieux montrer que l'ordre socialiste est désormais établi. Avant de se rendre au Mexique, le Président a laissé un message :

« Ne gardez pas votre drapeau dans la poche. »

Sur l'estrade, les discours sont ceux de commissaires politiques staliniens. Pierre Mauroy est menaçant :

« Certains banquiers retrouvent la mentalité des émigrés de Coblence. »

Bien qu'il soit Premier ministre de la République, il n'hésite pas à associer ces prétendus ennemis du peuple aux nobles qui, sous la Révolution, pour échapper à la Terreur, émigrèrent dans cette ville d'Allemagne. Gaston Defferre est en parfaite harmonie avec lui :

« Certains banquiers n'acceptent pas le verdict populaire. S'ils n'avaient pas été nationalisés, ils n'auraient pas hésité à saboter la politique économique et financière du gouvernement, pour nous chasser du pouvoir (...). C'est eux ou nous. »

Paul Quilès s'amuse à jouer les bourreaux de Béthune en bonnet phrygien. Sous le regard approbateur du premier secrétaire Lionel Jospin (dont, il est toujours, aujourd'hui, l'un des supporters), il lance la terrible profession de foi qui lui vaudra, à jamais, le surnom de « Robespaul », allusion à Maximilien de Robespierre, le guillotineur guillotiné de la Terreur. Propos étourdissants, sous les applaudissements, les vivats d'une foule de militants en délire :

« Nous ne devons pas confondre, comme le disait fort justement Jacques Delors à la tribune de l'Assemblée nationale dimanche dernier, idéalisme et naïveté : l'idéalisme, c'est la fidélité à nos idées et, notamment, à notre volonté de respecter les hommes ; la naïveté, ce serait de laisser en place des gens déterminés à saboter la politique voulue par les Français. »

A ses pieds, le congrès se dresse. Ovations ! Quilès est maintenant dans un état second :

« Je pense à certains directeurs, à certains préfets, à certains dirigeants d'entreprise, à certains fonctionnaires ! »

L'assistance s'enflamme. Les poings se dressent. De bleu clair, les yeux de Paul Quilès deviennent bleu acier :

« Croyez bien, chers camarades, que personne ne

nous saurait gré de laisser en place tous ces hauts responsables de l'économie ou de l'administration, qui
sont nos adversaires, il ne faut pas avoir peur de le
dire. »

Les applaudissements redoublent. Et voici les mots
historiques :

« Souvenons-nous qu'en politique faire un cadeau
de ce genre, c'est se condamner soi-même. Mais il ne
faut pas non plus se contenter de dire, de façon éva-
sive, comme Robespierre à la Convention, le 8 ther-
midor 1794 : *"Des têtes vont tomber"* ; il faut dire
lesquelles, et le dire rapidement, c'est ce que nous
attendons du gouvernement. Il y va de la réussite de
notre politique. »

A ces mots, les camarades exultent. Ils tiennent leur
revanche. Les roses s'agitent... et les couteaux s'aigui-
sent. Lionel Jospin en remet une couche :

« On s'est beaucoup intéressé aux coupeurs de
têtes, je voudrais qu'on s'intéresse un peu plus aux
coupeurs de bourses... »

Malgré les protestations, les cris d'orfraie de l'opposition, somme toute légitimes, « au Château » le message est bien reçu : Jospin est de toutes les cérémonies
et, à partir de 1983, le député Quilès sera plusieurs
fois ministre, recevant les portefeuilles parmi les
mieux dotés et les plus appréciés par les renards
d'Urba : l'Urbanisme, le Logement, les Transports, la
Défense, les PTT, l'Equipement et enfin l'Intérieur.

Entendu au-delà de toutes les espérances, Paul
Quilès deviendra, à la fin de 1986, l'associé — dans le
quotidien de gauche *Le Matin de Paris* — de l'un des
plus grands naufrageurs de la banque nationalisée, le
Crédit Lyonnais, l'escroc international Giancarlo Par-

retti, contre lequel, le 3 mai 1995, un mandat d'arrêt international a enfin été lancé par Interpol, à la demande du juge parisien Patrick Fiévet.

Le Parti socialiste s'enorgueillit de compter dans ses rangs un second Fouquier-Tinville : son trésorier, le député André Laignel. En ces temps héroïques, lui aussi manie le verbe comme d'autres la chaîne à vélo. A l'Assemblée nationale, sans qu'aucun de ses camarades ne le rappelle à la raison, le petit Laignel tient des propos hystériques. Ancien communiste et cégétiste, il vitupère contre l'imaginaire ennemi de classe. A l'opposition éberluée, Laignel lance son fameux :

« Vous avez juridiquement tort, parce que vous êtes politiquement minoritaires. »

L'« incorruptible » Lionel Jospin applaudit des deux mains quand son trésorier continue sa harangue et s'enflamme littéralement avec cette autre envolée révolutionnaire :

« La lutte des classes est entrée au Parlement ! »

Jospin et tous les autres dirigeants du Parti se gardent bien encore de freiner les ardeurs de Laignel — dont nul n'ignore qu'il va devenir, en sa qualité de trésorier du PS, le sergent-major de voleurs de grands chemins rassemblés dans Urba et tous les autres réseaux du Parti —, quand il ajoute, envieux, à propos de ses adversaires de droite :

« Leurs greniers sont remplis de toiles de maître et ils amarrent leur yacht dans les douves de leur château. »

Inoubliable morceau d'anthologie.

Ce jour-là — j'en suis soudain conscient —, la tartuferie a vraiment pris le pouvoir !

En ces premiers temps du « socialisme loubard », le milliardaire à crédit Bernard Tapie, dévot de François Mitterrand et futur collègue du même André Laignel dans le gouvernement de Pierre Bérégovoy, en 1992-1993, n'a pas encore dévalisé le Crédit Lyonnais pour s'offrir, aux frais de la princesse (la République), et donc des contribuables, le plus grand yacht du monde, le *Phocéa,* hôtel particulier, Porsche 959 de collection, meubles précieux, tableaux de maître et autres babioles... pour un montant de dépenses personnelles évalué, au bas mot, à *700* millions de francs.

Zakouski !

Pendant que, pour amuser la galerie, livrer un os aux naïfs camarades de la base, les Lionel Jospin, Paul Quilès, André Laignel, Jean Poperen et Louis Mermaz s'emportent en public contre bourgeois et banquiers, en coulisse les « affaires » tournent rond. Elles n'ont jamais aussi bien prospéré. Pour parvenir à ce résultat, on n'a pas hésité à mettre les petits plats dans les grands, quitte à prendre des risques insensés, sans se préoccuper des procureurs, juges d'instruction ou de la police judiciaire... tous prévenus des usages en cours.

Qui, au congrès des coupeurs de têtes de Valence, remarque qu'Urba et ses filiales sont au programme, en vedettes américaines ?

Pendant ces trois jours d'invectives anti-capitalistes, j'observe, interloqué, que le Gracco, société sœur d'Urba, accueille chefs d'entreprise et fournisseurs des villes et administrations tenues par les socialistes, tous contraints, sous peine de perdre les marchés publics convoités, de passer à la caisse, de cotiser aux bonnes œuvres du PS et de ses élus.

Sur ordre de la haute direction du Parti... et de Jospin qui voit tout, regarde tout, contrôle tout, les pigeons sélectionnés — les plus prestigieuses sociétés françaises — ont leurs stands installés sur la voie d'accès à la salle du congrès. De cette manière, les responsables du Parti les mettent en contact avec les élus. Ainsi se prépare le trafic d'influence. Les responsables des plus grandes firmes commerciales participent au congrès du premier parti de France comme s'il s'agissait de la Foire de Paris ou du salon des arts ménagers. Que viennent faire dans ce cénacle politique les géants du BTP, de la distribution des eaux ou de l'informatique ?

Il ne peut y avoir de doute sur l'étroitesse des liens unissant le PS et Urba-Gracco. Maintenant que François Mitterrand est à l'Elysée, cette interdépendance, ces relations de famille n'ont plus à être cachées. Chacun est persuadé que la loi de l'omerta ne sera pas transgressée. Quel fou oserait alors défier le parti au pouvoir ?

Haut en couleur, le petit commerce d'Urba prospère dans l'enceinte même du congrès. C'est le retour des « porteurs de valises ».

Aux entreprises présentes, une circulaire a été préalablement envoyée. Je me la suis procurée. Elle est signée par le directeur du Gracco, feu François Diaz, ami intime du ministre de la Défense Charles Hernu. Tous deux seront cités plus tard lors de l'affaire Luchaire — le scandale d'Etat (novembre 1986) des ventes illicites d'armes françaises à l'Iran — puis à Lyon, en novembre 1987, dans celui des fausses factures de *Radio Nostalgie.*

Avec cette « lettre-circulaire », François Diaz s'adresse nommément aux « entreprises et fournisseurs des équipements utilisés par les collectivités locales ». Puis vient la phrase-choc... dont la Justice française — alors obstinément aveugle —, ne peut prétendre qu'elle l'aurait ignorée, puisque je l'ai alors publiquement portée à sa connaissance, de même que tout le reste. Diaz le confirme :

« Un hall d'exposition est prévu, où les stands sont mis à votre disposition. Ce hall constitue le moyen d'accès obligé *[sic]* à la salle du congrès... »

« Incorruptible » Lionel Jospin ? Lui et tous les séminaristes du PS, moralistes impénitents et intarissables donneurs de leçon sont alors parfaitement informés des agissements siciliens des collecteurs d'Urbatechnic et du Gracco, pour ne citer que ceux-là.

En effet, dans un autre courrier tout aussi édifiant, il est précisé, sous la mention « hébergement », que les firmes démarchées... pour participer (contre argent versé) à une manifestation politique qui ne ressort pas de leur objet social, doivent « adresser une lettre de réservation d'hôtel à : Parti socialiste, 10 rue de Solférino, 75007 Paris. Délégation à l'administration ».

A cette époque, l'escroc international Giancarlo Parretti — toujours lui ! — représente officiellement en France le PSI, le Parti socialiste italien, alors dirigé

par un autre grand bandit, le Premier ministre corrompu Bettino Craxi, aujourd'hui en fuite avec son
magot, sur les hauteurs d'Hammamet, charmante station balnéaire, en Tunisie. Au titre du PSI, Parretti, a,
lui aussi, bureau et secrétaire rue de Solférino. Il s'est
empressé de faire figurer cette adresse sur sa carte de
visite d'homme d'affaires véreux.

Cependant, malgré le sentiment d'impunité qui les
habite, il arrive tout de même que les dirigeants du
PS prennent conscience des imprudences des uns ou
des autres. Quelque temps après l'envoi de la lettre
du Gracco portant l'adresse de la rue de Solférino,
François Diaz se ravise. Il s'est fait taper sur les doigts
et il reprend la plume pour tenter de réparer la gaffe,
Diaz précise que le courrier n'est plus à adresser au
« Parti socialiste », mais au « Gracco-hébergement-
congrès, 140 boulevard Haussmann, 75008 Paris ».

A lui tout seul, cet envoi est déjà un aveu. Lors de
l'enquête que j'ai commencée sur les réseaux de
financement occulte des hommes d'argent du Président François Mitterrand, je découvre alors que nombre de sociétés contactées — je recense environ 250
« fournisseurs agréés » référencés dans l'annuaire du
Gracco —, ont répondu favorablement à cette collecte... d'argent noir mais bien frais.

Voilà donc comment, à Valence — le plus jusqu'au-
boutiste et révolutionnaire de tous les congrès socialistes —, un hall d'exposition, payé à prix d'or par de
grandes entreprises industrielles et commerciales qui
n'ont rien à y faire, permet à Lionel Jospin, à tous les
dirigeants et élus d'un PS arrogant et triomphant,
de préparer, voire renforcer les contacts avec les fournisseurs et les prestataires de services qui désirent

travailler avec les communes, collectivités, entreprises publiques et administrations à la main des socialistes.

Partout, le portrait officiel du Président de la République, François Mitterrand, est là pour indiquer aux entreprises rançonnées qu'elles n'ont rien à craindre des services de l'Etat chargés de la répression de la fraude, puisque la Direction générale des Impôts et le service du contrôle fiscal sont maintenant sous la tutelle de camarades.

Rien à redouter, non plus, de la Brigade financière. Là, veille le terrible et très rusé Gaston Defferre, fin connaisseur et metteur au point du « système », puisqu'il dispose depuis longtemps (les années 1950 !) de son propre réseau de fausses factures et de financement occulte à la mairie de Marseille. Celui que je dénonce, dès l'été 1982, dans mon livre sur René Lucet et son suicide [1].

Le silence radio est également total au sommet de l'Etat, je veux dire à l'Elysée, où François Mitterrand connaît, mieux que quiconque, l'utilité et l'efficacité de toutes ces officines. On sait pertinemment « au Château » qu'elles ont pour unique vocation de fausser les marchés publics et les appels d'offres, afin de monnayer leurs attributions.

Le 16 décembre 1982, nous interrogeons Pierre Arpaillange, alors procureur général à Paris. A celui qui deviendra, en 1988, le ministre de la Justice de François Mitterrand et qui, le premier, à ce titre, ten-

---

1. Voir *850 jours pour abattre René Lucet — Les secrets d'une exécution politique*, Albin Michel, Paris, juin 1982.

tera d'enterrer l'affaire Urba, nous posons la question :

« Comptez-vous ouvrir une information sur les bureaux d'études du PS ? ».

Réponse embarrassée du haut magistrat :

« Depuis le début de cette affaire, nous lisons attentivement, chaque jour, ce qu'écrit *Le Quotidien de Paris* et les documents qu'il publie. Nous étudions actuellement l'ensemble et nous attendons que votre enquête soit terminée pour prendre une décision. »

Amusés, nous en rajoutons :

« Peut-on en conclure que cette information va s'ouvrir ? »

Pierre Arpaillange toussote, frétille sur sa petite chaise. Le terrain est glissant et l'homme ne manque ni d'assurance, ni de métier :

« Nous attendons, comme je vous l'ai dit, que vos révélations soient terminées. Il n'y a pas encore de décisions prises à ce sujet. Il est possible, en effet, que nous ouvrions une information. »

Avec le recul du temps, force est de constater que Pierre Arpaillange avait quelques raisons de nous inciter à la patience. Grâce à lui, et à tous les procureurs de France, effrayés par le pouvoir socialiste, le système Urba-Gracco-Sages-Orta-Orcep-Certa... pourra prospérer et se développer de longues années encore. En toute impunité !

Avec Urba, ses sociétés affiliées et les autres réseaux dits « parallèles » créés par le PS et ses multiples « courants » — dans le Nord, à Lyon, Bordeaux, Marseille,

Nantes, Angoulême, Vienne, Paris, etc. —, la mécanique mise en place va travailler à plein régime.

La loi de décentralisation votée en février 1982 est venue, à point nommé, parachever cette opération quadrillage. Elle est initiée par le vieux copain de Mitterrand, le ministre d'Etat, ministre de l'Intérieur et maire de Marseille, Gaston Defferre, numéro deux du gouvernement derrière le Premier ministre Pierre Mauroy.

En sus d'une réelle et souhaitable autonomie, la loi Defferre — faute d'organismes de contrôle efficaces — donne des droits exorbitants aux élus locaux : les maires, les présidents des conseils généraux ou régionaux. Partout en France, y compris dans les plus petites communes, elle consacre le triomphe des concessions de service public au secteur privé. Et celui des sociétés d'économie mixte (les fameuses Sem). Enjeux financiers considérables pour tous les mastodontes, telles la Compagnie Générale des Eaux ou la Lyonnaise des Eaux, qui vont se ruer sur ce nouvel Eldorado.

Grâce à ces marchés et aux tentations qu'ils font naître chez des élus de base peu expérimentés — et souvent poussés au vice par la direction nationale de leur parti —, une corruption sans précédent, effrénée, va pouvoir se développer pendant toutes les années 1980 et jusqu'à aujourd'hui.

Issu des vieilles méthodes du Parti communiste, imitées à partir de 1972 par le Parti socialiste de François Mitterrand, ce cancer va bientôt proliférer dans tous les tissus politiques, administratifs et économiques de la nation. Tous les grands partis politiques, à droite comme à gauche, vont se retrouver contaminés. Même ceux qui auparavant n'avaient jamais trempé dans ce type de magouilles.

Pourquoi se gêneraient-ils, puisque, à présent, le mauvais exemple vient d'en haut, des deux grands partis de la gauche au pouvoir, signataires d'un *Programme commun de gouvernement* dont l'un des objectifs prioritaires, sans cesse sermonné par François Mitterrand, est la lutte contre l'avilissement de la société capitaliste, repaire d'accapareurs de fortunes, de spéculateurs sauvages, de corrupteurs et de corrompus.

Le lecteur l'aura compris : cette mise en coupe réglée de la France, pendant les deux septennats socialistes, ne doit rien au hasard, ni aux errements de quelques brebis galeuses. Ourdi par de vrais professionnels, ce ratissage de type mafieux dans tout le pays, était planifié depuis longtemps, bien avant le 10 mai 1981. Dès lors, une conspiration du silence, à nulle autre pareille, donne au phénomène toute son ampleur, en faisant de la corruption une industrie comme les autres, un système de gouvernement, à tous les niveaux : local, départemental, régional et national.

A l'exception notable de la presse écrite — comme toujours moins timorée, devant les pouvoirs établis, que les radios et les chaînes de télévision —, chacun fait mine d'ignorer ce qui se passe dans nos villes et nos campagnes. Les procureurs et les différents parquets de France traitent avec un mépris souverain ce que quelques journalistes, dont je suis, parviennent tout de même à publier.

Pour nous faire taire, dissuader aussi nos confrères

de suivre les pistes que nous livrons à nos lecteurs sur l'appareil financier parallèle du PS et ses multiples relais, l'arme de la désinformation fait des merveilles. On nous couvre de boue, d'étiquettes infamantes, quand nous ne sommes associés à je ne sais quel « complot politico-médiatique. »

Confronté à ce rouleau compresseur — l'indifférence des uns, la morgue des autres —, les années de solitude commencent, pendant lesquelles, patiemment, j'accumule et vérifie les témoignages. Avec le temps, je finirai par obtenir, de nombreux chefs d'entreprise détroussés, les preuves indiscutables des chantages et trafics communistes ou socialistes.

Faut-il qu'ils aient été saignés à blanc pour que ces patrons excédés finissent par accepter de parler ?

Au début des années 1980, nous nous heurtons encore à l'implacable omerta, la fameuse loi du silence. Rares sont ceux qui osent dénoncer les abus de pouvoir, les pressions d'un élu ou d'un haut responsable du PS. Il leur faut pour s'y résoudre un solide courage, un rien d'inconscience et prendre le risque de perdre les marchés publics.

En décembre 1982, l'un de ces chefs d'entreprise, héroïque, livre au journal *Ouest-France* des précisions éclairantes sur la mission des dirigeants d'Urba et du Gracco à Saint-Brieuc, ville socialiste. Evoquant le rôle du bureau d'études fantôme Urba et de son antenne locale, l'industriel interviewé par le quotidien breton ne mâche pas ses mots :

« Cette société est le passage pratiquement obligé pour obtenir des marchés. Bref, il faut cracher... Et, pour être franc, la plupart dans ma profession y sont passés ! C'est comme ça !... »

Prudent, *Ouest-France* modère ses révélations. Dans ses colonnes, il est seulement question d'un « parti de la majorité ». Les liens d'Urba avec le PS ne sont pas explicitement signalés.

Aux questions qu'on lui pose, le délégué du Gracco à Saint-Brieuc donne des réponses dictées, d'un parfait cynisme, d'une totale mauvaise foi. Celles, toujours les mêmes, que nous recevrons pendant plusieurs années, jusqu'à la fin :

« Mon premier travail, répond-il, consiste à éplucher minutieusement les conditions d'appel d'offres. Nous n'allons jamais au-devant des entreprises, ce sont elles qui viennent à nous *[sic]*. Le Parti ? Aucun lien avec lui *[resic]*. Mais, c'est vrai, nous travaillons de préférence avec des municipalités de cette sensibilité. Je ne fournirai pas de noms, c'est toujours gênant ! »

« Sensibilité » ?

Il faudra attendre le début des années 1990 pour que les dirigeants du PS reconnaissent, contraints et forcés, qu'ils sont les vrais patrons d'Urba et qu'ils ont profité de leur pouvoir pour vicier les marchés publics. D'ailleurs, quand on soupçonne devant lui la régularité des procédures d'attribution lors des adjudications, le responsable du Gracco à Saint-Brieuc a cette réponse toute prête, dont mon ami le philosophe haut-savoyard Jacques Chambaz dirait qu'elle est « frappée au coin du bon sens » :

« Ce n'est pas sérieux ! A l'ouverture des plis, il y a des gens au-dessus de tout soupçon, le maire ou un adjoint, un représentant de la DDE *[la Direction dépar-*

tementale de l'équipement], l'architecte, le percepteur.
Cela ferait beaucoup de gens malhonnêtes. »

L'infime volet de l'affaire Urba jugé à Saint-Brieuc,
en 1995 — il arrive ainsi que le hasard fasse bien les
choses —, a bien montré qu'une camarilla d'élus,
fonctionnaires et ministres malhonnêtes se sont
entendus comme larrons en foire pour institutionna-
liser la corruption, en trafiquant — entre autres tri-
patouillages —, l'ouverture des plis, lors des appels
d'offres. Cela pour prélever leur dîme avec impu-
dence, sur une multitude d'opérations touchant
toutes les activités économiques, sociales et financières
de la nation. Partout où ils ont pu sévir... ces impos-
teurs se sont réclamés, toujours, de la plus haute
« intégrité morale ».

Urba — qui n'est pas un cas unique, car il existe
bien d'autres réseaux — dispose de démarcheurs infa-
tigables : ses 18 « délégués régionaux », dûment
salariés par le Groupement et dotés de bureaux, voitures de fonction, batteries de téléphones. Ces VRP
de la corruption sillonnent tout le pays et même les
départements les plus reculés pour capter des dizaines, des centaines de millions de francs qu'ils déver-
sent dans les caisses du Parti et de ses élus. Les
dirigeants et commanditaires d'Urba (le premier
secrétaire du PS Lionel Jospin, son trésorier André
Laignel — plus tard remplacé par Henri Emmanuelli
—, le PDG de l'officine Gérard Monate et son petit
état-major) vont faire de la fausse facture, pendant les
deux septennats de François Mitterrand, un

commerce tentaculaire et florissant, une industrie attrayante et profitable.

Gardien de la paix jusqu'en 1975, longtemps président de la Fédération autonome des syndicats de police (Fasp), qui regroupe la majorité des képis et dont il est le fondateur, Gérard Monate, est un socialiste d'un genre particulier. Il a de l'esprit marxiste — qui anime alors les cadres du Parti — une interprétation plutôt brouillonne. Ancien délégué régional pour l'Ile-de-France et la Normandie, il est promu, à partir de 1977, directeur du Gracco. En 1981, il cumule ses activités discrètes dans Urba avec le poste de chargé de mission auprès du directeur de la Police nationale. Il fait partie de la garde rapprochée du premier policier de France, Gaston Defferre. En 1982, nouvelle promotion : il devient l'homme de confiance et le conseiller technique du secrétaire d'Etat chargé de la Sécurité publique, Joseph Franceschi. C'est là, en 1984, qu'André Laignel vient le chercher pour prendre les commandes du Gie-Gsr, la maison mère d'Urba et dynamiser ses personnels. Laignel a fait le bon choix. Car, mieux que quiconque, Monate sait quels arguments utiliser pour accroître la productivité de ses délégués. L'ancien gardien de la paix est un maître dans l'art de la fausse facturation. Pour lui et ses sbires, la fraude n'a pas de frontières. Bientôt ils s'attaquent à une citadelle réputée imprenable : le ministère de l'Intérieur. Mémorable fantasia.

D'un dossier jaune, conservé « dans son jus », tel que je l'ai reçu — avec ses originaux, ses tirages de micro-fiches, correspondances, chèques, notes de service, dépêches confidentielles, statuts d'associations bidons permettant de blanchir l'argent, comptes rendus de réunions, fausses factures en tous genres, rapports officiels, organigrammes, manuscrits, « modèle de schéma pour faire rentrer et sortir l'argent *[sic]* » etc., il ressort que d'utiles questions auraient dû, depuis longtemps, être posées par la Justice à Gérard Monate et son équipe, sur leurs interventions dans les lucratifs marchés du ministère de l'Intérieur.

Mais enfin, que fait la police ?

Est-il acceptable que l'on ait laissé les rapaces d'Urba faire leur pelote sur le dos du coûteux et ambitieux plan de modernisation du ministère de l'Intérieur, lancé par Pierre Joxe en 1985 ? Un fromage fort appétissant. Dans le dossier qui m'est communiqué, en original, figure in extenso la liste des opérations prévues et les appels d'offres lancés, le tout accompagné du montant des contrats et des « *observations éventuelles* » *[sic]* des faux facturiers... et de leurs complices.

Fabuleux voyage. Tout y passe : les centres informatiques de Marne-la-Vallée et de Rennes ; les hôtels de police de Blois, Toulouse, Toulon, Poitiers, Lorient, Bobigny, Caen, Orléans, Meaux, Chelles, Châlons-sur-Marne, Montgeron, Chartres, Tours, Roubaix, Créteil, Reims, et Angoulême ; les commissariats de Trappes, la Goutte d'Or à Paris, Guyancourt, Massy, Longjumeau ; les casernes de CRS à Montpellier et Vaucresson ; le « cantonnement de passage » de Goussainville, le Sgap de Sainte-Marthe à Marseille, de même qu'une autre construction dans la même ville, pour laquelle un des délégués d'Urba-Gracco dans le Sud-Est de la France est directement intervenu.

De cette liasse de fiches inédites — jaunes elles aussi et portant sur les années 1986 à 1990 —, je ne résiste pas au plaisir d'extraire les « observations » les plus instructives. Les voici, telles quelles. J'abrège volontairement les noms des personnes citées. Quelques-unes appartiennent à Urba, d'autres à une association écran. Il y a enfin les responsables des entreprises du BTP ponctionnées, tantôt par Urba, tantôt par l'association amie. On y trouve également un mystérieux « B.D. », omniprésent, qui, selon ces documents, « touche » presque partout.

Qui est ce « B.D. » ? A-t-il réellement touché ? Il ne m'appartient pas de l'identifier ici, ni de mener l'instruction à la place de ceux dont c'est la charge. Je me contente de dévoiler le contenu de quelques-unes de ces fiches. Pièces instructives sur la manière utilisée pour dévaliser jusqu'aux marchés du ministère de l'Intérieur. Elles indiquent chaque fois le lieu de l'opération, son montant et les insolites « observations » des racketteurs. Nous voilà au milieu de la bande des « *40 voleurs...* » :

• Marne-la-Vallée, montant du marché 40 millions de francs : « *Hypersensible* » ;

• Angoulême, 20 millions de francs : « *Intervention de Jacques Renaudie, Urba Limoges, pour royalties Jean-Michel Boucheron, maire d'Angoulême. B.D. a touché* » ;

• Toulon, 43 millions de francs : « *Les royalties ont été perçues par toutes les personnes intéressées. B.D. 0,5 %* » ;

• Blois : 16 millions de francs : « *B.D. a touché* » ;

• Rennes, 7 millions de francs : « *B.D. a touché* » ;

• Chartres : 28 millions de francs : « *Opération déci-*

dée par (... [1]). Les personnes physiques chargées de recevoir les royalties afférentes ont perçu leur pécule. B.D. 0,5 % » ;

- Marseille, 18 millions de francs : *« Tous les intéressés ont reçu les royalties. B.D. 0,5 % » ;*
- Goussainville, 50 millions de francs : *« B.D. a touché » ;*
- Massy, 18 millions de francs : *« B.D. a perçu » ;*
- Trappes, 12 millions de francs : *« Entreprise : retenue (...) à la loyale (...). Intervention de (...) pour imposer B... en électricité » ;*
- Longjumeau, 10 millions de francs : *« architecte choisi par (...) Urba-Gracco. B.D. a perçu »;*
- Paris la Goutte d'Or : *« B.D. a perçu » ;*
- Guyancourt, 10 millions de francs : *« Nous savons que Bo... fait le carrelage et a donné l'argent à B.D. » ;*
- Roubaix, 25 millions de francs : *« B.D. a touché... »*
- Créteil, 130 millions de francs : *« Actuellement appel d'offres. Entreprise prévue par l'équipe (...) d'Urba-Gracco (...). »*
- Montpellier, 50 millions de francs : *« Bureau d'études S.. à 37 % — entreprise prévue : B. »*
- Vaucresson, 30 millions de francs : *« Bureau d'études choisi par P. — Sgap de Versailles — du syndicat CFDT Interco (...). »*
- Reims, 85 millions : *« Il est à noter que les intéressés (...) d'Urba-Gracco n'ont pu imposer le choix de l'entreprise B... prévu dans leurs accords. (...). »*

Je pourrais continuer longtemps cette énumération où l'on découvre que de drôles de mœurs ont cours dans une administration aussi honorablement

---

1. Figure ici le nom d'un élu socialiste que je supprime volontairement. C'est mon quart d'heure de bonté.

connue, chargée — en principe — de réprimer la délinquance.

Chacun l'aura compris : lors de ces appels d'offres, le stratagème consiste à renseigner l'entreprise rackettée pour qu'elle devienne, artificiellement, la « *moins disante* ». Celle-ci se retrouve automatiquement sélectionnée. Elle rémunère, soit Urba directement pour son intervention, soit une association écran utilisée par Urba pour assurer le succès de son trafic d'influence.

A leur grande époque, les dirigeants d'Urba-Gracco sont très introduits au ministère de l'Intérieur. Ils y disposent d'un petit réseau de complices, spécialistes de la photocopieuse, et qui ont accès aux documents relatifs aux 72 opérations immobilières (15 milliards de francs de travaux !) du plan de modernisation de la police. Les hommes de Gérard Monate sont aussi en contact avec une amusante association, « Les amis de la fonction publique » *[sic]*. Il arrive que, de leur côté, des sous-traitants versent, eux aussi, des « *dons* » à cette valeureuse association, amie d'Urba. Leurs liens sont confirmés, notamment, par d'innocents rapports bancaires. A l'occasion, Urbatechnic et le Gracco règlent aussi de petites sommes aux « Amis de la fonction publique », au titre de prestations relevant plus du service rendu (contacts avec les ingénieurs du ministère, chargés de sélectionner les entreprises) que d'une activité véritable.

Il n'est donc pas vraiment surprenant de voir le Gsr, la maison mère d'Urba-Gracco, acquérir le 10 juillet 1989 une Renault 25, immatriculée 156 HBH 75, pour la « *prêter* » gracieusement au policier Bernard Dele-place, alors secrétaire général de la Fasp, le syndicat de police fondé par son grand ami Gérard Monate. Deux mois plus tard, le 18 septembre 1989, la voiture change de propriétaire : la carte grise établie au nom du Gsr, 140 boulevard Haussmann à Paris, est mise au nom de Deleplace Bernard.

Interrogé par mon ami le journaliste Jean-Moïse Braitberg — qui a mené l'enquête —, celui-ci se défend :

« C'est vrai, je le n'ai pas encore payée, mais je vais le faire dès que possible. »

Heureux réflexe. Etourderie ! L'histoire ne dit pas ce qu'il en fut ensuite.

Je ne sache pas que le Gsr ait été poursuivi pour abus de bien social... et l'infortuné Deleplace pour recel !

L'appétit des maraudeurs d'Urba est gargantues-que. C'est la « Grande Bouffe ». Moins les talents d'Andréa Ferréol, Jean Yanne, Michel Piccoli et Mar-cello Mastroianni. Car pour Monate et ses flibustiers, le racket, c'est comme le cochon, tout y est bon. Il n'y a pas de déchets.

Dans leurs courriers, les camarades n'utilisent pas la litote. Quand ils prennent la plume, ils vont droit au but. Les chefs d'entreprise n'ont qu'à bien se tenir. Le PS est au pouvoir et le service du contrôle fiscal est aux ordres.

Qu'une commune socialiste moyenne, de la ban-lieue parisienne, Juvisy-sur-Orge, choisisse une entre-prise privée pour ses transports urbains, les entremetteurs d'Urba se précipitent immédiatement pour verrouiller l'affaire... et toucher leur commission. Sur leur liste des sociétés à saigner figure à la place d'honneur le groupe public Renault et sa filiale RVI (Renault Véhicules Industriels), bailleurs de fonds obligés avec lesquels existent, depuis des lustres, *« des accords généraux »*. Ben voyons !

Le 19 février 1986, le directeur commercial d'Urba-technic-Gracco, Christian Luçon, écrit à la « direction commerciale autocars » de RVI, 8 quai Léon Blum à Suresnes, dans les Hauts-de-Seine. Il veut *« finaliser »* l'opération Juvisy. Référencé *« CL/JV — à l'attention de M. D...* — *objet : ville de Juvisy (91) »*, son courrier, comme tous les autres, se passe du moindre commentaire. Sauf que tout cela émane du Parti socialiste qui dirige la France.

A Chicago, dans les années 1930, les hommes d'Al Capone n'opéraient pas autrement. Eux, au moins, ne laissaient jamais de traces écrites. Intelligence de base. Il fallut, pour les coincer, qu'Eliott Ness les fasse tomber pour fraude fiscale.

En France, dans les mitterrandiennes années 1980-1990, le racket se pratique à visage découvert. Au vu et au su de l'administration des Impôts, complice du système !

Voilà pourquoi monsieur le directeur commercial, Christian Luçon — par ailleurs délégué régional d'Urba pour les régions Centre, Lorraine et Alsace —, peut, tranquillement, expédier à un cadre responsable d'une société de l'Etat cette correspondance un tantinet camoresque, dont copie est envoyée, pour archivage, à « M. Bernard Benoit, Centre d'affaires intégral [!] Gracco [1] » :

« Notre client, la ville de Juvisy, met au point une convention avec la Société Athis-Car pour du transport de voyageurs. Athis-car devra s'équiper de neuf véhicules pour satisfaire à ce nouveau contrat. Aussi, notre client intervient, à notre demande *[sic]*, pour que soient choisis neuf véhicules RVI à l'exclusion *[resic]* de toute autre marque. Nous vous demandons donc de bien vouloir considérer cette affaire dans le cadre de nos accords généraux et vous mettre en rapport avec notre Délégué Régional, Bernard Benoit, qui assurera le suivi de ce dossier. »

En justice, ce type de courrier reçoit habituellement une qualification. On y trouve, tout à la fois, la trace de l'exercice du « trafic d'influence », de l'« extorsion de fonds », de la « corruption » et de l'« abus de bien social ». Broutilles...

Galvanisés par l'emprise croissante du PS sur la vie quotidienne des affaires — l'étatisation de l'économie et la décentralisation instaurée par la loi Defferre y ont largement contribué —, les ramasseurs de fonds socialistes n'ont plus aucun scrupule. Dans leurs rangs, l'exercice du pouvoir a lavé les cerveaux, ôté toute espèce de retenue à des hommes sélectionnés à

---

1. « *Centre d'affaires intégral* », 68, rue de Paris, 93804 Epinay-sur-Seine. Il s'agit du siège de la délégation régionale d'Urba pour l'Ile-de-France, où les camarades racketteurs Bernard Benoit et Yvan Ducos ont leurs bureaux. Urba a des locaux partout en France, dont le Gie est souvent propriétaire, grâce à l'argent de la corruption. Que sont-ils devenus ? Rendez les bureaux !

dessein en raison de leur aptitude à obéir, sans réfléchir.

Avant qu'Urba n'ait lancé sa grande offensive, le terrain a été préparé, les lignes de défense bombardées. Le gouvernement a systématiquement investi l'Etat, manifestant une volonté farouche d'étendre, au profit du Parti socialiste, la surface des secteurs publics et nationalisés.

Dans l'administration, on comprend vite que cet investissement de l'Etat par la principale formation de la majorité parlementaire est consubstantiel du « socialisme à la française ».

Avec l'alibi de vouloir transformer la société libérale en société socialiste — comme annoncé dans le *Programme commun de la gauche* qui a porté Mitterrand au pouvoir —, le PS a fini par investir tous les services, placer ses hommes partout. Mieux : une véritable « défiance » vise les fonctionnaires loyaux auxquels, comme sous le Front populaire, on reproche d'« être enfermés dans leurs préjugés [1] ».

Avant Paul Quilès au congrès de Valence (le 25 octobre 1981), le Président Mitterrand en personne a donné l'ordre d'utiliser les administrations comme l'un des moyens privilégiés de cette petite révolution. Le 8 octobre 1981, le chef de l'Etat déclare :

1. 1938 : au congrès socialiste de Royan, le ministre Jules Moch interpelle, en ces termes, Vincent Auriol, le futur Président (socialiste) de la IVe République : « Quant au souffle républicain, on a déjà dit bien souvent qu'il n'avait pas suffisamment passé dans l'administration. Le danger ne réside pas seulement dans les fonctionnaires fascistes, mais aussi dans les fonctionnaires loyaux qui, formés par les grandes écoles, restent enfermés dans leurs préjugés. »

« Le PS a encore beaucoup à faire pour pénétrer les rouages de l'administration. Je l'y encourage. »

Devenu, en sa qualité de Président de la République, « le garant du respect de la Constitution », l'homme de « la force tranquille » se révèle être celui de « la terreur tranquille ».

En ces débuts de l'ère Mitterrand, les électeurs de gauche croient, de bonne foi, les discours, dignes des tribunaux révolutionnaires, des Quilès et autres Laignel, à leurs appels à la vengeance. Ils ont tort d'imaginer qu'ils correspondent à une démarche sincère, conforme à l'esprit de ce « socialisme à la française » inventé par François Mitterrand.

En réalité — c'est ce que m'ont appris mes années d'enquête dans les sinueux circuits socialistes de l'argent trouble —, le nouveau pouvoir mitterrandien a, dès ses débuts, utilisé le chantage, la menace et l'intimidation, non dans un réel but politique, mais pour éloigner les curieux, les témoins gênants. Il lui faut alors dissuader les importuns, les empêcheurs de tourner en rond, de fixer leurs regards sur ses bandes de « racketteurs » lancés aux trousses des chefs d'entreprise, publiques et privées, tous ponctionnés, sans vergogne. Cela, au vu et au su de tout le monde : les fonctionnaires chargés du contrôle des entreprises nationales, les parlementaires, les magistrats... et j'en passe.

Affairés à remplir leurs caisses noires, les socialistes se fixent une première tâche : nettoyer de fond en comble les hautes sphères de la fonction publique. De mai 1981 à avril 1982, 46% des emplois de directeurs d'administration centrale changent de titulaires. Au début de l'été 1983, le journaliste du *Monde*, feu notre ami André Passeron, relève cette estimation et la porte à 70% [1].

Le tableau de chasse est royal : au bout de cinq ans, 300 préfets ont été changés.

Tous ces mouvements s'opèrent, avant tout, selon l'engagement politique des postulants et non leurs réelles compétences. C'est le temps béni de l'institutionnalisation des procédures permettant un choix politique des serviteurs de l'Etat, la belle époque des carrières météoriques, où de petits chefs de bureau, militants socialistes, sont gratifiés des fonctions les plus éminentes, comme les valets de chambre sous l'Ancien Régime.

A la demande de l'Elysée, les textes sont modifiés pour faciliter les nominations de complaisance. En procédure d'urgence, on tourne les statuts de la fonction publique, quand ceux-ci constituent des obstacles.

Le 23 décembre 1982, un décret sur mesure a valeur de symbole : il autorise toute une vague de nominations dans des corps prestigieux de l'administration. Sans que, ensuite, les heureux élus reçoivent une affectation réelle. Un wagonnet entier des propres collaborateurs de François Mitterrand, à l'Elysée, en bénéficieront. Gilles Ménage, Michel Vauzelle, Jean Glavany ou Christian Prouteau — pour ne citer qu'eux —, deviendront préfets... sans poste territorial.

Le 6 août 1985, un autre décret a élargi, de façon considérable, le nombre des hauts fonctionnaires

1. Revue *Pouvoirs*, 1987, n° 40, p. 27.

nommés directement par le chef de l'Etat, « au tour
extérieur ». Autant dire selon son bon vouloir. Aucun
diplôme, aucune aptitude précise ne sont exigés, sauf
l'obligation d'avoir l'oreille du maître. Et tant pis, si
ces changements transgressent un principe fonda-
mental de la République, celui de l'impartialité de
l'Etat et de l'égalité d'accès aux emplois publics. Autre
belle et sacro-sainte règle, au nom de laquelle François
Mitterrand s'est fait élire !

Ainsi, les jardiniers, médecins, limonadiers, parents,
amis et relations de ces « Messieurs du Château » ont,
à tour de rôle, les honneurs du *Journal officiel.*

Comme Napoléon, François Mitterrand aime à
s'entourer de grognards, de princes d'opérette et de
maréchaux, tous ses obligés.

Aux frais de la République, une nuée de courtisans
s'est maintenant abattue sur les postes lès plus prisés :
dans les assemblées, les administrations et les sociétés
de l'Etat. Comme prévu, les nationalisations des banques, compagnies d'assurances et groupes industriels
ont considérablement élargi la superficie des chasses
gardées. Là sont placés le ban et l'arrière-ban des
copains et futurs coquins, tous ceux qui ruineront le
Crédit Lyonnais, mettront la main sur les trésors de
la Caisse des Dépôts et Consignations, spéculeront
avec les milliards du Comptoir des Entrepreneurs,
feront partir en fumée l'argent de la Seita et tireront
le gros lot au Loto, après s'être servis à la Compagnie
Générale d'Electricité, sauveur providentiel (en 1982)
de la société Vibrachoc de « Monsieur le vice-président » Roger-Patrice Pelat, firme où son vieux partenaire, François Mitterrand, exerça longtemps

(jusqu'au 10 mai 1981) ses compétences de conseil-expert en amortisseurs et mécanismes antivibratoires.

Sous l'étroite surveillance socialiste, la haute administration danse la rumba : la valse des fonctionnaires prend un rythme endiablé. Lors du premier septennat, elle va durer jusqu'au dernier Conseil des ministres du gouvernement Fabius, le 13 mars 1986. Ce jour-là, le Président Mitterrand a revêtu le costume du « Père Ubu de la République », si cher à mon ami le bon docteur Meynadier [1], l'immense poète d'Hellemmes, dans le Nord.

Ainsi, par un coup de baguette magique élyséen, nombre de fidèles se retrouvent transformés en fonctionnaires inamovibles de l'Etat. Avec l'assurance d'être rémunérés jusqu'à la fin de leurs jours. Tandis qu'il accroît de manière vertigineuse la foule des demandeurs d'emploi, François Mitterrand sait aussi inventer, pour les siens, une infaillible assurance anti-chômage.

Le 27 février 1986, le journal *France-Soir* peut enfin titrer :

« Les copains du président sont presque tous recasés. »

C'est précisément à cette date que le docteur Claude Gubler, médecin personnel du chef de l'Etat,

---

1. Retraité du corps médical, le docteur Pierre Meynadier est un écrivain talentueux, trop méconnu. A raison de quatre à six envois par an, il a fait parvenir au Président François Mitterrand sans discontinuer, à partir de mai 1981 et jusqu'au 17 mai 1995, une œuvre poétique importante, secrète, iconoclaste et à ce jour inédite. Elle est aujourd'hui destinée aux Archives nationales.

est promu — en Conseil des ministres, s'il vous plaît !
— « Inspecteur général de la Sécurité sociale », au
« tour extérieur ».

Autant dire, par la volonté du Prince.

Dans la République mitterrandienne, l'Etat de droit
devient de passe-droits. Réservés aux favoris, ceux-ci
ne connaissent plus de limites. Certains prennent un
tour carrément comique. Je citerai seulement la prestigieuse Cour des comptes qui récupère un nouveau
« conseiller référendaire », en la personne d'un bien
pâlot « intendant universitaire », ayant pour principale qualité d'être le gendre du propriétaire de l'hôtel
du Vieux-Morvan, à Château-Chinon, là où le député-
maire François Mitterrand avait ses habitudes.

A l'image des empereurs de la Rome décadente, si
bien décrite dans l'œuvre d'Edward Gibbon... que je
ne me lasse pas de lire et relire, Mitterrand n'oublie
pas de servir ses intimes et sa propre famille. A la lou-
che. Avec lui, le népotisme devient vaudevillesque.
Tandis que Messieurs fils sont fêtés — l'un, Gilbert,
comme député de Libourne, l'autre, Jean-Christophe,
comme membre de la sulfureuse cellule des affaires
africaines et malgaches, à l'Elysée —, personne ne doit
et ne peut se plaindre d'avoir été oublié.

Nièce du Président de la République, Marie-Pierre
Landry n'est qu'une simple employée de la galerie
d'art « Le Bateau Lavoir » ? Son cas ne pose pas de
problème. Au diable l'avarice ! Au Conseil des
ministres du 20 février 1986, elle décroche la haute
fonction administrative d'« Inspecteur général des
affaires culturelles ».

Au même titre que le Conseil d'Etat, la Cour des
comptes, les Inspections générales des différents

ministères et administrations se retrouvent ainsi
truffées de militants, frères et cousins — hélas pas toujours qualifiés —, en quête d'un point de chute.

Le système va perdurer jusqu'à la fin, le Président
de la République ayant pris grand soin de « recaser »
la plupart de ses vassaux avant de tirer sa révérence
en mai 1995 : le chef du service de presse de l'Elysée,
Jean-François Mary, est nommé, par « décret présidentiel », maître des requêtes au Conseil d'Etat (rente à
vie), de même que le chargé de mission Jean Musitelli.
Secrétaire général de la présidence, Hubert Vedrine
est membre du Conseil d'Etat depuis 1986.

Dans son numéro de mai 1995, l'excellente revue
Capital signale un seul couac lors des récentes nominations au « tour extérieur » : le Conseil d'Etat a
rendu un avis négatif — fait sans précédent ! — dans
le cas de Paule Dayan. Ce qui n'a pas empêché le
Président de passer outre : la fille de Georges Dayan
(l'ami cher de François Mitterrand, décédé en 1981),
— qui, au départ de Mitterrand, a dû quitter son poste
de secrétaire général — du Conseil supérieur de la
magistrature (dont le chef de l'Etat est le président) —, a pu ainsi devenir membre à part entière de
la grande institution du Palais-Royal. Elle y a rejoint
d'autres anciens de l'Elysée, tels Henri Nallet,
François Stasse ou Erik Arnoult, plus connu sous son
pseudonyme d'écrivain, Erik Orsenna.

Qui, à Valence, en 1981, au congrès des coupeurs
de têtes d'un PS exalté, imagine que, derrière le
rideau de scène, se profile déjà l'ombre d'un régime
monarchique et canaille ? Il fera la fortune de toute

une génération d'infatigable argousins, de nouveaux
nobles, d'agioteurs sans scrupules, accapareurs de
richesses,   spéculateurs   insatiables,   trafiquants
d'influence. Quand ce n'est une armée de fonctionnaires rentiers qui, aujourd'hui encore, sont à la
charge de la République, sans rien lui rapporter que
leur parfaite incompétence. Grâce à eux, à leur inap-
titude (ce qui revient au même), le congrès des coupeurs de têtes restera, dans l'histoire, celui des 40
voleurs...
    Les voici maintenant à l'œuvre, en train d'entasser
leurs fabuleux trésors !

A l'école des Hautes Études
de la Corruption

17 avril 1989, 14 h 30 : dans les bureaux d'Urba, à Marseille, une perquisition-surprise est menée par deux inspecteurs de police.

Catastrophe !

Pour la première fois, et malgré sa volonté affichée de ne rien savoir, la Justice va être officiellement informée des pratiques barbares d'Urba-Gracco, de ses combines, pressions, détournements, escroqueries, abus de biens sociaux... et autres filouteries.

Saisis par le policier Antoine Gaudino et son collègue Alain Mayot, tous deux de la Brigade financière, les archives du Gie-Gsr livrent les secrets, petits et grands, des professeurs de morale et de civisme qui, depuis la fondation du PS, en 1971, constituent la cour de François Mitterrand. Elles sont assorties de quatre étonnants « cahiers à spirale » dont le contenu va faire vaciller l'« Etat PS » et menacer jusqu'au Président de la République lui-même. Sous la plume de Joseph Delcroix, l'intrépide et imprévoyant directeur administratif de cette organisation souterraine, toute l'histoire de la corruption des années Mitterrand y est racontée par le menu. Les deux policiers sont effarés. Ils découvrent, couchée sur le papier, l'étendue d'un mal dont je n'ai cessé, depuis 1982, avec une poignée de confrères, de dénoncer l'ampleur.

Mais qui, jusque-là, nous a écoutés ?

A dater de ce jour, l'affaire tourne au scandale d'Etat. Les grands moyens sont mis en œuvre pour protéger le Président de la République, plusieurs de ses ministres — et non des moindres —, les premiers secrétaires successifs du Parti, leurs trésoriers, un nombre impressionnant d'élus, parlementaires, maires, conseillers généraux et municipaux... tous ceux dont les noms et qualités figurent, noir sur blanc, au long des 350 pages mises sous scellés.

A la Chancellerie, des consignes strictes ont été données. Le ministre de la Justice, Pierre Arpaillange, monte la garde. Alors que la loi lui impose de poursuivre les actes délictueux dont il a connaissance, sur ordre de la Chancellerie, le procureur de la République de Marseille, Pierre Salavagione (bientôt promu procureur général), enterre les découvertes du tandem Gaudino-Mayot.

Malheureusement pour ces conspirateurs du silence, la vérité va malgré tout jaillir au grand jour. Au mois de septembre 1990, la bombe Urba éclate... en librairie. Sous le titre *L'Enquête impossible*[1], Antoine Gaudino publie l'histoire de son aventure et raconte comment le cours normal de la Justice a été entravé.

A cette date, je détiens déjà une copie des archives d'Urba et des cahiers de Joseph Delcroix. Je me la suis

1. Editions Albin Michel, Paris.

procurée avec les moyens qui sont les miens. Pendant longtemps, je suis le seul (en dehors du procureur de la République) à détenir un jeu complet... et lisible des maudits cahiers à spirale. Car, ni Gaudino ni son collègue Mayot n'ont pu en conserver un double, après les avoir mis sous scellés. Six mois après, le 18 mars 1991, à 9 h 30 du matin, je les remets personnellement, avec toutes les autres pièces en ma possession, au juge Thierry Jean-Pierre du Mans qui a sollicité mon témoignage. Dès lors, le magistrat manceau peut relancer l'enquête sur le réseau Urba, celle qui a été étouffée à Marseille en 1989. Au juge Jean-Pierre, je déclare :

« Je suis bien l'auteur de l'avant-propos du livre publié aux Editions Albin Michel, dont le titre est *Echec à la dictature fiscale,* et dans lequel je fais état de documents concernant l'affaire Urbatechnic-Gracco. Je vous remets aujourd'hui ces documents, au total 626 pages, cotées. La plupart d'entre eux sont des copies de notes prises par Joseph Delcroix, directeur administratif d'Urbatechnic-Gracco... »

A la fin de mon audition, après avoir relu mon procès-verbal, je tiens à ce qu'un post-scriptum soit ajouté, par le juge lui-même, au texte de mon témoignage :

« Le témoin souhaite préciser que les pièces originales qu'il nous a remises ce jour, proviennent des poubelles d'Urbatechnic-Gracco, 140 boulevard Haussmann, à Paris 8e. »

En effet, en plus de la copie des archives d'Urba et de celle des quatre cahiers à spirale de Joseph Delcroix, j'ai communiqué au juge tout un lot de documents originaux, fruit de mes propres enquêtes et de mes collectes nocturnes, pendant plusieurs années, sur le trottoir bordant l'immeuble d'Urba [1].

Ma déposition devant Thierry Jean-Pierre précède de quelques jours celle d'Antoine Gaudino, convoqué lui aussi comme témoin par le magistrat du tribunal de grande instance du Mans.

Nous sommes le 28 mars 1991 : Gaudino n'est plus qu'un simple citoyen, car, après la publication de son livre accusateur, il a été sanctionné et révoqué de la police.

Devant le juge Jean-Pierre, l'ancien inspecteur reconnaît comme authentiques les documents que j'ai accepté de remettre à la Justice. Et il confirme les conclusions de sa propre enquête, celles consignées dans un procès-verbal transmis au procureur de Marseille, le 5 mai 1989 :

« Nous avions constaté, raconte Gaudino, que l'argent recueilli auprès des entreprises contraintes — ce qui ressort d'un racket —, était directement versé au profit d'Urba, à Paris. Cette société centralisait les sommes et les ventilait entre le PS national, les élus socialistes décideurs des marchés et le groupement Urba lui-même, pour ses charges. »

L'enquête, précise-t-il, a débouché sur des réalités encore plus graves :

1. L'idée de cette cueillette, à l'heure du laitier, m'est venue après la fructueuse moisson que je fis, dans les poubelles de la banque de l'URSS en France, d'octobre 1978 à janvier 1979. Les centaines de kilos de documents ainsi récoltés constituent la matière première de mon livre sur *Les Secrets de la banque soviétique en France* (Editions Albin Michel, janvier 1979).

« Grâce aux cahiers de Delcroix, nous avions constaté qu'une partie de l'argent récolté par Urba avait servi au financement de la campagne présidentielle de François Mitterrand, en 1988. Celui-ci s'est opéré de manière occulte, par le biais de sociétés écrans, dont l'une, dénommée Multiservices, sur les recommandations de David Azoulay, le commissaire aux comptes d'Urba. Ce dernier a donc certifié exacts des comptes qu'il savait faux. »

Le 6 avril 1991, Christian Giraudon est interrogé à son tour par le juge du Mans. Ancien délégué d'Urba dans les Pays de Loire, il avoue le rôle qui lui était dévolu dans l'officine de collecte de fonds :

« Je répertoriais toutes les entreprises préalablement contactées par Christian Luçon, le directeur commercial. Toutes celles qui étaient d'accord pour nous verser des commissions, si elles obtenaient des marchés. »

Giraudon ne conteste pas le contenu du livre *L'Enquête impossible* :

« Je souscris globalement à ce que Gaudino a écrit, quant au fonctionnement et à la structure du Gie-Gsr Urba-Gracco. Il était destiné à financer le Parti socialiste, tant sur le plan national que sur le plan local. »

Mis en détention provisoire, l'ancien démarcheur d'Urba est amer :

« Cela fait deux ans que je n'ai pas fait refaire ma carte du Parti socialiste, à cause de l'amnistie de nos élus que je juge scandaleuse. »

Comme beaucoup de militants socialistes, impliqués dans les « affaires », Christian Giraudon ne supporte pas d'avoir été lâché. Il évoque ici la loi d'auto-amnistie promulguée le 15 janvier 1990 par la majorité socialiste, pour permettre aux ténors du PS d'échapper aux foudres de la justice.

Avant de répondre à la convocation du juge Jean-Pierre, nous avons, avec le journaliste François Labrouillère, aujourd'hui à *Paris-Match,* reconstitué les pièces du puzzle Urba, en ma possession. Travaux d'Hercule. En une vingtaine d'années, les hommes de main du Parti socialiste ont couvert la France d'une multitude de sociétés anonymes, Sarl, Sci, Gie, associations 1901... Ils ne pouvaient mieux faire pour brouiller les pistes. Il fallait qu'aucun secteur d'activités, aucune proie, ne puissent leur échapper. Dans la reconstitution de cet ensemble, nous en arrivons parfois à nous demander si les financiers du PS n'ont pas été formés à l'école des capitalistes purs et durs, chez les rois des montages les plus alambiqués, là où même un chat ne retrouve pas ses petits.

Au sommet de la pyramide Urba trône le Gsr (Groupement des sociétés regroupées), tenu d'une main de fer par Gérard Monate, militant zélé, au cuir épais, qui jamais ne craquera. Ce Gie (Groupement d'intérêt économique) gère les différentes entités d'Urba. Une par grand secteur d'activité.

Il y a Urbatechnic pour les marchés de travaux publics.

Le Gracco est spécialisé dans les fournitures de toutes sortes — du taille-crayon à la blouse de travail, en passant par les autobus et les poubelles... écologiques, les ascenseurs et matériels électroniques ou urbains, boissons, téléphones, etc. — destinées aux collectivités locales. L'annuaire du Gracco — que je

remets au juge Jean-Pierre — répertorie les entreprises « *agréées* », celles qui ont payé le ticket d'entrée
préalablement exigé par les racketteurs maison.

Point de passage obligé entre les municipalités
socialistes et leurs prestataires de services, la société
Expimo donne dans la location de matériels, moyen-
nant commissions occultes. Comme de coutume.

La SA Valorimmo fait dans l'immobilier ! Elle négo-
cie des terrains et immeubles, ceux recherchés par les
communes socialistes pour y installer tel ou tel service
municipal. Lors de chaque achat ou prestation, cette
filiale d'Urba perçoit, elle encore, une commission.

Plusieurs autres entités complètent l'édifice, véritable « trust » de la corruption : Ctl (pour le traitement
informatique des données) ; Aurecom, pour les pla-
cements financiers ; l'Aecl dans les assurances.

Partout en France, les entreprises en rapport avec
les collectivités locales socialistes — de même que tous
les élus du PS — connaissent le tarif : Urba et ses satellites encaissent une commission de 3 à 5% et plus, en
cas de conclusion d'un marché public.

Placées sous l'autorité directe de Gérard Monate et
du trésorier national du Parti socialiste — lequel participe, en personne, aux réunions du 140 boulevard
Haussmann —, les activités de la nébuleuse Urba
démontrent la volonté du PS de systématiser ces « prélèvements ». Sur les ordinateurs du groupement, des
schémas détaillent exactement le mode d'emploi du
trafic d'influence et le cheminement des appels
d'offres. Il arrive même qu'Urba organise des séances
de formation, à l'intention de ses racketteurs.

Nous sommes à une HEC d'un genre particulier,
l'école des Hautes Études de la Corruption !

Voici des extraits d'un document, ultra-confiden-
tiel, qui en dit long sur la vraie nature du PS, dont le
premier secrétaire est alors Lionel Jospin. Il est daté
du 27 mai 1982. Sous l'intitulé « stage de délégué
régional » et dans le français laborieux des têtes pen-
santes d'Urba, nous prenons connaissance du petit
manuel du parfait racketteur :

« [...] En arrivant dans un territoire, il faut d'abord
voir le secrétaire fédéral *[du Parti socialiste]*, pour avoir
la liste à jour de nos maires et adjoints, pour faciliter
les contacts et éviter certains faux pas : camarades
exclus, camarades apparentés, camarades sympathisants, etc. »

En d'autres termes, il convient de privilégier les
interlocuteurs sûrs et influents, membres de « la
famille ». Mais ce n'est pas tout. Tandis que, la main
sur le cœur, André Laignel ment comme un arracheur
de dents — le 4 décembre 1982, sur le plateau de
l'émission télévisée *Droit de réponse,* de Michel Polac —
en affirmant, en face de moi, lors d'un débat qui nous
oppose, que « le Parti socialiste ne possède aucune
société », sept mois auparavant, au printemps, à l'éclo-
sion de la rose, voici l'enseignement qu'il fait dispen-
ser — par écrit s'il vous plaît ! — aux faux facturiers
d'Urba, réunis en stage de formation :

« Le travail du délégué régional est un travail
commercial ; mais, attention, c'est au service d'une
Société politique *[sic]* ! »

Les camarades élus sont l'objet de toutes les sollici-
tudes. Les renards d'Urba doivent savoir s'y prendre
pour flatter maître Corbeau dans sa mairie perché,

tenant dans son bec un fromage. D'où ce cours magistral, que je reproduis tel quel, brut de décoffrage :

« Il ne faut pas oublier qu'en allant voir les élus, nous leur imposons déjà un travail supplémentaire ; compte tenu de ce qu'ils ont à faire, certains maires ou adjoints exercent une occupation professionnelle en plus de leur travail de maires ou d'adjoints. Par conséquent, il faut être très disponibles à leur égard, c'est-à-dire que le rendez-vous que nous leur demandons, dans la mesure du possible, il faut leur laisser toute liberté pour fixer le jour et l'heure ; c'est à mon avis le seul moyen d'être crédibles. »

En résumé, dans le vol à la tire tout est question de doigté, explique l'agrégé d'Urba :

« Quand on rencontre un élu pour la première fois dans sa ville, il faut trouver un terrain neutre pour engager la conversation. A ce sujet, je suggère de prendre la question suivante qui concerne l'eau, l'assainissement, les ordures ménagères, comme sujet d'introduction. A partir de là, on peut lui demander quels sont les crédits prévus dans le budget d'investissement, ce qui nous permet de chercher à intervenir d'abord sur les affaires du Gracco, qui sont les plus faciles à réaliser dans le temps. »

Vient le moment de ferrer le poisson. Maintenant, fini les « salamalecs ». Les stagiaires doivent l'apprendre par cœur :

« [...] Quand l'affaire a déjà été engagée, c'est-à-dire architecte et BE *[Bureau d'études]* désignés, il faut "prendre le train en marche", à savoir : essayer de voir si, d'une façon ou d'une autre, on peut avoir des relations avec l'architecte ou le BE en question, car c'est le meilleur moyen de contrôler l'affaire [...]. »

Autre enseignement : l'élu socialiste doit vite comprendre — des fois qu'il serait idiot — qu'il tirera bénéfice des « *retombées* » *[sic]* d'Urba. Dans un sabir digne des souks de Bagdad, le cours continue :

« A chaque visite faite à un élu, il est absolument indispensable d'apporter la situation financière de la commune, pour lui montrer ce qu'on a pu réaliser et les résultats de ses efforts. Il faut également tenir compte, sur cette situation financière, des dépenses qui auraient été engagées ou qui pourraient être engagées, car il est de la responsabilité du délégué de surveiller la situation financière de la commune. A ce sujet, il faut expliquer clairement la répartition : 30 / 30 / et 40, pour qu'il n'y ait pas d'ambiguïté dans leur possibilité d'engagement de dépenses. »

Le maître ès fausses factures fait référence à l'immuable « *clé de répartition* » de l'argent sale d'Urba : 30% pour le PS national, rue de Solférino ; 30% pour l'« élu décideur » qui a « orienté » le marché ; 40% pour les frais de fonctionnement d'Urba-Gracco et la rémunération de son « délégué régional ».

Dès leur recrutement, les candidats racketteurs doivent savoir que la fausse facture est un sport exigeant. Il nécessite une forme olympique. Lecteur assidu du grand quotidien *L'Equipe*, le professeur en corruption d'Urba devient lyrique, quand il évoque l'organisation de la vie quotidienne d'un voleur politique :

« Le travail du délégué pourrait être comparé à celui du coureur cycliste dans une course contre la montre, avec une difficulté supplémentaire : si la course cycliste contre la montre se fait toujours sur terrain plat, le délégué, lui, l'effectue sur un terrain de montagne ! Il lui faut, à tout instant, savoir quelles sont les affaires qu'il est susceptible de réaliser, afin d'atteindre l'objectif fixé. A ce point de vue, il est indispensable d'établir, chaque mois, le point de la situation pour voir où en est l'évolution des affaires. En démarrant dans une délégation, le plus facile est d'attaquer les affaires relevant du Gracco. Ces affaires sont négociées et négociables très rapidement. Les honoraires retirés du Gracco sont un stimulant pour les premiers pas dans la délégation. »

A l'évidence, les affairistes du PS ne manquent ni d'idées, ni de culot... et encore moins d'assurance.

De la même manière qu'il sait communiquer à ses recrues la science de la fausse facture et du trafic d'influence, le PS est orfèvre dans l'art et la manière de détourner des fonds publics, par société bidon interposée.

Demeurée jusqu'ici dans l'ombre, l'une d'elles a choisi le créneau juteux de l'assurance des mairies et collectivités, de même que des entreprises publiques tenues par des socialistes. Comme son nom l'indique, l'Aecl (Assurance expertise des collectivités locales) s'occupe des importants contrats d'assurances que celles-ci peuvent passer. Créée en 1981 (!), cette société anonyme a son « centre de gestion » installé à Savigny-sur-Orge, dans la banlieue parisienne. Mais, comme à peu près toutes les autres entités du groupe, son siège social est au 140, boulevard Haussmann à Paris. Là où il m'arrive de voir entrer le trésorier du Parti, André Laignel.

Dans un des documents que je remets au juge Jean-

Pierre (scellé 46 — cote 71 à 74), je retrouve, détaillé, le rôle que les dirigeants d'Urba fixent à l'Aecl, société toujours active en 1991 et installée rue de Reuilly, à Paris. Ce qui n'a pas, pour autant, conduit la Justice à se pencher sur son innocent fonctionnement.

Voici dans quels termes Urba établit le plan de bataille de sa société de racket, dans le secteur lucratif de l'assurance :

« Nous assistons et conseillons notre "client" *[les collectivités gouvernées par les socialistes]* pour : l'appel d'offres ; le dépouillement et l'analyse des propositions des assureurs ; la répartition des risques entre les assureurs locaux ; le contrôle et l'assistance permanente pour tous les problèmes d'assurance ; l'assurance, le conseil et l'expertise sur tout sinistre survenant dans le cadre des garanties prévues. »

Les honoraires soutirés par l'Aecl sont en rapport avec les fausses prestations fournies :

« 10% HT sur les primes jusqu'à 100 000 F ; 9,5% de 100 000 à 200 000 F ; 9% de 200 000 à 500 000 F ; 8,5% de 500 000 à 1 million de francs. »

Sur ces sommes, Urba-Gracco prélève bien entendu son « impôt révolutionnaire ». Inédit, ce document que j'ai remis à la Justice nous fournit d'utiles précisions sur les volumes d'argent extorqués par Urba :

« 1) Cas de l'expertise-conseil. La première étude est longue et onéreuse pour Aecl. La marge bénéficiaire oscillerait entre 20 et 30% *[sic]*. Exemple : sur 100 000 F d'honoraires, iraient au Gie 20 à 30 000 F. Mais, dès la deuxième année, cette marge pourrait atteindre 50% *[resic]* des honoraires, c'est-à-dire que sur 100 000 F d'honoraires, 50 000 F pourraient être ristournés au Gie.

» 2) Cas du courtage. Outre les "retombées" ci-dessus, en courtage, nous encaissons les primes. Compte tenu des lenteurs administratives et comptables des sociétés d'assurances, nous sommes pratiquement obligés de "bloquer" ces primes pendant un ou trois mois. Ces primes, lorsque les clients sont moyens, ou grosses collectivités ou entreprises, atteignent souvent plusieurs centaines de milliers de francs. »

Comme de vrais hommes d'affaires, les cambrioleurs d'Urba font de savants calculs pour évaluer les gains possibles de ce honteux racket :

« 5 ou 6 villes moyennes et 2 ou 3 grosses entreprises, qui seraient "clientes" d'Aecl, permettraient à la société de disposer d'une trésorerie permanente de 5 à 6 millions de francs. »

Qui dit mieux ?

Enfin, nos socialistes aux mains blanches se fixent des objectifs. Dans la conclusion (chapitre 7) de leur réflexion stratégique pour l'Aecl, ils soulignent les deux mots « *entreprises nationales* », ce qui signifie que les sociétés publiques sont la priorité des priorités.

« Objectifs : cibler les communes, surtout moyennes et grandes, les offices HLM, comités d'entreprise, groupes socio-professionnels, entreprises nationales, en insistant sur les économies importantes que les interventions Aecl permettent de réaliser sur les budgets "assurances" avec des contrats d'assurance "en béton" et une assistance permanente de spécialistes hautement qualifiés pour le "client". »

Non content de soutirer de l'argent pour des services inexistants, les bonimenteurs d'Urba veulent faire croire à la réalité et à l'efficacité de leurs services. A la corruption, au trafic d'influence et à l'escroque-

rie, ils ajoutent l'abus de confiance. On n'en est plus
à un délit près.

Mardi 9 avril 1991 : nous sommes au lendemain de
la spectaculaire perquisition du juge Jean-Pierre dans
les bureaux parisiens d'Urba, immédiatement après
les aveux du délégué Christian Giraudon. Visite
impromptue, avec mon ami François Labrouillère, au
siège flambant neuf du 8bis, rue de Rochechouart, dans
le 9e arrondissement de Paris, pour un dernier état
des lieux.
Spectacle instructif... à deux pas des Folies-Bergère.
Aux troisième et quatrième étages, des scellés viennent d'être apposés, par le juge d'instruction du Mans,
sur les portes de la « Monate et associés ». Ces bureaux
ont été récemment achetés, pour que ces messieurs
puissent développer leurs brillantes activités. Les
bristols reliés aux cachets de cire des scellés nous ren-
seignent, officiellement, sur les intitulés de l'information judiciaire menée par le juge Jean-Pierre :
« *Extorsion de fonds, faux et usage de faux, corruption,
complicité et recel en faux et usage de faux.* »
Tout un programme !
Au premier sous-sol, le parking. Dans un recoin,
soigneusement alignés, une dizaine de sacs poubelles
bleus sont remplis, jusqu'à la gueule, de fines lamelles
de papier. En catastrophe, les camarades ont eu
recours à une machine à broyer, pour tenter de sauver
les meubles. Mais, dans la panique de cette « opération vermicelle », ils n'ont pas même été capables d'en
faire disparaître les traces.
Sur ce bien immobilier des socialistes rue de Roche-

chouart, nous n'avons plus rien à apprendre. Il s'agit d'un bel immeuble en verre, béton et acier. Son acquisition date du début 1989 année qui s'annonce particulièrement faste pour l'organisme de financement occulte. Le 23 mars 1989, Joseph Delcroix, le directeur administratif d'Urba, note, tout réjoui, dans ses fameux cahiers :

« Expansion : on va placer argent. »

Delcroix cite l'opération prévue :

« Acquisitions locaux (prêt sur 15 ans) rue Rochechouart + 26 parkings, emménagement en septembre. »

Vient ensuite l'essentiel, qui, pour l'heure, en juin 1995, au moment où j'écris ce livre, n'a toujours pas éveillé l'attention de la Justice. Et pourtant, cette fois il est bien question, sous la plume d'un orfèvre en la matière, d'enrichissement personnel et non plus d'un simple financement politique :

« Pour l'avenir, écrit Joseph Delcroix, les élus peuvent aussi se constituer un patrimoine. »

Qui a dit qu'Urba n'a jamais servi que pour les financements des activités politiques des camarades ?

Quand une enquête judiciaire a-t-elle été lancée, en rapport avec cette indication datée et authentifiée par son auteur ?

En outre, au même titre que les campagnes présidentielles de François Mitterrand, l'immeuble d'Urba a été financé par l'argent noir provenant du racket des entreprises françaises. Idem pour le siège du PS : un élégant hôtel particulier de la rue de Solférino, dans le 7e arrondissement (le quartier le plus chic de Paris), à proximité de l'Assemblée nationale et du musée d'Orsay. En effet, lors de la réunion, le 10 octo-

bre 1985, de l'état-major d'Urba-Gracco, Joseph Delcroix écrit, à propos de situation financière présentée
par le bras droit de Monate, Jean-Dominique Blardonne :

« Endettement du groupe *[Urba]* = mieux. 12,4 *[mil-
lions]* en 1983 ; 5,5 U *[millions]* à ce jour en 1985. Donc
confiance pour aborder campagnes électorales.
Retombées au PS : notre contribution est importante
pour acheter local Solférino. Il fallait le dire en
réponse à ceux qui font courir des bruits... ! ! ! »

Eh bien, voilà qui est fait, camarade ! Puisque vous
nous confirmez que votre temple de la rue de Solférino — celui que François Mitterrand a tenu à venir
honorer de sa présence, le 17 mai 1995, juste après
son départ de l'Elysée — a été acquis — en tout cas
pour partie —, avec l'argent du racket et de la corruption, vous souffrirez que je porte ce bien à votre
débit... et que je le fasse figurer sur la liste des trésors
que vous avez accumulés et à propos desquels j'écris
à votre intention ce *Rendez l'argent !*

C'est seulement à ce prix que le PS pourra retrouver sa virginité... et recouvrer la confiance des Français.

Les écrits fantastiques de Joseph Delcroix et toutes
les autres archives d'Urba-Gracco en ma possession
sont une mine inépuisable.

Il n'est pas de dossier sur la corruption propre aux
années de l'ère Mitterrand qui soit plus riche en ensei-
gnements. Aucun autre n'offre une si parfaite,
complète radiographie du mal qui a rongé la France,
son économie, ses finances et la morale publique pen-

dant ces années délétères. Est-ce pour cela que tout a été mis en œuvre, jusqu'à présent, pour empêcher leur examen global ?

J'entends déjà les jérémiades des gauche caviar, saumon... et parasols qui continuent de pontifier, comme si rien ne s'était passé, sur les antennes de nos radios et télévisions, qu'elles soient publiques ou privées.

Que nul ne se méprenne : je ne dis pas que tous les socialistes sont des voleurs, ni que tous les voleurs sont socialistes. Je suis bien placé pour savoir que, à l'instar de tous les partis politiques, le PS a une armée de militants sincères et dévoués. Mais ils ont été dupés par des dirigeants cyniques et cupides.

Cruelle réalité !

Mon seul dessein est de bien cerner les responsabilités, de remonter jusqu'à l'origine d'un cancer, la corruption, qui a fini par envahir tous les tissus de la nation.

Personne n'a encore vraiment pris conscience de l'inestimable valeur pédagogique des archives d'Urba et des écrits du camarade Joseph Delcroix. Ils expliquent tout le reste, les innombrables « affaires » où, à chaque fois, une royale liberté est donnée à des oiseaux de proie d'emporter dans leurs serres des milliards de francs, quand ce ne sont de dollars, de francs suisses ou de deutsche Mark. Ici, dans les coffres du Crédit Lyonnais. Là, lors du raid boursier sur la Société Générale (en 1988) et dans de crapuleuses opérations à la Caisse des Dépôts, premier organisme financier de l'Etat. Ailleurs, à la Française des Jeux, à Air France (lors du rachat d'UTA, à prix d'or), à Elf-Aquitaine (avec le somptueux cadeau fait au précieux « tonton maniaque » Pierre Bergé, quand il vendit sa

société Yves Saint Laurent à ce groupe alors nationalisé), et dans une quantité invraisemblable de grosses
sociétés publiques et privées, toutes atteintes par la
radioactivité de la corruption, du trafic d'influence,
de la malhonnêteté, érigés en système de promotion
sociale.

La « Génération Mitterrand » ? La voici, sans mas-
que !

Il est indispensable de réserver une place à part aux
riches écrits de Joseph Delcroix, qui, jusqu'ici, n'ont
pas été exploités comme il se devrait. Nul ne saurait
contester la traduction que j'en donne. Delcroix lui-
même a admis leur parfaite authenticité [1] :

« Je reconnais bien mes cahiers qui étaient à la fois
un brouillard de comptes rendus de réunions, dont
on m'avait chargé de garder la trace, et une sorte
d'aide-mémoire personnel contenant de la documen-
tation et des réflexions sur l'esprit de la maison. En
somme, c'était un outil de travail. »

Dans ses cahiers à spirale — ils portent sur la
période 1981-1989 —, Joseph Delcroix enregistre, au
jour le jour, tout ce qui se dit, tout ce qui se fait à
Urba, lors de réunions qui n'ont rien à voir avec des
activités commerciales normales.

Dûment datés, assortis des noms des participants et

1. Cette déclaration est faite par Joseph Delcroix, le 29 septembre 1989, devant le président Culié de la 3ᵉ chambre d'accusation de la Cour d'appel de Paris. Donc bien avant que, le 18
mars 1991, je déterre ses quatre cahiers à spirale et les réintro-
duise dans le circuit judiciaire, en en remettant une copie inté-
grale au juge d'instruction du Mans, Thierry Jean-Pierre.

des intervenants, les comptes rendus scrupuleux de celui que je surnommerai le « greffier de la corruption » constituent, en quelque sorte, la « boîte noire » d'Urba. Or, jusqu'à présent, seule une infime partie de ce dossier à peine croyable — très précisément, moins de 3% des pièces dont j'ai fait cadeau à la Justice — a été examinée par elle et portée à la connaissance du public. La lecture de ce qui précède... et de ce qui suit explique pourquoi.

Dans *Rendez l'argent !* — livre-bilan des « affaires » et de la corruption, pendant les deux septennats exemplaires de François Mitterrand —, la place éminente dévolue au ténébreux dossier Urba-Gracco permet, pour l'histoire, de montrer, une fois pour toutes, la dimension industrielle donnée par le Parti socialiste aux activités frauduleuses des malandrins de son appareil secret de financement.

Puisque la Justice s'est refusée à le faire, j'ai donc procédé au décryptage minutieux — je devrais dire décodage — des écrits hallucinants du directeur administratif d'Urba. Ils donnent, au jour le jour, une vue précise, une étude anthropologique des étonnants personnages auxquels François Mitterrand, Lionel Jospin, Pierre Mauroy et tous les autres Henri Emmanuelli ont confié le soin d'aller faire les courses et bouillir la marmite de la famille socialiste, rue de Solférino.

Jamais, à ma connaissance, autant de preuves écrites et irréfutables n'ont été accumulées, impliquant autant de membres éminents du personnel politique et gouvernemental. Chaque page recèle sa dose de

« nitro-mitterrando-glycérine ». Au fur et à mesure du temps qui s'écoule, on passe aux mégatonnes. Plus personne ne semble maîtriser le processus. Et, comme je le prévois dans *Le Figaro Magazine,* dès le 7 novembre 1987, d'explosion en explosion, la conflagration risque de pulvériser les valeurs qui fondent la démocratie.

Pour que jamais personne ne puisse douter de la réalité des propos que je vais maintenant retranscrire, j'ai décidé de remettre plusieurs copies conformes des fameux cahiers d'Urba, à la bibliothèque de la Fondation nationale des sciences politiques, à Paris, à celle du Centre Georges Pompidou... et à la Très Grande Bibliothèque, l'ultime œuvre monumentale du Président François Mitterrand. Ce sera chose faite, à l'occasion de la parution de ce livre.

Avant que les Français puissent se rendre compte, par eux-mêmes — en allant consulter ces archives —, de l'étendue des dommages causés par le racket socialiste, sous les différents gouvernements de François Mitterrand, je fournis ici, année par année, mois par mois, une anthologie de ce monument de friponnerie, dont, rue de Solférino, au siège du Parti socialiste, de même qu'à la Chancellerie, on n'avait pas imaginé qu'il tomberait un jour entre mes mains.

Dans ma sélection des grands moments de l'insatiable cupidité du Parti de l'« honnêteté retrouvée » — celui dont Jack Lang avait promis, au soir de la première élection de François Mitterrand, le 10 mai 1981, qu'il allait « nous faire passer de l'ombre à la lumière » —, je retiens surtout les passages que la Justice s'est obstinée, jusqu'à présent, à ignorer, en les écartant du champ de ses investigations.

Je livre ici, jour après jour, la substantifique moelle des réunions d'Urba, telles que relatées par l'une de ses principales chevilles ouvrières.

Jusqu'à présent, seules quelques têtes de chapitre ont été évoquées dans la presse et l'édition : une trentaine de pages sur les 626 que j'ai remises au juge Jean-Pierre. Le déchiffrage de la totalité de ces pièces — jour après jour, sur une dizaine d'années — est stupéfiant : nous assistons à la vie quotidienne, à la montée en puissance, d'un conglomérat de la corruption. En filigrane, nous voyons défiler les plus hautes personnalités de l'Etat, les plus grandes entreprises publiques et privées, tous les chauds dossiers des deux septennats du Président François Mitterrand. On en reste interdit. A partir de 1981, les méthodes les plus brutales sont expérimentées pour tourner la loi, remplir la caverne au trésor du Parti des 40 voleurs...

Jamais la Justice française n'aura plus souffert de ses propres dysfonctionnements.

Comment, en effet, justifier que l'ancien maire de Nice, Jacques Médecin, soit en prison, depuis plusieurs années, pour des fautes somme toute moins importantes que celles avouées par Delcroix dans ses fabuleux cahiers ? Aujourd'hui, trop d'instructions et de jugements deviennent suspects quand les décisions semblent être prises à la tête du client.

Que la Justice soit sévère, soit. On ne peut que s'en féliciter. Mais à condition que tous soient logés à la même enseigne. Or, nous sommes loin du compte.

Avant d'être incarcéré, en 1994, le ministre, député et maire de Grenoble, Alain Carignon, a été contraint de démissionner du gouvernement Balladur pour des faits qui remontent, précisément, à la même période que celle où Urba sévissait ; deux autres ministres, du même cabinet — Gérard Longuet et Michel Roussin — ont eux aussi été obligés de quitter leurs fonctions gouvernementales, en raison d'actes présumés commis au moment où Urba perpétrait, en rafales, toutes les infractions pénales possibles et imaginables.

A l'heure où j'écris ces lignes, de minables escrocs — qui ne sont pas des élus — ont droit aux honneurs des journaux télévisés parce qu'ils ont, de 1986 à 1990, fait payer (de 5 000 à 50 000 francs), leur intervention — vraie ou supposée — dans l'attribution de logements HLM de la ville de Paris.

En ce qui concerne Urba, ce sont de centaines de millions de francs dont il s'agit. Pas d'enfantillages. Ces sommes ont été aspirées, suivant un plan concerté, sur ordre et au profit d'hommes de gouvernement, d'hommes d'Etat... dont aucun n'a connu la paille humide des cachots, ni même la garde à vue. Justice à deux vitesses !

Ouvrons maintenant la boîte de Pandore.

Ah, la belle équipe que voilà !

1981-1985 :
A l'usine des fausses factures

21 mai 1981. François Mitterrand entre à l'Elysée. Un mois plus tard, le 21 juin, le PS remporte la majorité absolue à l'Assemblée nationale. Curieusement, les scrupuleuses annotations de Joseph Delcroix (membre de la direction commerciale d'Urba depuis 1978) commencent peu après : très exactement le 9 juillet 1981, à 10 heures du matin.

Bon appétit, bonjour !

La veille, le Premier ministre Pierre Mauroy — dont je ne me lasserai jamais de rappeler qu'il fut, en 1972, le co-inventeur du Meccano Urba — a annoncé la création d'un impôt sur la fortune et le lancement des nationalisations. Il en coûtera près de 60 milliards de francs à l'Etat, soit 3 250 francs par foyer fiscal. Détail ! Les sociétés qui vont être étatisées (banques, assurances, grands groupes industriels) seront des proies faciles, grâce auxquelles Urba et les autres filières socialistes de l'argent sale vont pouvoir se rassasier. L'accession au pouvoir du PS donne enfin aux racketteurs d'Urba une puissance de feu à nulle autre pareille. Bientôt plus rien ne leur résistera. Ni les marchés des ministères, ni la Caisse des Dépôts, ni les juteux contrats des entreprises publiques, sans oublier pour autant le tout venant, les petites communes où il y a gros à gagner. Voici le clan des Siciliens.

Ce 9 juillet, Delcroix se pourlèche les babines avec « *l'attribution des logements HLM de Saint-Brieuc (...)* ». Fébriles, les experts d'Urba sont en période d'échauffement. Ils se préparent à utiliser à plein l'influence que vient de donner aux socialistes la mainmise sur l'appareil de l'Etat. A la fin de l'année, une réunion de « *mise au point* », pour 1982, fixe aux racketteurs du Parti un objectif élevé. Joseph Delcroix le mentionne en ces termes :

« *Recettes 34 U* [millions de francs]. *Augmentation 50%.* »

Ambitieux et gourmands, les camarades ont déjà les yeux plus gros que le ventre. Mais la folie des grandeurs ne les a pas encore complètement gagnés.

1982

Urba s'étoffe. La décision est prise, le 22 janvier, de recruter Jean-Dominique Blardonne, un ingénieur des travaux publics, jusqu'alors directeur de cabinet d'André Laignel. Jeune loup du PS, il prendra ses fonctions le 1ᵉʳ février pour devenir, derrière Gérard Monate, le vice-patron du groupe. Omniprésent, jusqu'à la fin, dans les comptes rendus de réunion de Joseph Delcroix, Blardonne sera associé à tous les montages. Stakhanoviste de la fraude en tout genre, ce docteur *honoris causa* de la fausse facture ne sera jamais inquiété par la justice.

Dans les mois qui suivent son arrivée, des dizaines de villes sont passées au tamis, à commencer par Paris, Issoudun, Grasse, Chartres, Dreux, Poitiers, Antibes,

Villeurbanne, Pau, Saint-Priest, Epinal, Epinay, La Rochelle, Sète, Conflans-Sainte-Honorine, Béziers, Montluçon, Brest, etc. Les cités communistes — les « villes rouges » dans le jargon des socialistes d'Urba — ne font pas moins l'objet d'une attention particulière. Ordre est donné de n'épargner aucun secteur, car les affaires doivent prospérer.

15 avril. Dans la rubrique « réunion » des délégués régionaux, Jo Delcroix nous révèle que la direction leur demande d'établir *« une fiche d'information* [sic] *sur chaque élu, pour faire la preuve de ce qu'ils étaient en liaison avec les élus »* socialistes. Sans qu'ils le sachent, les maires, conseillers généraux, députés socialistes... sont répertoriés, annotés, pour être ensuite approchés suivant un plan démoniaque. Il vise à les impliquer dans une vaste entreprise de détournement de fonds ! Vrais racketteurs, les délégués ne peuvent réussir dans leur tâche sans apporter à la direction du PS la *« preuve de la liaison des circuits* [d'Urba] *avec les élus »*. Enfin, à propos de ce fichage des maires, conseillers généraux, sénateurs et députés, Delcroix écrit encore : *« C'est notre responsabilité politique. »*
En résumé, celle-ci consiste à insuffler la corruption dans le Parti, suivant une implacable méthodologie.

28 septembre. On complète le dispositif : la consigne est passée de se procurer d'urgence un listing des entreprises françaises et de constituer un « who's who » des affaires. Il permettra d'écrémer toutes les villes, tous les corps de métier.

Le quadrillage du pays est lancé. Et la corruption scientifiquement organisée.

2 novembre. Delcroix fait figurer sur son carnet la preuve que le PS, via Urba, est tout à la fois le corrupteur et le corrompu. Ce jour-là, l'objectif des profits pour 1983 est fixé. Ce sera « *60 unités* ». Autrement dit, on a programmé de rafler au moins « 60 » millions de francs, sous forme de fausses factures et divers autres procédés d'extorsion de fonds.

Dans les Landes, ajoute le scribe d'Urba, on a « *de bonnes perspectives* ». En Béarn, les abattoirs et les parkings de Pau devraient rapporter respectivement « *100 000* » et « *200 000 francs* ». D'Epinal, on attend « *500 000* » et « *130 000 francs* ». Plusieurs opérations à Mantes, Saint-Quentin-en-Yvelines, Elancourt, Châtenay-Malabry et Suresnes sont en cours de chiffrage. Ajoutées les unes aux autres, les sommes attendues ressemblent aux petits ruisseaux qui font les grandes rivières.

Les ordures ménagères — « *O.M.* » dans le langage codé d'Urba — apparaissent comme un filon prometteur à Dreux, Amiens, Massy, Villefranche, Poitiers, Saujon ou Annecy. A Clermont-Ferrand, l'usine d'incinération promet un bon rendement financier. On espère encore obtenir beaucoup de picaillons avec les hôpitaux d'Issoudun, Béziers, Saint-Chamond ou Chambéry, plus quelques restaurants universitaires, un « réseau de chaleur », j'en passe et des pires.

1983
A Urba, les revues de détail deviennent plus fréquentes : Fougères, Concarneau, Guingamp et Redon,

c'est finalement « *gagné* ». En Mayenne (Laval), dans la Sarthe (Le Mans), le Maine-et-Loire (Angers), la Vendée (La Roche-sur-Yon), à Saint-Nazaire, à Saint-Herblain et Rezé, le délégué pour les pays de l'Ouest — Christian Giraudon — fait de son mieux. Sympathique, ce camarade ne sait pas encore qu'elles lui vaudront d'être le seul râteleur d'Urba à être (brièvement) envoyé derrière les barreaux.

9 février. L'ordre du jour est épais. Les administrateurs d'Urba s'inquiètent d'une « *campagne de presse* » et de ses conséquences sur la « *structure* », celle qu'avec quelques journalistes chevronnés nous menons depuis décembre 1982 dans *Le Quotidien de Paris* de Philippe Tesson.

Nous avons là la preuve, écrite, que, dès le départ, les socialistes sont parfaitement conscients de l'illégalité dans laquelle baignent Urba et ses sociétés sœurs. Ils ne veulent pas entendre parler d'un assainissement du système. En laissant les choses en l'état, ils ont plus à gagner ! Réunis en conclave dans les locaux d'Urba, les vicaires de sa sainteté François Mitterrand s'inquiètent du « *retard dans les facturations* ». Car, expliquent les délégués, les « *élus du Parti réagissent mal à cette campagne de presse* ». Présent, le trésorier André Laignel calme les esprits. Bien que membre de l'Assemblée nationale, il ne dédaigne pas participer à ces débats de filous.

16 février. Important « *tour d'horizon technique* » sur les « *affaires en cours* ». Comprenez les détournements de fonds d'Urba... à Saujon, Amiens, Nantes, Troyes, Toulouse, Marseille, Montélimar ou Roanne. Un mor-

ceau de choix est annoncé qui semble passionner Jo
Delcroix : le chantier du futur ministère des Finances,
quai de Bercy, à Paris. Pour ce colossal marché public,
écrit-il, des « *accords* » *[sic]* ont été pris par Urba-
Gracco avec de vrais bureaux d'études : « *Serete,
Sechaud et Bossuyt, Seri-Renavit* », obligés de passer à la
caisse du PS. C'est tout du moins ce qui transparaît
des écritures du greffier socialiste.

17 mars. De même que celles du Gifco — homologue communiste d'Urba — les méthodes peu ortho-
doxes du solitaire faux facturier socialiste Michel Reyt
sont au centre des discussions, lors d'un vrai conseil
de maffiosi. Les gros bras d'Urba sont de plus en plus
irrités par sa déloyale concurrence. Aussi faut-il réagir,
intervenir davantage pour contenir la percée de Reyt
sur le terrain, prioritairement là où Urba dispose
d'amis socialistes sûrs. Nevers, la ville-fétiche de
François Mitterrand, est dans le collimateur. D'où la
consigne : il faut « *voir le premier adjoint (...)* ».

17 novembre. De nouveau, André Laignel préside
la grande réunion. Les « *structures parallèles* », c'est-
à-dire les autres organisations socialistes de racket,
« *style Pezet, Reyt ou François Diaz* », sont l'objet de vives
récriminations. Le milieu... de la fausse facture n'est
plus ce qu'il était ! Depuis la victoire de mai 1981,
toute la gauche mafieuse s'est mise sur le pied de
guerre : l'Orcep, la structure nordiste de Pierre Mauroy, fait des « *incursions* [sic] *en Thiérache et dans le Sois-
sonnais* », tandis qu'à Amiens, « *tout va au PS* ». Vrai
patron d'Urba, le trésorier du Parti André Laignel est
là pour doper sa bande de racketteurs. Ils ont du vague

à l'âme : les élections municipales de mars 1983 ont provoqué la perte de villes PS. Il s'agit, leur dit-il, des « *aléas de la vie politique* ». Le parrain rameute ses troupes et recommande « *d'aider les élus* » pour les « *marchés publics* ». Il demande qu'Urba et la Fnesr — la Fédération nationale des élus socialistes et républicains — prévoient des « *documents pratiques* », pour les aider à tourner la loi :

« *L'ignorance,* dit-il doctement, *est le meilleur moyen d'avoir peur.* »

Les camarades racketteurs approuvent. L'ambiance devient euphorique. Joseph Delcroix retranscrit :

« *Les résultats estimés sont corrects (...). Dans les deux ans, il faut structurer* [Urba] *pour que les sociétés* [du groupe] *soient efficaces. Même en cas d'échec aux élections législatives, en 1986 (...). Nombreuses commandes d'Etat. Il y a des progrès.* »

Cependant, un gros souci apparaît à l'horizon : les « *contrôles fiscaux* », dont celui de la puissante CGE, « *cliente* » d'Urba. On s'en est occupé : le délégué Jacques Renaudie fait le récit d'une « *intervention vécue* » par lui. Enfin, pour clore ces débats hauts en couleur, un délégué expose — l'hôpital sait parfois se moquer de la charité — que les « *fausses factures du PC* » sont différentes des « *activités d'Urbatechnic* ».

A cette date, communistes et socialistes continuent de coopérer dans le gouvernement de Pierre Mauroy. Cependant, dans la coulisse, leurs fraudeurs professionnels s'opposent dans la définition à donner de leurs secrètes activités. Pour les communistes, les camarades d'Urba ne sont que des amateurs, des voleurs de poules. Vus par les socialistes, les communistes sont des révolutionnaires professionnels... transformés en brigands pour les besoins de la cause. Subtil débat. Dans les deux camps, le résultat est le même : la banalisation de la corruption, comme outil de pouvoir.

1984.
L'année commence en fanfare.
6 janvier. Lors de la « *réunion de direction* », Gérard Monate annonce qu'il « *a vu Louis Joinet* ». Grande conscience de gauche, haut magistrat, détaché au cabinet du Premier ministre Pierre Mauroy comme conseiller technique, cet idéologue est l'ancien président du Syndicat de la magistrature. Monate a aussi « *vu* » Gilles Ménage, directeur adjoint du cabinet du Président de la République. Un grave problème est à régler :
« *Contrôles fiscaux, danger réintégrations ; voir Emmanuelli au Budget.* »
Explication ultérieure de Delcroix, à propos de cette référence à Henri Emmanuelli, ministre de tutelle de la Direction générale des Impôts, de mars 1983 à mars 1986 :
« *Il y a eu un contrôle fiscal en 1982 et la question se posait de réintégrer dans les bénéfices d'Urbatechnic, certaines dépenses* [payées par la société pour le PS et les élus socialistes] *non conformes de l'objet social. Quelqu'un a pu dire : "après tout Emmanuelli est au budget, on pourrait lui poser la question".* »

8 janvier. Ouf général de soulagement. Delcroix enregistre :
« *L'endettement a diminué de moitié.* »
Mais le train de vie du Parti coûte cher. Urba a un

« *engagement de 10 millions de francs vis-à-vis du PS* », qui compte sur cet argent pour financer son coûteux siège de la rue de Solférino. En outre, dans deux ans, les prochaines législatives nécessiteront des capitaux frais. Les racketteurs maison doivent serrer les rangs et se tenir prêts à faire feu de toutes leurs pièces. Avertissement solennel de la direction :

« *Attention, on approche de 1986...* »

En attendant cette échéance fatidique, il convient de « *constituer une S.c.i. pour acquérir un local à Antibes* ». Le Gracco et Urbatechnic se partageront la facture. Il faut aussi régler la réalisation d'un « *film* » pour « *180 000 francs* ». Et ne pas oublier de « *voir* » le marché juteux du « *tramway de Toulouse* » !

20 février. La réunion d'Urbatechnic porte sur « *les ministères qu'on maîtrise* ». Le trafic d'influence et le détournement de fonds publics n'ont jamais été aussi lucratifs. Même l'administration pénitentiaire est en ligne de mire : « *La prison de Lannemezan semble acquise* », grâce à un ami architecte. Haut les cœurs !

A Albi, « *12,7 unités* » [millions de francs] sont inscrits au budget des « *Télécoms* ». A Troyes, les travaux des « *PTT* » sont en bonne voie. Urba monte aussi en ligne à Dourdan. Ce jour-là tombe la bonne nouvelle : la « *situation de trésorerie* » est florissante. Gérard Monate donne son accord pour l'ouverture de nouveaux locaux à Toulouse. Vient le gros point noir, l'obsession constante d'Urba et de ses clients : « *les contrôles fiscaux* ». Car, au PS, il n'échappe à personne que tout ce qui se trame à Urba et dans sa nébuleuse n'est rien d'autre qu'abus de bien sociaux à répétition, assortis de fraudes fiscales caractérisées. Le tout est passible — au minimum ! — du tribunal correctionnel... et de sévères peines de prison. En haut lieu, une intervention ferme devrait permettre de rappeler le fisc à la raison. Quels sont donc ces fonctionnaires des Impôts qui se croient tout permis ? Annotation de Joseph Delcroix :

« *Emmanuelli : JDB* [Jean-Dominique Blardonne] *rencontre Goudières today : contact nécessaire avec DGI* [Direction générale des impôts] ».

L'actuel premier secrétaire du PS, Henri Emmanuelli, est cité pour la seconde fois, lors d'une réunion de la pompe à finances occultes du PS, dont il deviendra le vrai patron, en 1986, en qualité de trésorier du Parti. Pendant les trois années (1983 à 1986) où Emmanueli a, sous sa tutelle, le service du contrôle fiscal, Urba et tous les grands chevaliers d'industrie (socialistes et apparentés) vont collectionner les trophées, en battant tous les records de fraude fiscale. Bernard Tapie compris [1].

2 mars. Gérard Monate enfonce le clou. Le « *but* » d'Urba est d' « *apporter de l'argent au Parti* ». Plus tard, au juge Culié, Delcroix expliquera :

« *Gérard Monate insistait pour que les produits financiers du groupe ne servent pas à combler le déficit d'une société filiale, mais aille au Parti socialiste, ce qui était son objectif, et même sa mission.* »

Exemplaire société... qui pratique, de manière systématique, l'abus de bien social afin de ventiler, dans les allées du pouvoir — là où se font, se votent et

---

1. Voir *Mitterrand et les 40 voleurs, op. cit.*, pp. 127 à 139.

s'appliquent les lois —, le produit de ses vols organisés.

Aussi, la prudence s'impose. Les révélations que je multiplie dans *Le Quotidien de Paris* ou *Le Figaro Magazine*, finissent par vraiment inquiéter Urba. Attaché à la discipline, Gérard Monate s'affole. A mon tour, j'entre dans les cahiers d'Urba. Comme un adversaire qui compte. Gérard Monate s'exclame :

« *Il faut être meilleurs sur le terrain, et sécuriser les élus. Il y a encore des campagnes de presse : Montaldo en juin* [1983] ; [il faut] *éviter les correspondances qui laissent des traces, les fouilleurs de poubelles existent.* »

En bon policier... qui a mal tourné, Monate recommande encore la prudence dans l'utilisation « *des radiotéléphones et de la Cibi* ». Puis on en revient aux « *affaires* » proprement dites. Le grand patron ordonne :

« [Il] *ne faut pas se démobiliser quand les entreprises essaient de jouer, en prétextant verser à d'autres* ».

Vient maintenant le plat de résistance : les « *dessous-de-table* ». De gros chantiers sont en vue, dont on va pouvoir se régaler, pour un montant de « *487 millions à Grenoble, partagés entre le PC, le RPR et le PS* ».

Par RPR, il faut entendre le maire de Grenoble, Alain Carignon, qui, lui, est aujourd'hui poursuivi par la Justice. A la différence du PC et du PS, le RPR n'a pas de sociétés qui lui soient structurellement rattachées. A Grenoble, précisément, les juges continuent d'ignorer la socialiste Urba... et le Gifco, son homologue communiste.

Nonobstant le respect que nous avons pour nos magistrats, comment éviter de dire à quel point leur attitude déconcerte ! Comment, en effet, ne pas remarquer ces inégalités de traitement, cette Justice à la carte ?

Carignon poursuivi ? Bravo ! Mais qu'a-t-on entrepris à l'encontre des organisations socialistes et communistes, pour ce qu'elles ont fait dans toute la France ? La même question se pose pour les massifs détournements d'Urba dont je dresse ici la liste, notamment ceux dont il est question lors de cette réunion du 2 mars 1984, puis les jours, les mois et les années suivants ?

Maintenant c'est à Jean-Dominique Blardonne de prendre la parole. Il demande que soient réétudiés les graves problèmes posés par les concurrents d'Urba au sein de l'appareil socialiste. Une préoccupation constante, au même titre que le fisc :

« *Les sociétés parallèles,* proclame-t-il fièrement, *n'ont pas les capacités d'action de notre groupe, dans les ministères et à l'étranger.* »

Sous le portrait officiel de François Mitterrand, un débat doctrinal fournit à Gérard Monate l'occasion de se distinguer. Il tire la leçon de cet affrontement fratricide :

« *Il n'y a pas de pressions possibles pour réduire ces organismes qui n'ont pas le label* [sic]. *Les contacts avec le trésorier* [du Parti] *doivent passer par le G.i.e...* »

Puis, la discussion s'oriente sur la « *programmation* » des activités d'Urba avec les grandes administrations. Déclaration de principe, prise en dictée par Joseph Delcroix dans son inimitable style télégraphique :

« *On ne travaille (et c'est Jean-Dominique Blardonne) qu'avec certains ministères (gros problèmes si actions désordonnées) : PTT, Finances, Education nationale, Commerce extérieur, Urbanisme et Logement, Santé,...* »

Suit cette mention, éloquente :

« *Des entrées :* [aux ministères de l'], *Intérieur, de la Justice, de l'Industrie.* »

Claire et elliptique, l'indication de Gérard Monate, telle que rapportée dans ses cahiers par Joseph Delcroix, n'a jamais excité la curiosité des magistrats. Savoir que, encore une fois, on a osé voler — car c'est de cela dont il s'agit — la police et l'administration judiciaire semble toujours les laisser indifférents !

Goulus, les dirigeants d'Urba ont une autre faiblesse : les écoles. Sous l'intitulé « *Programmation éducation nationale* », Delcroix nous révèle que : « *Jean-Dominique Blardonne demande à directions régionales liste des CES* [Collèges d'enseignement secondaire] *et LEP* [Lycées d'enseignement professionnel]. *Savoir lesquels... sont* prévu *pour 1984, 1985 (...).* »

Revient alors sur le tapis le sempiternel problème des « *contrôles fiscaux* ». Têtus, les fonctionnaires des Impôts refusent de s'en laisser conter. Comme le confirme Delcroix, ils « *mettent en doute* » la réalité des « *prestations facturées* » par Urba. Ils ont même l'imprudence de vouloir réintégrer systématiquement dans les bénéfices des sociétés rackettées les commissions qu'elles versent à l'officine ou à ses appendices. A bon droit, les contrôleurs du fisc les considèrent comme des « *libéralités* ». C'est donc, si on ne les arrête pas, tout le système d'Urba-Gracco qui sera menacé. Gérard Monate donne de la voix :

« [Il y a des] *contrôles fiscaux dans* [les] *entreprises* [rackettées]. *Réintégration dans les bénéfices au titre des libéralités : manœuvre concertée du fisc. Attention : cela deviendrait systématique.* »

Alors, il ne faut surtout pas perdre de temps ! Un

SOS est lancé. Les directions régionales d'Urba-Gracco sont mobilisées :

« Nous donner liste et précisions sur les sociétés qui ont subi ces redressements [fiscaux]. »

Par la suite, l'un des directeurs techniques d'Urba ira *« plancher »* dans les sociétés visées *« pour justifier la consistance* [sic] *de votre prestation »*. Autrement dit, apprendre aux sociétés rackettées à se disculper des fraudes qui leur sont ordonnées par le PS, via Urba.

2 avril. Au « Château », on commence — tout de même — à être préoccupé par le bruit de casseroles que provoquent les activités multiformes et délinquantes d'Urba. Delcroix griffonne :

« Jean-Claude Colliard, à l'Elysée, a été vu par Gérard Monate : prudence recommandée. »

En clair, la présidence de la République est parfaitement au courant des agissements délictueux du Gie. Qu'advient-il ? Jean-Claude Colliard, le propre directeur de cabinet de François Mitterrand, se contente d'inviter les camarades racketteurs et le premier d'entre eux, Gérard Monate, à plus de discrétion. Mais il se garde — c'est pourtant son devoir — d'ordonner la cessation immédiate de ces massives extorsions de fonds... dont il ne prévient pas le parquet, comme la loi l'exige.

12 avril. Entre une pensée de Tristan Bernard et un dessin de l'excellent Cabu, le dessinateur du *Canard enchaîné*, Joseph Delcroix prend note d'un événement considérable :

« Angoulême : Gérard Monate a vu Boucheron, sympa...

Jacques Renaudie [le délégué de la région Poitou-Cha-
rente-Limousin] *a rendez-vous* [avec lui]. »

A cette date, le député-maire socialiste d'Angoulême Jean-Michel Boucheron — qui deviendra secrétaire d'Etat aux Collectivités locales en 1988, dans le
gouvernement de Michel Rocard — a déjà commencé
de ruiner sa ville, en volant ses administrés comme
dans un bois. A force de fausses factures et de trafics
en tous genres, il va leur laisser un « trou » de *« 165
millions de francs »*, sans compter plus de *« 700 millions
de francs »* de dettes. Petit incident de tir. En 1992,
Boucheron sera laissé libre de prendre la poudre
d'escampette, après avoir été inculpé — le 22 février
1991 — pour *« corruption, recel d'abus de biens sociaux,
complicité de faux et ingérence »*. Condamné par défaut
le 23 juin 1994, par la 11e chambre correctionnelle du
tribunal de Paris, à quatre ans de prison ferme et cinq
ans de privation des droits civiques, le *« sympa »* Jean-
Michel Boucheron accueille la sentence avec humour
et sérénité :

« Je souhaite, déclare-t-il depuis Buenos Aires — la
capitale de l'Argentine, où il s'est réfugié, car il
n'existe pas de convention d'extradition entre ce pays
et la France —, *que cette histoire serve d'exemple aux
hommes politiques d'aujourd'hui, pour leur rappeler que nul
n'est au-dessus des lois et que la corruption est quelque chose
qu'il faut combattre. »*

Toujours père la morale. Du Mitterrand tout craché.

17 mai. Importante communication du directeur
d'Urbatechnic, Jean-Louis Clautres, à propos des for-

tunes à réaliser, avec les autorisations d'implantation des « *centres commerciaux* » :

« *Secteur difficile, être prudents, précise Jean-Dominique Blardonne, et ne pas donner d'info sur* [le] *montant* [de nos] *honoraires.* »

Et pour cause: en cas d' « *accords directs avec les chaînes* », Urba touche « *400 francs du m^2 sur la surface de vente* » et « *200 francs le m^2* » quand il s'agit de « *supérettes* ».

9 août. Important conseil de guerre à propos de la construction du nouveau ministère des Finances à Bercy. Depuis la réunion du 16 février 1983, l'attention des éclaireurs d'Urba ne s'est pas relâchée. Les contacts ont progressé et le « *tour de table est organisé* ». L'ensemble des corps de métier est passé en revue. Urba veut toucher sur tout : la centrale électrique ; les courants forts ; l'éclairage *(« 4 % »)* ; les courants faibles ; la détection des incendies ; la climatisation ; la miroiterie ; les sanitaires ; les ascenseurs ; les plafonds suspendus ; les planchers ; les cloisons démontables ; le nettoyage par le vide, etc.

Au regard de chacun de ces postes, le scribe de la corruption fait figurer des noms d'entreprise, parfois des pourcentages. Mais de cela, encore une fois la Justice ne va rien vouloir connaître !

Je rappelle ici que la construction, sur les bords de la Seine, du hideux blockhaus en béton des Finances a été estimée provisoirement par la Cour des comptes à 7,5 milliards de francs (!) contre 3,3 milliards prévus initialement. En dehors des dépenses pharaoniques signalées par la Cour en 1991 — un embarcadère fluvial (!), pour 8,1 millions de francs ; des décorations (œuvres, peintures et tapisseries) pour 43 autres millions ; une sculpture en sous-sol, représentant deux ridicules faux lingots d'or, pour 1,2 million —, personne, jusqu'à présent, n'a songé à aller contrôler les appels d'offres, les adjudications et les factures de ces travaux titanesques. Pour le seul poste des œuvres d'art, un juge courageux saura-t-il remonter la filière des commissionnaires, étrangers cette fois au réseau Urba ? Car, à notre connaissance, Gérard Monate et son personnel n'ont, à aucun moment, été admis dans le petit monde, précieux et clos, des « affaires » dites culturelles.

18 septembre. 10 heures du matin. Une *« réunion de coordination »* prépare la future conférence des délégués régionaux. Une mention digne de l'almanach Urba-Gracco :

« Joxe/Marchand : Ile de Ré. »

Comme beaucoup d'autres, cette indication n'a jamais éveillé la moindre curiosité de l'autorité judiciaire. Or, comme on va le voir, Urba s'est beaucoup investi pour toucher sa part sur cet important marché.

Aujourd'hui premier président de la Cour des comptes, par la volonté de François Mitterrand, Pierre Joxe est alors ministre de l'Intérieur et de la Décentralisation, tandis que Philippe Marchand, futur ministre de l'Intérieur lui aussi, préside le Conseil général de la Charente, l'un des décideurs pour la construction rocambolesque du pont monumental reliant le continent à l'île de Ré.

Ancien trésorier du PS de 1979 à 1981 et, à ce titre, grand superviseur d'Urba, Pierre Joxe est averti, mieux que quiconque, des méthodes de cette officine, bien connue des membres de la Cour des comptes. C'est lui qui fera muter Antoine Gaudino dans un commissariat de police de Marseille — avec mission d'aller ramasser les seringues des drogués — après que l'inspecteur de la Brigade financière eut découvert, en avril 1989, les quatre sulfureux cahiers de Jo Delcroix. Intrépide chasseur du fameux « Baron noir », qui le terrifia dans le ciel de Paris en septembre 1988, Pierre Joxe est également le ministre qui, le 12 octobre 1990, suspend l'incorruptible Gaudino de ses fonctions. Autre belle figure du socialisme policier, Philippe Marchand succède à Pierre Joxe à l'Intérieur en février 1991. Le 18 mars 1991, il révoque Gaudino pour « manquement à l'obligation de réserve ». Mesure infamante... heureusement réparée, en septembre 1993, par son remplaçant RPR, Charles Pasqua.

20 septembre. Avant-propos du faux facturier en chef, Gérard Monate, qui implique le PS... et la présidence de la République :

« *Le PS compte sur nous. Je me suis engagé auprès du trésorier et du contact Elysée.* »

De mieux en mieux... Voilà maintenant qu'Urba a un parrain à la présidence de la République. Son identité ? Patience. Ça vient ! Quand on l'interroge à propos de cette mention de septembre 1984, Joseph Delcroix a une réponse toute prête, qui en dit déjà long :

« *Cela n'appelle pas de commentaire particulier de ma part, c'est très explicite.* »

15 octobre. Les comptes sont examinés en présence de l'avocat d'Urba, Mᵉ Z.... Comme les frères Zemmour et le grand Jo Attia, les racketteurs militants ont recours à un homme de loi... pour faire rentrer les impayés. En Charente-Maritime et du côté de l'île de Ré, tout baigne. Sous le dessin d'une sorte de Zorro barbu, l'artiste Delcroix met une légende :

« *Pont de Ré. Philippe Marchand prêt ?* »

Pour le reste, c'est le train-train quotidien. Au Plessis-Robinson, 80 000 à 100 000 francs restent à encaisser. On s'interroge sur les « *moyens de pression* [sic] *pour faire payer* ». De son côté, « *J.P.B.* [Jean-Pierre Barth, directeur technique d'Urba] *a mis au point un contrat avec RVI* [Renault Véhicules Industriels] : *1%* ». A la RATP les pourcentages sont plus variables : « *0,25 % à 33%* » ! !

10 décembre. Le miraculeux chantier de construction du ministère des Finances à Bercy revient sur la table, en même temps que les marchés de l'île de La Réunion et ceux de RVI *(« 1 % »)*. Ces missions de confiance sont du ressort de Jean-Dominique Blardonne, le « golden boy » d'Urba. A Montpellier, le député-maire Georges Frêche est l'un des rares élus socialistes qui fasse de la résistance à Urba. Il continue de faire la mauvaise tête.

17 décembre. Petit problème à Issoudun, la ville d'André Laignel. 100 000 francs sont en suspens. On s'interroge :

« *Quid facturation. A qui ?* »

Le pont de l'île de Ré agite toujours les esprits : cette fois, c'est la Caisse des Dépôts et Consignations et sa filiale la Scet qui entrent en scène, au-dessus d'un petit chiffre : « *400 000 francs* ». Argent de poche.

1985.
Les élections législatives de 1986 se profilent. Il faut déjà y penser. Directeur à Urba, plus spécialement chargé des équipements publics, Jean-Pierre Barth pense « business ».

7 janvier. Barth évoque un débouché possible à « *l'Assemblée nationale* » ! Imperturbable, Delcroix note le nom de la société bidon du Gie qui traitera le dossier et collectera le pourcentage. C'est, précise-t-il, une « *Affaire Gracco* ».

A Strasbourg, un autre marché rapporte « *2%* ». Le directeur d'Urbatechnic, Jean-Louis Claustres, signale trois autres prélèvements d'argent en Corse, pour la maison d'arrêt de Borgo, un port de plaisance et la réhabilitation de 600 logements à Bastia !

25 janvier. A Massy-Palaiseau, le député-maire Claude Germon est irrité à propos de la répartition des « *retombées* », c'est-à-dire la part qui doit lui revenir sur les rackets d'Urba dans son secteur. Pour le marché de l'informatique au ministère de l'Intérieur, il faudra repasser :
« *Niet de Joxe...* », écrit Joseph Delcroix.
Enfin ! L'honneur est sauf.
Pour un hypermarché à Auch, dans le Gers, les choses se précisent :
« *Avons-nous accord de J.M.A.* [Jean-Michel Amiot, le délégué de la région Midi-Pyrénées] ? *Ce ne sera pas Mammouth, mais Promodès. Gérard Monate en a parlé.* »

L'ancien policier est un prestidigitateur. Il n'a pas son pareil pour deviner le dessous des cartes.

28 février. 9 heures. Le président Monate expose un épineux problème d'intendance. Il y a du mou dans la troupe : il faut, recommande-t-il, *« augmenter le chiffre du racket »*. A 12 heures, on en arrive au point clé : les *« opérations ministères »*. Le caviar d'Urba !

Quand, peu après, on aborde le juteux secteur des centres commerciaux et de leur implantation, instruction est donnée de continuer à gérer les dossiers depuis Urba-Paris. Ce domaine sensible est la chasse gardée du dévoué Claude Faux, l'un des vieux de la vieille de la boutique. L'ordre du général en chef tombe comme un couperet :

« Claude Faux reste l'interlocuteur désigné des centres commerciaux. Les infos transitent par Gérard Monate. Les délégués régionaux n'ont à prendre aucun engagement avant le retour de cette information. »

Souvent assortis des montants qui doivent être soutirés, Delcroix signale les noms des chaînes de grandes surfaces retenues (ou en passe de l'être), dans les onze villes concernées : Albi, Saint-Brice, Saint-Egrève, Orange, Laval, Le Mans, Chalon-sur-Saône, Saint-André-de-Cubzac, Auch, Bourg-en-Bresse, Cherbourg...

Face à Urba, le « gang des postiches » n'a plus qu'à bien se tenir.

25 mars. Gérard Monate rameute ses troupes :

« Nous avons [le] *mandat de faire le congrès* [PS] *de Toulouse. Prévenir les entreprises. »*

Bonjour les dégâts !

29 mars. Grande cérémonie au 140, boulevard Haussmann. La bande est au complet, le doigt sur la couture du pantalon. Gérard Monate pontifie. Le succès d'Urba commence à lui monter au cerveau. Comme Roger Hanin dans *Le Sucre*, le film tiré du roman de Georges Conchon, « le président » s'exprime à la manière d'un avide spéculateur de la bourse du Commerce :

« *Pour la trésorerie*, dit-il, *on continue à bien se porter, trop même.* »

1er avril. Joseph Delcroix est d'humeur vagabonde. Il dessine une pieuvre sous la mer, en illustration de deux bonnes nouvelles :

« *Laon, centre de tri PTT : gagné (...) ; Nanterre, gendarmerie pour nous : 1,25 % : 200 000 francs de retombées.* »

Après avoir cité Romorantin et Issoudun, les villes de l'ineffable Janny Lorgeoux — copain de « Monsieur Fils » (Jean-Christophe Mitterrand) — et André Laignel, Delcroix cite le cas particulier du Pré-Saint-Gervais, dans la banlieue Est de Paris : titulaire de deux marchés — un CES et une crèche —, une entreprise nommément désignée « *a payé* [un] *permanent à Debarge 508 000 francs* ». Petit abus de bien social. Routine. Pour une identique largesse — elle lui fut consentie par Pierre Botton, le gendre du maire de Lyon, Michel Noir — le maire de Cannes Michel Mouillot a été condamné (en avril 1995) par le tribunal correctionnel à 15 mois de prison avec sursis, à la perte de ses droits civiques et à 5 ans d'inéligibilité.

22 avril. Jean-Michel Amiot, le directeur régional de la région Midi-Pyrénées-Languedoc-Roussillon, se plaint amèrement :

« On pourrait peut-être mieux travailler si les entrepreneurs n'étaient pas reçus rue de Solférino ou dans les ministères, directement, pour des opérations régionales. »

Tiens donc ! Autrement dit, l'homme d'Urba retient dans ses écritures que la direction du Gie accuse ministres et barons du PS de traiter directement les dessous-de-table avec les *« entrepreneurs »*. Ayant cours dans des palais nationaux, ces mauvaises mœurs font quelque peu désordre. Urba — qui souhaite récupérer la mise — n'arrive pas à se faire entendre. Avares, les ministres visés ne sont pas partageurs.

25 avril. Responsable de la Picardie, Raymond Corbeaux signale des *« décalages de démarrage »* dans les opérations d'extorsion de fonds prévues dans sa région, notamment pour *« trois lycées »*, un *« centre de tri »* et *« les abattoirs de Laon »*. De son côté, Yvan Ducos se plaint des mêmes lenteurs pour les marchés de Clichy, Magny-les-Hameaux, Mantes-la-Jolie, Conflans-Sainte-Honorine et Plaisir, où, dit-il, *« il y avait en musette* [sic] *2 500 logements... ! »*. Basé à Epinay, avec le camarade Bernard Benoit, Ducos déplore *« le j'm'en foutisme »* des camarades. En outre, le Gie n'est pas seul à sévir sur ce secteur :

« Beaucoup de gens grenouillent dans l'Ile-de-France. La permanence [d'Urba] *dans une région est un atout. »*

Pour Marseille, Istres, Vitrolles, *« Gérard Monate a rendez-vous avec Sanmarco »*. Alors concurrent de Michel Pezet à la succession de Gaston Defferre — dont il est le suppléant à l'Assemblée nationale —,

Philippe Sanmarco vit son apogée. Il sera moins souriant plus tard, devant les gendarmes et le juge d'instruction.

Acariâtre, le délégué breton André Renault se plaint des concurrents d'Urba au PS, « *toutes les sociétés parallèles qui nous font perdre notre crédibilité* [sic] : *le Gec (Petitdemange), Socofred (Poperen), Certa (Fajardie, Mauroy), les "directs", etc.* ».

Que du beau monde. Belle brochette d'humanistes ! Aujourd'hui préfet (nommé « au tour extérieur » en 1989), Jean-Claude Petitdemange sera, de 1988 à 1990, le chef de cabinet à Matignon du Premier ministre Michel Rocard ; haut dignitaire du PS et maire de Meyzieu, près de Lyon, Jean Poperen (futur ministre des Relations avec le Parlement), lancera dans quelques années le journal *Vu de gauche*, avec le soutien financier du ramasseur d'argent sale Michel Reyt ; cofondateur d'Urba, feu Roger Fajardie est (jusqu'à sa mort) un mauroyiste fidèle. Le 28 mars 1985, Fajardie s'affirme « franc-maçon et fier de l'être », quand il s'élève, avec la plus grande véhémence, contre le leader travailliste anglais Terry Pitt et sa « scandaleuse initiative » qui consiste à vouloir « éliminer toute corruption » et à obtenir « une enquête sur le rôle des loges maçonniques dans les institutions européennes ».

3 juin. Monate est désappointé. Lors d'une réunion d'Urba à Chartres, il n'y avait, se lamente-t-il, que « *quatre élus seulement* ». De plus, comme dans les familles italo-américaines qui se disputent New York, il y a toujours, entre les différents clans et courants du PS, ce satané problème de frontières et de partage des territoires dévolus aux racketteurs du Parti. Un accord est en vue :

« *J'ai vu Claude Estier de L'Unité* [l'organe officiel du PS, qui avait sa propre organisation de racket] *pour éviter qu'on se marche sur les pieds (cas de Clermont-Ferrand).* »

Jean-Dominique Blardonne est le champion du jour : il a réussi à contenir les offensives du fisc. A cet égard, les nouvelles qu'il rapporte sont rassurantes. Delcroix annote :

« *JDB a eu un rendez-vous avec Rocher. Direction des Impôts pour contrôle fiscal : on ne va pas provoquer de contrôle fiscal (...).* »

Du rapport fait par Blardonne sur son dernier entretien à Bercy, avec la DGI, il ressort que celle-ci — pour ses beaux yeux, seulement pour eux — est enfin disposée à revoir sa copie sur le problème des « commissions » versées à Urba par les entreprises. Jusqu'alors, le fisc avait raison de considérer comme des « *libéralités* », autrement dit comme des dons non déductibles des bénéfices, ces sommes versées, ne correspondant à aucune prestation et devant être considérées comme un abus de bien social. Christian Luçon se félicite de cette remarquable avancée et « *signale que Decaux* [le mobilier urbain] *n'a pas eu de problème* ». Compliment.

9 septembre. Le correspondant permanent d'Urba à la Caisse des Dépôts et Consignations — un certain Mazodier — apparaît comme un informateur précieux. A croire que cet établissement public est tout à sa dévotion. En outre, les grandes compagnies du BTP, de la distribution des eaux, de même que les

Charbonnages de France ont été courtoisement — mais fermement — priés de cotiser pour le Congrès du PS à Toulouse. Il n'y a pas eu de défection. Le contraire eût été surprenant. Avec le fisc dans la poche, Urba n'a plus aucun souci à se faire. A partir du moment où on lui garantit, sur fausse facture, qu'il ne sera pas poursuivi et que, de surcroît, il pourra faire figurer dans ses frais généraux la somme qu'il verse frauduleusement, par l'intermédiaire obligatoire d'Urba, le chef d'entreprise sollicité se fait rarement tirer l'oreille.

Dans les milieux du patronat, on en arrive à considérer comme suicidaire l'attitude courageuse des rares PDG qui refusent de céder au chantage et au racket.

16 septembre. La caisse enregistreuse d'Urba retentit comme un bandit manchot de Las Vegas. Le contrat de supermarché à Saint-Egrève (en Isère) est conclu :
« *Règlement to-day* », retranscrit gentleman Delcroix.
Pour ce dossier je relève deux infractions pénales caractérisées : trafic d'influence et abus de bien social.

22 septembre. Monate prévient :
« *André Laignel a décidé que Gracco "organiserait" tous les congrès* [du PS]. »
Ce Laignel est un finaud : le Gracco, c'est comme le Loto, ça peut rapporter gros. Surtout quand, à tous les coups, on a d'avance, en poche, les bons numéros !

10 octobre. La machine à corrompre d'Urba s'emballe. Elle devient folle. Délégué pour les pays de Bretagne, André Renault est d'avis de frapper encore plus fort, d'intensifier la corruption à tous les niveaux, lors des « *interventions dans les ministères* » :

« *Il n'y a pas que les politiques,* dit-il en homme d'expérience. *Des chefs de service peuvent être très influents.* »

Il est vrai qu'en matière de corruption, comme le disait « le frère Pierre Dac » : « Quand les bornes sont dépassées, il n'y a plus de limite. »

Voilà pourquoi nous apprenons aussi, ce jour d'octobre, que la préparation du congrès de Toulouse « *a été payée par les sociétés...* ». Et Delcroix d'ajouter :

« *Confiance pour aborder les campagnes électorales. Retombées au PS, contributions importantes pour acheter local Solférino.* »

Intéressante révélation. A cette page de ses cahiers, Joseph Delcroix nous confirme que, selon le « *président Monate* [!] », le coûteux siège du Parti socialiste, rue de Solférino, a été payé avec l'aide de l'argent noir, produit de la corruption et du trafic d'influence. Encore une fois, je n'invente rien. Au président Culié, Delcroix n'a pas caché le sens de cette phrase :

« *C'est toujours Monate qui parle. Il expliquait aux délégués ce que devenait l'argent, en citant une dépense importante du Gie.* »

Relative au siège du Parti, cette « *dépense* » (abus de bien social avéré) n'a jamais été poursuivi. Pour des faits similaires, les dirigeants du Parti républicain ont été mis en examen... en 1995. A quand d'aussi diligentes investigations judiciaires sur l'important patrimoine foncier du Parti socialiste et sur la provenance des fonds qui ont alimenté la Sci Solférino, héritière, en 1992, des dépouilles d'Urba ?

28 octobre. Le trésorier du Parti, André Laignel, a un gros appétit. Il lui faut 10 millions de francs pour la campagne des prochaines élections législatives. Du côté des Impôts, les résultats sont brillants :

« Les contrôles fiscaux [de la] *Générale des Eaux ont été abandonnés. »*

Bravo !

Sous la plume de Joseph Delcroix, Louis Mermaz, l'ancien président de l'Assemblée nationale, entre à son tour dans l'histoire du socialisme immobilier. Selon le directeur administratif d'Urba, Louis *« veut acheter un local sous forme de Sci »*.

Que diable vient faire Mermaz dans les ténébreuses affaires immobilières d'Urba ?

25 novembre. Responsable du racket pour tout ce qui se rattache aux infrastructures et à la voirie, Jean-Louis Claustres, le directeur d'Urbatechnic, fait une intervention remarquée sur le chantier *« Tête de Défense »*. En d'autres termes, l'arche de la Défense, l'un des grands travaux du Président, dans le prolongement de l'arc de Triomphe et de l'Obélisque, place de la Concorde. Plusieurs grandes entreprises du BTP sont sur sa liste. Des propos tenus par ce directeur d'Urba, il ressort clairement que les enveloppes en réponse aux appels d'offres, lors des adjudications, sont singulièrement transparentes. D'ailleurs, Claustres sait déjà vers qui *« s'oriente »* le bénéficiaire des contrats de maçonnerie et de menuiserie. Un devin.

12 décembre. Le président Gérard Monate ne fréquente que du beau monde. Il signale qu'il a eu une *« rencontre avec Jospin »*, le premier secrétaire du PS. Dans vingt-quatre heures il verra, en plus de Pierre

Mauroy, un mystérieux « M... ». Comme par hasard, une griffure apposée ultérieurement rend ce nom illisible. Voici ce qu'écrit Jo Delcroix :

« *Gérard Monate l'a fait après avoir réussi à améliorer situation du groupe. Demain, Gérard Monate voit M...* [1] *, ensuite Mauroy. Conclusion : courant favorable du Parti face aux structures Gsr.* »

Autrement dit, tout est bien dans le meilleur des mondes de l'extorsion de fonds et de la fausse facture. Les plus hauts dignitaires de l'Etat sont prévenus... et satisfaits.

Ce n'est qu'un début, continuons le combat !

Il reste un épineux dossier. Toujours le même : le responsable de la région parisienne, Bernard Benoit, continue de se plaindre du douloureux problème posé par la multiplication des « *circuits parallèles* ». Benoit se lamente de les voir acceptés comme des pompes à finances socialistes :

« *Le Parti les considère aussi comme tels : Orcep ; L'Unité (Assoun) ; Cerco (Diaz) ; Cottineau et Palacin ; Pezet ; Socofred (Poperen) plus les élus qui travaillent seuls !* »

Sempiternelles remontrances. Elles visent les « sociétés parallèles » de ces camarades socialistes sans scrupule qui continuent de tondre la laine d'Urba sur son propre dos.

Cette fois, Gérard Monate est défaitiste :

« *Jamais le Parti n'aura le pouvoir d'empêcher les parallèles.* »

---

1. Ces points de suspension sont de moi. Ils remplacent la griffure qui, à cette page des cahiers de Delcroix, cache l'identité de ce M..., la seule personnalité à n'être pas clairement désignée par le directeur administratif d'Urba.

Pourquoi ? Parce que ces autres racketteurs rapportent aux élus et ministres socialistes bien plus d'argent qu'Urba. En toute discrétion.

A l'issue de cette ultime réunion de 1985, il est question de récupérer dans Urba des « *transfuges* » en provenance des ministères. En clair, des camarades qui devront être recasés après le changement de majorité annoncé lors des prochaines législatives de mars 1986. Le président oppose un « *niet* » catégorique. Il ne veut que des « *renforts productifs* ». Monate est un pragmatique.

Enfin, après une passe d'armes homérique où les camarades se disputent comme des chiffonniers, pour des histoires de gros sous — il est question d'augmenter les pourcentages des commissions prélevées sur les marchés publics, en même temps que le montant des fausses factures d'Urba —, Gérard Monate donne un cours de fraude... et de grande sagesse :

« *Le dessous-de-table n'est jamais anonyme. C'est*, ajoute-t-il, *l'ancien flic qui parle.* »

Ancien flic... et ripou... qui, dans l'adversité — quand la droite sera revenue au pouvoir (en mars 1986) —, va réussir l'exploit de continuer comme avant et même de transformer sa petite usine de fausses factures en une énorme manufacture d'argent sale.

1986 -1987 :
Des fromages à 100 %
de matière grasse

Ah ! comme il est déjà loin le congrès fondateur du PS nouveau, à Epinay, l'heureux temps où, le 11 juin 1971, François Mitterrand faisait trembler la tribune dans un savant crescendo sur « l'argent qui corrompt, l'argent qui achète, l'argent qui écrase, l'argent qui tue, l'argent qui ruine et l'argent qui pourrit jusqu'à la conscience des hommes ».

En ce début d'année 1986, avant que les élections législatives de mars aient redonné le pouvoir à la droite, au PS la sarabande enragée des millions se poursuit, à un rythme endiablé. A l'évidence, Urba... et ses petits enfants ne sont pas un accident de parcours.

27 janvier 1986. L'éphéméride de Joseph Delcroix démarre dans l'allégresse. En ex-libris de son carnet de bord, une coupure du journal professionnel *Le Moniteur des Travaux Publics et du Bâtiment* est annonciatrice de lendemains qui chantent. Titre de l'article retenu : « *Loi de Finances 1986 : Champagne pour tout le monde.* »

Gérard Monate se fait l'interprète de « *deux argu-*

ments contraires exprimés par les élus ». Les uns considèrent que « *le coût* » des services d'Urba « *est trop élevé* ».
Vénaux, ils veulent encore plus d'argent. Les autres
reprochent à Urba son manque d'œcuménisme. La
pompe à fric socialiste ne travaillerait que pour
un « *courant* » du PS : la tendance majoritaire Jospin-
Mauroy. Monate écarte avec vigueur ces remontrances :

« *Non,* proteste-t-il, *les "retombées"* [c'est-à-dire les
reversements faits aux élus, de la part qui leur revient
sur le montant des sommes frauduleusement sous-
traites aux entreprises] *sont assurées, contrairement aux
critiques de certains.* »

Ville-phare du PS, Nevers est à nouveau sur le
devant de la scène. Une grande compagnie du BTP
s'y fait tirer l'oreille, pour le règlement de deux
grosses factures maquillées comme des voitures volées.

5 février. Partout en France, les délégués d'Urba
s'activent. Une entreprise est, comme prévu, retenue
pour le marché des ordures ménagères de Montbéliard. Urba doit toucher « *2 %* ». A Bercy, l'immense
chantier du ministère des Finances commence à rapporter gros :

« *Facture émise.* »

Cependant, tout n'est pas rose : ailleurs il y a des
« *antagonismes d'intérêt* ». A la « *Tête Défense* » (le colossal chantier de la Grande Arche), on attend une
commission de « *3 %* » (2,7 millions) sur un marché
de « *90 unités* [millions de francs] ».

3 mars. Gérard Monate est soucieux et Delcroix se
fait un devoir de nous en fournir la raison :

« *Il a vu André Laignel qui compte sur nous. Il* [Laignel] *souhaite connaître les rentrées prévisibles* [des rackets] *et notamment sur les arriérés de 1985.* »
De la discussion qui suit, il ressort — heureux présage — que la « *pérennité des sociétés du groupe* [Urba] *est garantie !* ». Le PFF, ou Parti des fausses factures, a de beaux jours devant lui.

10 mars. Face à ses concurrents — les autres réseaux de ratissage de fonds au service des multiples courants du PS —, Urba vient de marquer un point :
« *Youpi,* s'exclame Gérard Monate, *il n'y a pas eu de campagne de presse, sauf pour* L'Unité *et l'Ofres qui ont été visés.* »
Le patron d'Urba évoque ici — c'est chez lui une obsession — l'ex-hebdomadaire officiel du PS, *L'Unité,* dont je viens de révéler le financement frauduleux. Mêmes méthodes qu'à Urba : fausses factures, fausses publicités, trafic d'influence étendus à toute la France, génèrent des profits illicites considérables. Les plus grands maires de France sont cités. Dirigé par le député Claude Estier, alors président de la commission des Affaires étrangères à l'Assemblée nationale, *L'Unité* utilise les services d'un Urba bis : l'Ofres, officine du faux facturier (aujourd'hui repenti) Hubert Haddad.
Recruté par François Mitterrand — comme démarcheur publicitaire du *Courrier de la Nièvre,* son propre journal électoral, à Nevers —, Haddad a créé l'Ofres, en 1972, pour mieux servir les ambitions politiques de Mitterrand. En 1980, il a aussi fondé (avec Georges Fillioud, qui deviendra ministre des gouvernements Mauroy et Fabius) la société Pel (Presse éditions La

Boétie), devenue un gros fournisseur des mairies
socialistes pour les matériels urbains. Là encore, la
politique et les affaires font bon ménage.

L'Ofres d'Hubert Haddad édite pendant des
années les bulletins municipaux — que je collectionne
— de la plupart des mammouths, éléphants et élé-
phanteaux du PS. Hubert Haddad draine derrière lui
la crème du mitterrandisme triomphant : Michel
Rocard, Jean Poperen, Louis Mermaz, André Laignel,
Marcel Debarge, Jean-Michel Boucheron ou, bien sûr,
Christian Nucci.

Inculpé pour « abus de biens sociaux », « comptabilité fictive », « faux en écritures et usage de faux »
et « banqueroute », le 27 janvier 1988, par le juge parisien Hugues Laporte Many, le patron de l'Ofres sera
sauvé par le gong (les deux lois d'amnistie des 20 juillet 1988 et 15 janvier 1990). Il ne sera jamais jugé,
bien que mêlé aux plus ténébreuses affaires de l'ère
mitterrandienne : affaire Carrefour du développement ; affaire Boucheron ; affaire CFDE (« les pompiers socialistes de l'emploi »).

Interrogé par nos soins, le 7 août 1986, Haddad
nous avoue à quoi sert l'Ofres, ainsi que ses liens
anciens avec François Mitterrand :

« Oui, nous déclare-t-il, et c'est pour cela que j'ai
eu des contacts avec de plus en plus d'élus et notamment des socialistes (...). D'où le développement
constant de mon affaire, de 1977 à 1983. »

En réalité, les relations d'affaires d'Haddad avec le
PS n'ont pas pris fin à cette date. Je détiens alors la
preuve qu'il a continué à superviser les activités poli-
tico-financières de l'Ofres... pour alimenter — toujours et encore — les caisses noires du PS, de ses

ministres et élus, en recourant, comme Urba, aux mille et une possibilités offertes par le trafic d'influence et la fausse facturation.

10 avril. 9 heures du matin. Urba prend acte de la défaite des socialistes aux élections législatives. Gérard Monate procède à une froide analyse de la situation :
« Je rappelle qu'avant 1981, nous existions déjà. Donc, pas d'affolement... ! »
Merci pour la confirmation !
Combien de fois ai-je écrit qu'Urba assurait le financement frauduleux des socialistes, bien avant que François Mitterrand ne se fasse élire Président de la République ?
Et combien de fois le PS n'a-t-il pas nié tout lien avec le trust Urba ?
Depuis les élections législatives du 16 mars et l'arrivée, quatre jours après, le 20 mars, de Jacques Chirac à l'hôtel Matignon, le Président de la République François Mitterrand est contraint de « cohabiter » avec un gouvernement de droite, RPR-UDF. Une grande première dans l'histoire de la Ve République. Après cinq ans de pouvoir socialiste sans partage, les électeurs ont sanctionné l'arrogance et la mauvaise gestion de l'« Etat PS ».
Au ministère de la Justice, le garde des Sceaux (RPR) Albin Chalandon a la faculté d'ordonner, aux différents parquets sous ses ordres, les investigations indispensables pour donner un coup d'arrêt à cette corruption qui a envahi la France, depuis 1981, pour que soient sanctionnés les trafics d'Urba et des multiples réseaux du racket socialiste.
Dans les autres administrations (Défense, Equipe-

ment, Logement, Culture, Education nationale, Finances...), les ministres UDF-RPR ont toute latitude pour dresser un état des lieux. Au lieu de cela — et malgré le souhait exprimé par les Français d'un sérieux coup de balai — chacun s'emploie à détourner son regard des dossiers épineux.

Déjà, en 1986, le poison de la cohabitation empêche le fonctionnement normal des institutions, principalement celles chargées du contrôle des comptes de la nation... et de la Justice. Un seul ministre courageux, Michel Aurillac (à la Coopération), saura prévenir les autorités judiciaires des malversations commises par son prédécesseur, Christian Nucci : c'est l'affaire du Carrefour du développement... qui sert d'exutoire et pour laquelle, une fois la gauche revenue au pouvoir (en 1988), Christian Nucci sera amnistié, alors que, contre lui, « il existait des charges suffisantes pour les crimes de complicité, de soustraction et de recel de fonds, avoisinant les 20 millions de francs (...) ».

Dans le réquisitoire de « non-lieu » qu'il est obligé de prononcer, à la suite de la loi d'amnistie du 15 janvier 1990 — celle dont profite Christian Nucci — le procureur général Pierre Bézio ajoute, désolé :

« C'est la première fois, dans l'histoire de notre République, que l'on amnistie des faits criminels. C'est navrant, mais la loi [d'amnistie] en fait bénéficier les infractions, toutes les infractions. »

Ainsi, la période de cohabitation, entre 1986 et 1988, ne s'est pas traduite par une application stricte de la loi. Au contraire, les mauvaises habitudes demeurent. On découvre, aujourd'hui, en 1995, que les méthodes communistes copiées par le PS ont fait école et que, dans l'exercice du pouvoir, des formations de droite — comme le Parti républicain de François Léotard ou le CDS de Pierre Méhaignerie, que l'on croyait irréprochables — ont, à leur tour, cédé à la tentation.

En 1995 par le PR, le CDS et le RPR, d'actives et salutaires instructions sont en cours. Elles devraient permettre de déboucher, rapidement, sur la manifestation de la vérité. Encore faut-il que les élus et ministres, de toutes tendances, soient maintenant logés à la même enseigne. En effet, en ce qui concerne les pratiques frauduleuses des partis de gauche (PS et PCF), qui ont eu lieu durant la même période, c'est aujourd'hui loin d'être le cas.

Jusqu'à présent, la France n'a pas eu le courage de l'Italie : le vrai, grand procès de la corruption, pendant les années 1980-1990, reste à faire. Sans retenue... et sans complexes.

Ce 10 avril 1986 — malgré le retour de la droite au pouvoir —, Gérard Monate est serein. Il promet qu'il n'y aura « *pas de changement* » ! La « *clé de répartition* » des bénéfices d'Urba demeurera la même : « *30%* » pour le Parti ; « *30%* » pour les élus ; « *40%* » pour le groupe. Enfin, et comme pour ne surtout pas risquer de démobiliser ses équipiers, l'ancien policier — qui a mal tourné — tempère quelque peu son propos :

« *La situation est fiable mais... fragile.* »

Après l'évocation de quelques problèmes d'intendance, le débat porte sur un point crucial : comment rétrocéder leur part aux élus, sans se faire repérer ? Le délégué régional et expert en camouflages, Jean-Michel Amiot, donne un avis éclairé :

« *Les habillages posent problème, pour les gros comptes* [sic] *en particulier. Les élus n'ont pas de solutions.* »

Un autre délégué détient le remède-miracle. On l'écoute religieusement expliquer « *comment faire de l'argent liquide* » [resic].

A l'Élysée, Mitterrand continue de pérorer sur « les puissances d'argent », « l'argent roi », « l'argent qui ruisselle », « l'argent qui tue ».

5 mai. « *Gérard Monate évoque la part de 50%* [sur le montant du racket] *demandée par certains élus (exemple* [René] *Souchon)... ! !* »
Cette boulimie révolte les camarades d'Urba. Tarif prohibitif !

6 mai. D'accord avec l'Élysée, Monate et son escouade de malfaiteurs continuent de sévir, comme si rien n'avait changé. C'est à cette date que Joseph Delcroix commet l'imprudence d'annexer l'une des pièces les plus accusatrices de l'épais dossier Urba. Il s'agit d'une note manuscrite, dûment signée par Gérard Monate, ès qualités de PDG d'Urba. Au même titre que tous les autres, ce document en forme d'aveu n'intéressera jamais la Justice. Non couverts par la loi d'amnistie de 1990 — à la différence des fautes commises par le ministre Nucci —, les délits commis par des élus et ici avoués — trafic d'influence, corruption, abus de bien social... — ne sont pourtant toujours pas prescrits. Accablante, cette pièce fournit la preuve — incontestable — du racket institutionnalisé par le PS, partout en France, sur le fromage (à 100 % de matière grasse) des autorisations d'implantation de grandes surfaces :
« *Note à Jean-Dominique Blardonne.*
Vu Claude Faux, le 6 mai 1986. Le Groupe Rhodanien

va nous verser 500 000 francs en acompte sur des opérations centres commerciaux concernant :
1) Evry, global 660 000 [francs].
2) Nice, 1 MF [million de francs].
3) Vienne (Fontaine Leconte), 1,75 MF [million de francs] *avec répartition 1/3 MRG, 2/3 (PS).*
Ces 500 000 francs ont été réclamés d'urgence à ce groupe par la trésorerie nationale [du Parti socialiste]. *Ils sont donc à reverser au national (les contrats ont été établis par nous, d'où nécessité de* [faire] *transiter les documents par nous).*
[Signé :] *Gérard Monate.* »
Dans un post-scriptum, l'auteur désigne le destinataire de son courrier, avec une instruction impérative... dont celui-ci n'a tenu aucun compte :
« *Jo Delcroix pour info et destruction.* »
Vient ensuite, sous le titre « *Groupe Rhodanien* », un décompte récapitulatif des sommes qu'Urba doit recevoir. Autre gravissime pièce à conviction : elle confirme, sans contestation possible, que — par l'intermédiaire de Claude Faux, son monsieur « grandes surfaces » — la direction nationale du PS, rue de Solférino, monnaye d'une manière éhontée les permis d'implantation d'hyper et supermarchés, pourtant strictement réglementées par la loi Royer.
Chacun le sait : depuis la fin des années 1960, sur tout le territoire français ces autorisations constituent l'une des vaches à lait du petit monde de la corruption. Dans ce secteur, la droite aussi a fait son bas de laine. Certains « intermédiaires » spécialisés travaillent maintenant avec tous les partis. A quand un contrôle général, dans tous les départements, des dossiers transmis aux fameuses CDUC, les commissions

départementales chargées de l'urbanisme commercial et de la délivrance des précieuses autorisations ? Jusqu'au bout, les socialistes auront pressé le citron. En 1992 — leur dernière année pleine de gouvernement et de pouvoir sans partage —, ils donnent des visas pour 2,25 millions de mètres carrés de grandes surfaces. Au cours du premier trimestre 1993 — leurs trois derniers mois au pouvoir, avant l'arrivée d'Edouard Balladur, en mars —, ils brûlent leurs dernières cartouches et délivrent encore pour 290 000 mètres carrés d'implantation. Dans les trois derniers trimestres de 1993, quand la droite est revenue aux affaires, le nombre de mètres carrés autorisés tombe à zéro, en raison du « gel » des implantations de grands magasins, décidé par le nouveau Premier ministre. En 1994, seuls 800 000 mètres carrés ont été accordés.

Comme moi, le lecteur de *Rendez l'argent !* remarquera — non sans une certaine consternation — que le Parti socialiste a étendu ses vols jusqu'à Nice, dont on n'a cessé de nous dire, jusqu'à présent, que les turpitudes n'ont jamais été que de droite. Or, « un million de francs » y ont été tranquillement barbotés par le PS, sans que jamais personne s'en émeuve.

Qu'en pensent les camarades redresseurs de torts, Max Cavaglione et Jean-Hugues Colonna, les deux socialistes niçois, grands pourfendeurs du maire d'alors, Jacques Médecin ?

Qu'en pensent les services de la Direction générale des Impôts, mobilisée par les socialistes, pendant plusieurs années, pour confondre Jacques Médecin et déstabiliser son entourage ?

Qu'en pense le fougueux ministre du Budget (de

1988 à 1992), Michel Charasse, lui qui, pendant ses quatre années de tutelle sur l'administration des Impôts, ira jusqu'à faire saisir la villa de Jacques Médecin, sans jamais sévir publiquement contre une seule des innombrables opérations frauduleuses d'Urba et de tous les autres ministres et voyous socialistes ?

Je ne sache pas que, pour ce million de francs racketté à Nice — trafic d'influence, abus de bien social et fraude fiscale caractérisés ! — Messieurs Claude Faux, Gérard Monate, André Laignel, Lionel Jospin et j'en passe..., tous les intervenants, bénéficiaires ou commanditaires de cette opération (en 1986) — à quelque niveau que ce soit —, aient été obligés de s'exiler en Uruguay, comme Jacques Médecin, pour tenter d'échapper à la Justice française.

Mon propos n'est pas, ici, de défendre qui que ce soit, ni de disculper Médecin. Je ne suis pas son avocat. En outre, laissons la Justice trancher, puisque, dans son cas, elle a su faire diligence. Cependant, je suis obligé de constater que, pour des faits datant de la même époque (entre 1983 et 1986), Jacques Médecin, lui, est en prison... depuis le 25 novembre 1993. Sempiternelle inégalité de traitements ! Extraordinaire Justice !

Aujourd'hui, le dossier Médecin est, à l'examen, entre les mains des juges de Grenoble. Alors, puisque le hasard fait bien les choses, qu'attend donc le procureur de cette ville pour, juge de l'opportunité des poursuites, jeter un coup d'œil distrait sur le pot-de-vin encaissé par les socialistes, via Urba, lors de l'installation à Saint-Egrève, dans la banlieue grenobloise, d'un hypermarché Promodès et d'une grande surface

Leroy-Merlin. Nous y reviendrons... avec d'autres pièces à conviction.

26 mai. Joseph Delcroix ne peut s'empêcher d'enregistrer, avec satisfaction, le *« redressement judiciaire »* de l'Ofres, le grand réseau (concurrent d'Urba) du pionnier de la fausse facture socialiste, Hubert Haddad, maintenant au service de Claude Estier. Un autre événement mérite d'être signalé : Gérard Monate a vu le député-maire de Rennes, Edmond Hervé, baron du PS en Bretagne. Monate est déçu. De toute évidence, Hervé n'est pas partageur :
« Il veut contrôler l'utilisation des fonds, et lui seul. »
Aussi, par mesure conservatoire, Urba décide :
« Un seul interlocuteur à Rennes : M. Préau. »
Poursuivant son fidèle compte rendu, Delcroix fait figurer le nom de l'ancien ministre des Finances, Pierre Bérégovoy, au détour de *« l'affaire Lydie Colas »*, à Nevers, la ville dont il est le maire. Par ailleurs, Gérard Monate et son bras droit, Jean-Dominique Blardonne, *« ont rencontré Jean-Claude Colliard »*, le directeur de cabinet du Président de la République. Au sujet du fameux *« pont de l'île de Ré »*. Joseph Delcroix note un montant mirifique, qui fait rêver les racketteurs d'Urba : *« 300 millions de francs. »* Le *« tuyau »*, précise-t-il, est en béton :
« Info venant de Mazodier, de la Caisse des Dépôts, à qui Jean-Dominique Blardonne demande à Renaudie et Fretat [deux des délégués d'Urba] *de prendre contact... discret... ».*
Pour cette extorsion de fonds, le numéro deux d'Urba est déjà en contact avec les géants du BTP, candidats à la construction du pont. Persuadé que,

grâce au miracle de la cohabitation, l'arrivée de Jacques Chirac à l'hôtel Matignon n'empêchera pas Urba de poursuivre clandestinement ses embrouilles, Monate interroge :

« Pouvons-nous faire quelque chose... le vide peut nous servir ? »

Traduction : puisque les partis de droite n'ont pas, comme le PS, des sociétés de ramassage de fonds qui leur sont structurellement rattachées, pour des opérations de racket systématiques et à grande échelle, le Gie du PS n'a aucune raison de ne pas continuer à occuper le créneau...

Du BTP à la finance, tout est bon pour les collecteurs de fonds du PS. Jean-Louis Claustres mentionne un moyen de s'enrichir... grâce aux emprunts publics, en prélevant au passage une invisible commission. Il signale :

« Le Conseil général de l'Hérault recherche 600 millions de francs sur 10 ans, à 9%. »

Pour cette mission délicate, le directeur administratif note que Jean-Jacques Gastebois [1] *« s'en occupe »*.

Maintenant Urba donne dans l'intermédiation bancaire.

---

1. Jean-Jacques Gastebois : cette cheville ouvrière d'Urba figure aujourd'hui dans l'organigramme du journal *Vendredi*, organe officiel du PS. Il y est responsable du service de publicité, alors que *Vendredi* n'en publie guère. Quand Lionel Jospin fut, après 1988, ministre de l'Education nationale, le journal *Vendredi* a reçu de son administration plusieurs centaines de milliers de francs, pour des campagnes publicitaires en contravention avec les règlements. Plusieurs documents et un témoignage écrit en ma possession l'attestent.

9 juin. Le moral est en chute libre. Gérard Monate prévoit « *une trésorerie difficile, car la facturation a baissé, surtout au Gracco qui traîne* ». De toute évidence, depuis que Jacques Chirac est au gouvernement, Edouard Balladur aux Finances et Alain Juppé au Budget, quelques problèmes se posent, malgré tout. En plus des entreprises qui rechignent à continuer de payer, au prix fort, des services complètement fictifs, du côté de l'administration des Impôts, les fonctionnaires chargés des contrôles ne sont tout de même plus empêchés de réprimer les fraudes qu'ils constatent. Delcroix le déplore, à sa manière :

« *Un contrôle fiscal des sous-traitants est en cours.* »

Cependant, il n'y a pas péril en la demeure... et Urba continue à s'agrandir. Spécialisée dans l'immobilier, la Sarl Expimo est créée, avec pour « *gérant statutaire* » Gérard Monate. Son objet : « *acquérir les immobilisations du groupe* ». La maison mère veille à ne surtout pas la faire entrer dans le Gie.

20 juin. Le chiffre d'affaires d'Urba reprend des couleurs. Les néfastes effets du retour de la droite au gouvernement n'ont eu qu'un temps. Ils ne sont plus qu'un mauvais souvenir. Après tout, Mitterrand est toujours à l'Élysée... et, bien que battu aux élections législatives, le PS n'est pas mort. Gérard Monate constate « *la régularité des rentrées* ». Il exulte :

« *Youpi, on avance !* »

Le seul point noir du jour est socialiste. Et il a un nom : Michel Reyt. Avec sa propre société, la Sages, Reyt est un concurrent de plus en plus féroce. Infatigable collecteur de fonds, ce bon chien de chasse continue à faire des ravages et à lever des parts de marché, au nez et à la barbe d'Urba. A son sujet, un débat animé s'engage. Le délégué de Picardie, Raymond Corbeaux, cite le cas de l'hôpital de Soissons. Michel Reyt y est intervenu « *auprès du ministère de la Santé* ».

Le directeur d'Urba pour les équipements publics, Jean-Pierre Barth, a vu Reyt à Cannes, qui lui a présenté deux de ses collaborateurs. Barth est catégorique :

« *C'est l'entreprise qui blanchit l'argent.* »

Un autre observateur de l'honorable compagnie s'en revient d'une tournée d'inspection, avec un alarmant constat. Il y a, en France profonde, de la rébellion dans l'air. Les élus veulent plus d'argent... pour eux-mêmes. S'ils consentent à ce qu'Urba et tous les autres relais d'arnaque socialistes continuent de sévir sur leurs territoires respectifs, grâce à leur actif concours, ce n'est pas seulement pour les beaux yeux du camarade premier secrétaire. Ils en ont plus qu'assez d'être oubliés dans la répartition du butin. Comme l'a si bien dit François Mitterrand, le 11 juin 1971 à Epinay, en point d'orgue de son discours fondateur du PS aux mains propres, voilà « l'argent qui pourrit jusqu'à la conscience des hommes ».

Responsable d'Urba pour l'Ile-de-France, Yvan Ducos se fait l'interprète de ce ras-le-bol exprimé par les maires, les conseillers généraux, députés et sénateurs. Il est, dit-il, le résultat « *du racket des Fédérations* [socialistes] *auprès des élus locaux. D'où des tentations d'argent en dessous-de-table* ». Ce qui revient à alourdir le poids des fausses factures imposées aux entreprises. Ducos cite un nom précis : le député Claude Bartolone, au Pré-Saint-Gervais. Jamais à court d'idées,

Jean-Dominique Blardonne veut la paix avec le réseau concurrent. Il souhaite un armistice :

« Faire des notes pour transmission à Michel Reyt. Voir comment Urba peut régler certains problèmes avec les élus. »

Lors de cette conversation de tripot, Blardonne pense tenir la solution :

« L'affectation du plus-gagné [reviendra] *à l'élu directement. »*

Gérard Monate y est opposé :

« Surtout pas », s'écrie-t-il.

Le PDG est furieux. Il redoute que *« les délégués régionaux n'aient un complexe Reyt ».*

Maintenant, le patron d'Urba se lance dans un discours musclé, militant, surréaliste. Il lui faut maintenir la pression, requinquer ses 40 voleurs... Le voici lancé dans une envolée fumeuse, où politique et délinquance forment un étrange ménage :

« Nous sommes mandatés par le Parti (qui a pris des risques politiques pour nous couvrir). Sans le Parti nous ne serions plus rien. L'augmentation du chiffre d'affaires n'est pas une fin en soi. Ça n'est pas une finalité politique. Les structures parallèles ne sont pas des structures de courant. Il y a des élus de tous courants qui travaillent avec nous (...). Certains élus se servent de Reyt comme d'un loup-garou. »

Grand théoricien du socialisme faux facturier, l'ancien policier rappelle à ses délégués la *« finalité »* première d'Urba :

« Apports au Parti et aux élus locaux de crédits (redistribution). »

Pour Monate, il ne faut surtout pas s'écarter du plan initial. La clé de répartition 30% / 30% / 40% doit être maintenue :

« *La quote-part à reverser au "national" est une décision politique. Elle n'est pas à remettre en cause.* »

Qu'est-ce à dire ? Plus tard Delcroix relate que certains racketteurs d'Urba ont envisagé de voler de leurs propres ailes, « *pensant que nous n'avions pas besoin du Parti et que nous pouvions travailler nous-mêmes* ».

D'ailleurs, ajoute-t-il, « *quand Monate parle des risques politiques pris par le Parti pour couvrir nos sociétés* », il fait « *allusion à ce qui s'est passé dans les congrès du Parti socialiste pour confirmer* [aux élus et aux entreprises] *notre existence* ».

Quoi qu'il en soit, ce pieux sermon ne calme pas la fronde des délégués. Le débat repart de plus belle. Car, quoi qu'en dise Monate, Michel Reyt et sa société de racket, la Sages, gagnent du terrain. Plusieurs détrousseurs d'Urba expliquent qu'ils offrent, ou plutôt consentent aux élus des « *retombées* [d'argent] *plus substantielles* » que les siennes. Il faut, demandent-ils, que le « *"national"* [le Parti socialiste] *intervienne pour éviter ces agissements concurrents* » du frère Michel.

D'ailleurs, argumente un délégué : « *Reyt dit qu'il est chargé des grosses affaires.* »

Pierre Bovet — le collecteur de fonds à Clermont-Ferrand — cite l'exemple des ordures ménagères dans sa ville. Jean-Dominique Blardonne tape du poing sur la table. En réalité, rétorque-t-il, l'ennemi est à l'extérieur du Parti. Ce sont les entreprises rackettées qui, pour se tirer d'affaire, créent les divisions. Leur jeu consiste à monter Gérard contre Michel et à exciter la cupidité des élus, par l'intermédiaire du déviationniste Michel Reyt, totalement manipulé. Nous vivons un procès de Pékin à Paris. Le camarade Blardonne en est persuadé :

« Ce sont les entreprises qui favorisent et ont intérêt à ces divisions au sein du Parti. »

Gourou très écouté par Gérard Monate, Blardonne dénonce avec la dernière énergie le rôle maléfique du mandarin de la Sages :

« Reyt repart très fort. Il faut le stopper. »

10 juillet. Joseph Delcroix, dont on apprécie les talents d'archiviste, annexe dans son cahier un article distrayant du *Quotidien de Paris*. A la rubrique « La Vie au Quotidien » — et au-dessus d'une photo qui représente un André Laignel quelque peu éberlué —, un gros titre explique ce soudain intérêt des socialistes d'Urba pour la prose du journal de Philippe Tesson :

« Le trésorier du PS, la main dans la caisse de l'orphelinat ? »

Sur trois colonnes, *Le Quotidien* explique pourquoi la levée de l'immunité parlementaire d'André Laignel a été réclamée à l'Assemblée nationale. Le trésorier du PS est accusé d'avoir profité de ses fonctions de président du Conseil général de l'Indre, pour, jusqu'en 1985, louer à vil prix (6 000 francs par mois) — au nom de son épouse, avocate — un appartement de 200 mètres carrés, 14, rue de Marignan, dans le « triangle d'or », le quartier le plus huppé de Paris. Ce luxueux logement — dans lequel 340 000 francs de travaux ont été réalisés — est justement géré par le département de l'Indre, alors qu'il appartient à un orphelinat, la Fondation Blanche de Fontarce, à Châteauroux. Laignel est un tendre. A défaut de pouvoir se faire loger, à bon compte, par les HLM de la Ville de Paris, lui préfère s'en remettre aux bonnes œuvres de son département.

1ᵉʳ septembre. Jean-Dominique Blardonne, le vice-roi d'Urba, est honoré d'avoir accompagné le trésorier Laignel en Israël. Pendant ce voyage, on a parlé « business ». Il est question d'exploiter en France la base de données de la société A.O. International. Les dirigeants d'Urba tirent déjà des plans sur la comète :

« 1 dollar l'interrogation, avec en moyenne cinq interrogations par semaine et par client. »

Et hop ! Allons-y... pour le billet vert. Il n'y a plus qu'à décrocher le téléphone et trouver les clients. Celui d'Urba a un incomparable pouvoir de séduction.

8 septembre. C'est l'« *euphorie* » ! *dixit* Gérard Monate. Blardonne lancera bientôt Urba dans l'ahurissante aventure du rouge à lèvres « Rouge Baiser » (!) — dont nous reparlerons. « Jean-Do » est un rusé. Ses ambitions dépassent les frontières de l'Hexagone. Le Volpone d'Urba suggère d'étendre ses activités à l'étranger, pour que les « *pertes de recettes au national* » soient « *compensées par l'international* ». Produits nouveaux, promotions, mailings, création d'un catalogue de vente par correspondance (en participation avec un partenaire)... l'imagination de Blardonne n'a plus de limite. L'entreprenant camarade va jusqu'à proposer une association avec la puissante Garantie mutuelle des fonctionnaires (Gmf), « *comme pour l'international* ».

Dans ce climat particulièrement joyeux, une formidable nouvelle provoque un tonnerre d'applaudissements :

« *Contrôle fiscal suspendu... aussi brutalement qu'intervenu.* »

Aux Finances, le PS... a toujours ses entrées... et ses agents. Le départ d'Henri Emmanuelli, l'ancien secrétaire d'Etat chargé du Budget (et des Impôts), n'a rien changé. Et son successeur, Alain Juppé, n'est pas tenu au courant du militantisme socialiste de ses fonctionnaires. La fraude fiscale et les abus de biens sociaux ont de beaux jours devant eux. A condition d'avoir, comme Urba (et tous les Bernard Tapie), des relations.

15 septembre. Le patron d'Urba a reçu une mission de confiance : le Parti lui demande de trouver « *800 000 francs* » pour la campagne municipale à Toulouse du premier secrétaire, Lionel Jospin. Tiens donc ! Gérard Monate fait la fine bouche :

« *O.K., mais si pas d'affaires en face, le national paiera.* »

Autrement dit la rue de Solférino... qui veut toucher l'argent sale d'Urba pour la caisse électorale de son « incorruptible » premier secrétaire.

Cette phrase est capitale : elle signifie aussi qu'Urba ne paie les élus que dans la seule mesure où ils interviennent, eux-mêmes, pour truquer les marchés publics et lui permettre de décrocher les pots-de-vin. Sinon, c'est « le national » — la grande direction de la rue de Solférino — qui doit se débrouiller. Toute seule !

Dans l'immédiat, rabâche Monate, il ne faut pas relâcher la pression. Que le RPR et l'UDF soient au pouvoir, Urba et le Parti s'en moquent totalement. On doit continuer comme par le passé. D'où, note Delcroix, la « *nécessité de comptes rendus d'activités hebdoma-daires* ».

Pour faciliter la tâche des racketteurs, on convient de leur offrir des « *voitures de fonction* ». Jean-Louis Claustres plaide pour des Renault 21, avec options. Gérard Monate fait la moue. Il recommande la discré-tion, car il faut toujours se méfier des apparences. Finalement l'ancien policier devenu PDG tranche dans le vif : on prendra le « *véhicule de base* ». Une voi-ture banalisée. Comme à la brigade anti-gang. Monate est un nostalgique.

22 septembre. Le grand argentier André Laignel prévient qu'au Parti on est convenu d'une nouvelle ligne. Il est décidé « *que le Gracco organiserait tous les congrès du PS* ». Car on ne change pas une équipe qui gagne.

Dans l'Isère, le délégué régional Dang-Ngoc Liem se flatte d'être en contact avec Marc-Michel Merlin, le patron de la société de distribution d'eau SDEI, qui fera bientôt parler d'elle à Grenoble, dans « l'affaire » de son maire, Alain Carignon.

J'observe que l'aspect du dossier SDEI-Marc-Michel Merlin, où Urba intervient, n'a, pour l'instant, fait l'objet d'aucune instruction judiciaire. J'y reviendrai...

2 octobre. Jean-Dominique Blardonne examine le cas de Christian Giraudon, le délégué d'Urba-Gracco dans les Pays de Loire. Son rendement est nettement insuffisant : à peine « *1,2* » million de francs volés, sur les « *3,2* » millions prévus. Giraudon proteste. Blar-donne n'en a cure. Le Mans, Rezé, Laval, Saint-Nazaire..., toutes les villes dont l'infortuné racketteur est censé s'occuper, sont passées au crible. Mais, proteste le délégué, Jacques Floch, le maire socialiste de Rezé, et Joël Batteux, son homologue à Saint-Nazaire, « *travaillent* » avec l'homme d'affaires René Trager. Ils snobent Urba.

A propos de ce petit passage des cahiers de Joseph Delcroix, plusieurs des intervenants à cette réunion devront — une fois n'est pas coutume — s'expliquer devant la Justice. Les activités d'Urba-Gracco dans la zone de Giraudon seront parmi les rares à faire l'objet d'une information judiciaire. A l'instigation, au départ, du juge Thierry Jean-Pierre, dont le dossier a été ensuite transmis au conseiller de Rennes, Renaud Van Ruymbeke. L'exception qui confirme la règle.

Ce même 2 octobre, à 16 heures, le Sud-Ouest — région chère au Président Mitterrand et à sa famille — est examiné à la loupe. Urba fait de son mieux à Aiguillon, Marmande, Tonneins, Pau... Mais pour le délégué Claude Fretat, « *la région n'est pas viable* ». Là encore les élus socialistes ont leurs propres circuits. Dans les Landes — où « *ça ne marche plus* », — le cas d'Henri Emmanuelli fait l'objet d'un examen particulier. On évoque le nom d'un intermédiaire socialiste (Michel Gabaude), très actif à Bordeaux et Angoulême. Dossier brûlant. J'y reviendrai.

Encore une fois, pour une affaire d'HLM, l'efficace Mazodier — le correspondant attentionné d'Urba à la Caisse des Dépôts et Consignations — repointe son nez. D'autres dossiers sont en vue du côté des PTT : les centres de tri de Bayonne et de Pau. Delcroix est satisfait : il est finalement décidé que cette région sera reprise en main. A cet effet, une réunion aura lieu en

Gironde, entre André Laignel et Marcel Debarge, l'ancien secrétaire d'Etat du gouvernement Mauroy maintenant chargé, auprès de Lionel Jospin, des Fédérations et du contentieux.

3 octobre. Les directeurs régionaux du Gie-Gsr sont réunis à l'hôtel Ibis de Bagnolet, aux portes de Paris. Les activités concurrentes des réseaux parallèles sont, comme d'habitude, à l'ordre du jour. Querelle de chiffonniers. Le « parrain » Gérard Monate interrompt les récriminations. Sans plus d'explications il lâche une petite phrase... que Delcroix relate fidèlement :

« Le Parti nous protège, nous assiste. Exemple : contrôle fiscal. »

Enfin, un peu de clarté ! Mais, aux Finances, Edouard Balladur et Alain Juppé continuent de ne rien voir.

Voilà bien la preuve qu'Urba est, au PS, la grande structure de racket. Les autres réseaux ne sont que des parasites. Qui d'autre qu'Urba peut se flatter d'avoir neutralisé à ce point — et jusqu'à aujourd'hui ! — la Direction générale des Impôts ?

Le camarade Benoit acquiesce. Non sans faire valoir une légitime revendication : il demande qu'un *« bonus »* soit accordé aux meilleurs mercenaires d'Urba. Même dans la fausse facture, il faut savoir être social.

13 octobre. Jamais en mal d'anecdote, Gérard Monate narre plaisamment qu'il a vu un « *anti-Bérégovoy... lequel nous entube* ».

Langage toujours châtié !

Le président a aussi rencontré Michel Sainte-Marie,

le député-maire PS de Mérignac. Rendez-vous peu concluant :

« *Bon camarade, c'est tout ! La Fédé de Gironde monte sa propre structure* [de racket] *:* [le député-maire Claude] *Barande.* »

Les frasques d'Urba à Soissons commencent à faire du bruit. Monate s'inquiète des « *insinuations* » du journal local *L'Union de Reims.* Il est heureux qu'au palais de Justice le procureur de la République ne sache pas lire. Sans quoi tous ces messieurs seraient depuis longtemps au dépôt.

Pour la préparation du prochain congrès du PS, Blardonne et Monate doivent voir André Laignel :

« *Réunion à prévoir pour* [les] *démarches commerciales* [sic]. *Stands : il faut trois mois.* »

A ce stade, nous ne sommes plus loin du point de non-retour : au PS, le racket est maintenant considéré comme une « *démarche commerciale* ».

En Rhône-Alpes, le délégué Dang-Ngoc Liem a visité la société lyonnaise SDEI. De Grenoble, il revient avec une nouvelle rassurante :

« *Nous serons payés sur intervention de Carignon.* »

Entente cordiale ! Le maire de Grenoble, Alain Carignon, n'a pas encore été « mis en congé » du RPR, pour avoir appelé à voter, le 11 juin 1990, en faveur d'un candidat socialiste, lors d'une élection cantonale partielle, à Villeurbanne, dans la banlieue de Lyon.

Élu pour la première fois maire de Grenoble, en 1983, et vainqueur du socialiste historique Louis Mermaz à la présidence du Conseil général de l'Isère, en 1985, Alain Carignon finira par se faire épingler. Démissionnaire du gouvernement Balladur, il sera la grande vedette de l'instruction menée, tambour battant, en 1994, par le juge Philippe Courroye, du tribunal de Lyon. Cette information vise, notamment, les largesses qui furent accordées à Carignon (de 1986 à 1993) par la Société de distribution des eaux intercommunales (SDEI), c'est-à-dire pendant la période des activités mafieuses d'Urba, celles ici recensées et avouées par Joseph Delcroix.

Figure de proue du groupe présidé par l'homme d'affaires lyonnais Marc-Michel Merlin, la SDEI a été rachetée, en 1991, par la Lyonnaise des Eaux, elle-même bénéficiaire (en 1989) du marché de l'eau pour la ville de Grenoble. Le juge Courroye accuse l'ancien ministre de la Communication d'Edouard Balladur d'avoir accordé cette concession, longtemps avant qu'il n'entre au gouvernement, en échange de divers avantages : un appartement boulevard Saint-Germain à Paris, des voyages en avion privé, des subventions pour ses journaux électoraux,...

Ces dévergondages — que la Justice jugera bientôt — ont déjà valu à Carignon (ainsi qu'à son bras droit, Jean-Louis Dutaret) de passer six mois derrière les barreaux. Preuve que nos magistrats ne sont pas empêchés d'agir. Et qu'ils savent, quand ils le veulent, se montrer véloces et efficaces. Mais, encore une fois — comme dans l'affaire des pots-de-vin encaissés par Urba et les socialistes à Nice —, je m'interroge sur la singulière capacité de certains juges à brider leur curiosité, à n'enquêter (et sévir réellement) que dans une seule direction.

Ainsi, nous attendons toujours avec impatience que l'excellent juge Philippe Courroye convoque comme témoins les dirigeants d'Urba pour les confronter aux personnages clefs de son enquête, dont le patron de

la SDEI (Marc-Michel Merlin) avec lequel ils entrete-
naient les meilleures relations.

Alain Carignon est — on le sait — un homme
d'ouverture, apprécié par François Mitterrand. Aux
élections municipales de 1989, il récupère sur sa liste
un vieux cheval de retour du socialisme dauphinois,
l'illustre camarade Guy Nevache, suppléant du député
de Grenoble Pierre Mendès France (en 1967-1968),
directeur de cabinet de l'ancien maire PS Hubert
Dubedout et ex-homme à tout faire de Louis Mermaz
pour le département de l'Isère. Bref, ce Nevache est
une conscience.

D'ailleurs, le 12 novembre 1991, il se fait pincer par
les gabelous de la douane d'Annemasse, à la frontière
entre la France et la bonne ville suisse de Genève. Ce
jour-là, Guy Nevache paraît un peu lourd. Surprise des
douaniers : la figure emblématique de la gauche gratin dauphinois est lestée de 600 000 francs en liquide.
Des craquants tout neufs. Cette étourderie restera une
anecdote. Ministre de tutelle des Douanes, Michel
Charasse est un répressif, pas un bourreau. D'ailleurs,
pourquoi mettrait-on en doute la parole de l'ancien
suppléant de l'illustre Mendès, figure sacrée de la gauche ? Lors de son interpellation, Nevache explique
tranquillement aux douaniers qu'il dépanne une amie
désireuse de rapatrier ces 600 000 francs, gagnés honnêtement à Genève. Court répit. Deux ans après, fin
1994, la malchance s'acharne sur l'infortuné mendé-
siste : cette fois Nevache est soupçonné par le juge
Christian Blaes, vice-président du tribunal de grande
instance de Grenoble, d'avoir (avec sa compagne)
bénéficié d'environ 600 000 francs de travaux, dans
leur villa acquise pour trois millions de francs, un an

auparavant. Emprisonné pendant quatre mois (de décembre 1994 à avril 1995), Nevache finit par livrer au juge la clef de la corruption en Isère. Celle-ci ne date pas de l'ère Carignon. Selon Nevache, sans commission occulte, pas de marchés municipaux ou départementaux. Multicartes du trafic d'influence, il révèle au juge Blaes une autre et œcuménique pratique des hommes politiques de la région :

« A compter de 1983, pour tous les marchés concernant l'agglomération grenobloise, les responsables des groupes politiques, après avoir rencontré le maire de Grenoble, ont établi la règle suivante : 1 % serait affecté au PS et au PC (0,5 % chacun) et 1 % serait affecté au RPR [1]. »

La boucle est bouclée. Voilà donc pourquoi, en 1986, le délégué local d'Urba Dang-Ngoc Liem se réjouit quand il annonce à Gérard Monate :

« Nous serons payés sur intervention de Carignon. »

Ces volets socialistes des affaires grenobloises n'ont jamais été explorés par le juge Philippe Courroye... qui a maintenant clos l'instruction du dossier Carignon. Il est vrai que, cette fois, ce n'est pas l'ancien ministre de la Communication et maire de Grenoble qui a touché.

8 décembre. Pour l'organisation du congrès PS de Lille, tout est enfin prêt :

« Contact peut être pris avec le directeur de cabinet de Mauroy. Les relances du Gracco et d'Urba sont en cours. Voir les

---

1. Voir *Les Epinglés de la République*, de Gilles Gaetner, journaliste à *L'Express* (Editions Jean-Claude Lattès, avril 1995).

gros [cotisants] *nationaux : EDF, RATP (?), Seita, Transcom, compagnies d'assurances, Fnac, Gmf....* »

André Laignel retrouve ses vieux réflexes de militant communiste et cégétiste. Il exige une centralisation démocratique des fausses factures :

« *Pas question qu'il y ait deux organisations commerciales* », déclare-t-il.

Traduction : on ne doit pas multiplier les organismes de racket, au sein de la grande famille socialiste.

Delcroix en rajoute :

« *Pierre Mauroy a rencontré Gérard Monate. Il n'est pas tellement satisfait des "siens" lillois.* »

A Evry, l'inauguration de la nouvelle délégation régionale d'Urba, confiée à Jean-Claude Van Herpen, s'est soldée par « *un succès* » :

« *75 entreprises* [rackettées] *se sont présentées le midi. Le soir, ça s'est étalé.* »

Le PDG d'Urba a un emploi du temps de ministre. Le mercredi 10 décembre, il doit recevoir l'actuel sénateur Marcel Charmant, alors adjoint de Pierre Bérégovoy, maire de Nevers. Le vendredi 12, il sera à Villenave-d'Ornon, dans la banlieue de Bordeaux, pour y rencontrer, « *sur invitation de Laignel* », le député-maire PS Claude Barande. Pour le mardi 16, il a pris rendez-vous à la Société du tunnel sous le Mont-Blanc, pour « *une affaire de cinéma* [!] » et pour « *récupérer* [!!] » une créance.

Le directeur d'Urbatechnic, Jean-Louis Claustres, n'est pas moins actif. Le compte rendu des visites qu'il vient d'effectuer dans le « *Bordelais* », en compagnie des deux délégués Fretat et Renaudie, ainsi que de Mazodier — le fameux homme de la Scic, filiale de la

Caisse des Dépôts et Consignations —, reçoit un accueil mitigé. A propos d'un autre de ces voyages, dans l'Aude, Jo Delcroix est, semble-t-il, sceptique. Dans un coin de son cahier, il dessine une clé de sol... sur une flûte enchanteresse, avec une mention peu amène :

« *Pipo* ».

Toujours poète, à la date du 11 décembre, Delcroix annexe quelques lignes tirées des *Lettres à un ami allemand* d'Albert Camus :

« *Je n'ai jamais cru au pouvoir de la vérité par elle-même. Mais c'est beaucoup de savoir qu'à énergie égale, la vérité l'emporte sur le mensonge.* »

Prémonitoire.

26 décembre. L'année s'achève sur une heureuse nouvelle : le camarade René Loubert vient d'être nommé chargé de mission à la Compagnie Générale des Eaux. Delcroix colle dans son cahier l'article de presse qui célèbre l'événement. Polytechnicien, cet ex-trésorier du PS et ancien PDG du groupe nationalisé Usinor (de 1984 à septembre 1986), dirigea Urbatechnic à l'époque héroïque, de 1980 à 1982. Excellente référence pour entrer dans la compagnie de Guy Dejouany, au cœur de toutes les affaires de corruption.

La Générale des Eaux est une base de repli providentielle pour les hommes politiques en mal de recyclage. De droite comme de gauche. C'est elle qu'intégrera plus tard Jean-Christophe Mitterrand, le fils du président, après son départ de la cellule africaine de l'Elysée.

1987

Majoritaire à l'Assemblée nationale, la droite gouverne la France... ce qui n'empêche pas Gérard Monate d'être plutôt optimiste.

5 janvier. Les rackets d'Urba continuent de bien se porter :

« La situation de trésorerie est bonne. Les encaissements annuels sont bons, conformes aux objectifs. »

A défaut de pouvoir, comme dans les années 1981-1986, se faire rétribuer en douce sur les marchés des ministères, les acrobates d'Urba-Gracco conservent de solides partenaires dans les collectivités et administrations dirigées par des socialistes.

En encadré et en majuscules, Delcroix met l'accent sur : *« Le chiffre d'affaires pour 1987 »* et le *« % pour Direction. »*

A côté de cette mention, une autre indication, en petits caractères :

« Peu en 87. Sauf queues Fin (Bercy). »

Dans le langage codé des margoulins d'Urba, ces hiéroglyphes signifient qu'en 1987 le pourcentage des commissions qu'ils devront reverser à la direction nationale du PS sera atteint à condition d'obtenir le règlement des derniers gros paquets de millions extorqués sur les marchés du chantier géant du nouveau ministère de l'Économie et des Finances à Bercy, avant mars 1986... quand la gauche était encore au pouvoir et Pierre Bérégovoy aux Finances.

12 janvier. Christian Giraudon, le délégué d'Urba dans les Pays de Loire, continue de se faire taper sur les doigts. Le produit de ses larcins demeure insuffisant. Il lui faut impérativement redoubler d'efforts, afin de devenir plus compétitif. L'ordre du jour porte justement sur les moyens à adopter, pour lui permettre d'améliorer son rendement. Afin de l'en entretenir, Gérard Monate a vu Jacques Floch, le député-maire PS de Rezé (qui sera plus tard mis en examen dans l'affaire Trager). Mais il lui « *reste à voir Joël Batteux* », le maire de Saint-Nazaire.

A Bordeaux, le « *réseau parallèle Promo-Service* [d'un socialiste local] » donne des soucis :

« *En parler à Laignel, car danger* », demande Monate.

Danger pour Urba, qui déteste les intrusions dans ses chasses gardées.

Danger aussi pour le PS : à force de multiplier les cellules de racket, le risque n'est pas tant d'attirer l'attention des juges — puisque ceux-ci ont pris le parti de ne rien voir de ce qui se passe dans Urba —, mais de tuer la poule aux œufs d'or... qui rapporte plusieurs dizaines de millions de francs par an. Avec l'excuse facile du militantisme politique.

En Gironde, les camarades ne semblent pas disposés à assimiler ces subtilités. A la différence d'Urba, qui donne dans le gros, ils ont une conception toute personnelle de leurs circuits financiers. Est-ce pour dissiper les malentendus et querelles internes que Claude Fretat, le délégué d'Urba dans la région, « *a été invité* » par Philippe Madrelle, le député et président du Conseil général de Gironde, membre du comité directeur du PS ?

« *Une réunion est à faire avec Mitterrand Olivier* », enchaîne Joseph Delcroix, en citant (à la manière des policiers dans leurs procès-verbaux d'auditions) ce neveu du président de la République, PDG du groupe de promotion immobilière Les Nouveaux Constructeurs.

A Bordeaux et dans ses environs, à mi-chemin entre Jarnac et Latché, en passant par Libourne — la terre électorale de Monsieur fils, Gilbert Mitterrand —, il faut éviter les faux pas : la zone est considérée comme ultrasensible. On ne s'y aventure pas sans sauf-conduit. C'est pourquoi, mentionne Delcroix :

« Gérard Monate, en principe, voit Emmanuelli, le 14 janvier, avec Jean-Dominique Blardonne — OK. »

Autre sujet épineux : le prochain congrès du PS, à Lille. Pour lui, on fera feu de tout bois. Bull, le groupe nationalisé de l'informatique, sera contacté pour la fourniture de *« l'écran de salle »*. Au pouvoir, la droite n'en saura rien. Car, chez Bull, le PS continue de faire la pluie... et le mauvais temps. Ancien porte-parole du PS, conseiller de Paris et membre du comité directeur du Parti, Bertrand Delanoë devrait s'occuper d'une *« plaquette »*, car *« il a créé une boîte de communication »*.

Par l'intermédiaire du délégué Jean-Jacques Gastebois, le Centre d'études de recherches et de réalisations urbaines (Cerru) demande une réunion avec les délégués régionaux d'Urba, ainsi qu'une *« intervention* [sic] *»* auprès du député-maire de Rennes, Edmond Hervé, pour un *« programme de réhabilitation »* dans sa ville. Cas de figure classique : pour obtenir ce marché, Urba est considéré comme le passage obligé.

19 janvier. Gérard Monate se prend pour un vrai PDG. Calculette en main, il dresse le tableau, délégué par délégué, des *« chiffres d'affaires prévisionnels hors taxes »* qu'Urba et le Gracco — sans compter les autres sociétés du groupe — doivent réaliser en 1987. Le programme est précis, au franc près :

• 40,3 millions de francs H.T. pour les rackets d'Urbatechnic ;

• 13,6 millions de francs H.T. pour ceux du Gracco ;

• soit un total de 53,9 millions de francs d'escroqueries sur un an.

A ce joli pactole — je précise qu'il s'agit du minimum requis —, s'ajoutent 2 millions de francs hors taxes que le Gracco doit spécialement récolter pour le congrès du PS à Lille.

Chez les loubards de Nanterre ou de La Courneuve, pour mille fois moins que ça, on se retrouve, illico, avec les bracelets... et « au ballon » !

Au PS, la prison ne fait pas peur. Tous les délégués régionaux se voient fixer un objectif plancher. C'est le jeu du « millionnaire », où le Parti et ses élus gagnent à tous les coups. Représentant d'Urba à Toulouse — il est chargé de la région Midi-Pyrénées —, Jean-Michel Amiot est le plus ambitieux. Il doit collecter « *10* » millions de francs. A Marseille et sur la Côte d'Azur, Bruno Desjobert devra ramasser « *5* » millions de francs d'argent sale. En Ile-de-France, Bernard Benoit se débrouillera comme il peut pour empocher « *4* » millions de francs, tandis que la plupart des autres représentants d'Urba tournent entre « *2,5* » et« *3* » millions.

Mais ne l'oublions pas, Urba est une organisation socialiste. Tout le monde doit mettre la main à la pâte, ou plutôt dans le pot de confiture. Il est bien précisé que même la « direction » d'Urba participera à la collecte, en apportant« *1* » petit million de francs. C'est le geste qui compte.

Tout cet argent doit rejoindre, au plus vite, le compte n° 2.2220.105214 ouvert à la Banque centrale des coopératives et des mutuelles (Bccm)... là où Urba planque une partie du magot. Le reste est à la Bred. Pour une fois, le Crédit Lyonnais n'est pas dans le coup.

Monate est prévoyant. Il n'oubliera pas les *« 5 bâtons »* (millions de francs) qu'il faut engranger, dare-dare, pour les *« règlements des factures congrès »*. Comment les trouver ?

Rien de plus facile : *« Chaque délégué régional reçoit* [pour] *mission* [de] *ramener un stand »*, payé par les entreprises rackettées, toutes obligées de figurer sur la liste des exposants, sous peine de perdre leurs marchés. Voilà pourquoi les congrès du PS finissent par ressembler à des centres commerciaux.

Comme prévu, Monate confirme qu'il a vu l'ancien secrétaire d'Etat chargé du Budget, Henri Emmanuelli, nouveau venu au conseil exécutif du PS. Le courant n'est pas bien passé :

« Déception. »

Surnommé « le daim des Landes » par les camarades du Sud-Ouest, Emmanuelli a un caractère ombrageux. Visiblement, il n'aime pas qu'on vienne le titiller sur ses terres.

Lundi 26 janvier. Le ratissage des entreprises pour financer le congrès de Lille se présente bien :

« 10 stands vendus + les "trocs" (exemple Bull). »

Discussions de marchands de tapis. L'argent rentre à pleines lessiveuses : le Gracco a commencé de

« raquer » pour les préparatifs de la grand-messe militante. Mais, attention, prévient Monate, cette activité nécessite un luxe de précautions :

« Jean-Michel Amiot [le délégué à Toulouse] *doit être prudent* [sic] *dans ses démarches. Attention aussi avec ses actions à Angoulême. »*

Car, dans cette ville, l'indélicat député-maire, Jean-Michel Boucheron, est dans le collimateur (depuis 1986) de Marcel Dominici, le président du comité d'action économique et social interprofessionnel des chômeurs de la Charente (Caesicc). Armé de sa seule photocopieuse... et d'une bonne dose de courage, Dominici harcèle celui dont Michel Rocard fera un secrétaire d'Etat, en 1988. Dans le cadre de ce qu'il appelle sa « campagne de chasse au gaspi », Dominici a déposé deux plaintes visant nominativement Jean-Michel Boucheron. L'une pour « ingérence », l'autre pour « abus de confiance ». Ces démêlés judiciaires ont, depuis plusieurs mois, davantage de succès à Angoulême que le Festival de la bande dessinée qui y est organisé chaque année.

Monate sait donc qu'à tout moment, Boucheron risque de se retrouver dans l'œil du cyclone.

A Urba-Paris, bien que les socialistes soient dans l'opposition, on n'a pas perdu la main avec les administrations. Les complicités y sont toujours nombreuses. Aveu de Monate :

« Subvention ministère de la Recherche, M. Fiji (en attente : 140 000 francs [pour] *Urbatechnic. Voir dossier — justificatif). »*

140 000 francs au titre de la recherche ? En ce domaine... et celui de l'innovation, l'imbattable

pompe à finances du Parti socialiste mérite bien une récompense.

Urba peut également compter sur les versements en provenance des groupes nationalisés. Le vendredi 3 avril, Gérard Monate rencontrera à cet effet Georges Ktourza. Il s'occupe de l'Aecl, la discrète société de courtage appartenant au Gie, celle qui s'est vu assigner la tâche de prélever son dû sur les contrats d'assurances des mairies, collectivités et entreprises publiques tenues par des socialistes ou sympathisants. Monate se frotte les mains :

« Prévision : usine Bull de Villeneuve-d'Asq. »

Il s'agit de l'établissement ultramoderne que le champion de l'informatique vient de construire dans le Nord, pour assembler ses micro-ordinateurs. Des milliers de mètres carrés sont à assurer... et de bons pourcentages sur les contrats, en perspective.

3 février. Gérard Monate est d'humeur badine :

« Bonne recette ce matin. Amélioration de la trésorerie qui se présentait critique, la semaine dernière. »

Le métier de voleur a aussi ses aléas. En l'espèce, ils sont fâcheux. Car le Parti et les élus ont de gros besoins. Le patron d'Urba s'est fait tirer l'oreille. Il vitupère :

« Le congrès du PS va coûter cher. Il faut étaler les dettes. Gastebois... s'en soucie. Lille : c'est "cher payer" les locaux du congrès. »

Pourtant, la manifestation se présente sous d'heureux auspices. La liste des exposants pigeonnés s'allonge. Joseph Delcroix note même les noms de trois entreprises qui *« ne viennent pas, mais ont payé »* !

Racket, nous voilà !

Confirmée par Delcroix, l'absence de ces firmes montre bien que les stands proposés par Urba au congrès du PS n'ont, pour elles, aucun intérêt commercial. Et qu'ils sont seulement une façon déguisée et malhonnête d'alimenter les caisses socialistes.

En cette période fiévreuse, Gérard Monate est par monts et par vaux. La veille, il a reçu Georges Beauchamp, le discret, mais redouté, président de la commission de contrôle du PS. Le 24 février, Monate rendra visite à « *Jean-Claude Colliard* », le directeur de cabinet de François Mitterrand à la présidence de la République. Les écrits saints de Jo Delcroix nous révèlent maintenant qu'il est le mystérieux « *contact Élysée* » de l'organisation. Celui dont Gérard Monate faisait mention, notamment lors de la réunion d'Urba en date du 20 septembre 1984.

9 février. Le président du Gie-Gsr s'élève vers les sommets. Il répète qu'il doit avoir une rencontre avec... Georges Beauchamp, compagnon de toutes les aventures de François Mitterrand depuis l'avant-guerre. Membre du clan qui a porté le chef de l'État à la tête du Parti socialiste en 1971 — je rappelle qu'il fut l'un des cofondateurs d'Urba —, Beauchamp est depuis toujours, dans l'appareil, l'œil de François Mitterrand.

Jusqu'à aujourd'hui, Beauchamp a eu l'insigne avantage et l'habileté de passer inaperçu. Frère Georges est un chanceux ! Malheureusement, Joseph Delcroix aura tenu à le faire figurer lui aussi dans son exhaustive anthologie de la corruption socialiste. Sans se rendre compte de l'importance de l'information qu'il couche sur le papier, l'écrivain d'Urba rapporte fidèlement ce qu'il entend à son sujet :

« Gérard Monate voit Beauchamp, président de la commission de contrôle [du PS], *le 22 février 1987. »*

Le motif ? Delcroix n'en fait pas mystère. Nous voici au centre d'une querelle intestine, à propos d'une vilaine opération marseillaise. Comme à l'accoutumée, Delcroix est d'une exemplaire précision :

« Lettre Vidal, Fédération 13, à commission de contrôle, pour savoir la part des retombées [pots-de-vin] *sur marché ordures ménagères. »*

Décodons : Yves Vidal est, à Marseille, un apparatchik du PS, depuis 1971. Ame damnée de Michel Pezet, dauphin de Gaston Defferre, il a été promu, le 5 mai 1986, premier secrétaire de la puissante Fédération socialiste des Bouches-du-Rhône. C'est à ce titre qu'il a écrit au camarade Beauchamp, afin de défendre la part de sa Fédération dans le gâteau du contrat des ordures ménagères. Celui négocié par Josua Giustiniani, l'un des meilleurs racketteurs du PS... et mon futur auteur. Vidal compte sur l'arbitrage de Beauchamp, qui, pour ce type de conflits, sait être un bon juge de paix. Même s'il s'agit de poubelles.

En 1990, Giustiniani publiera aux Éditions Albin Michel (dans ma collection *Jean Montaldo présente*) le livre *Le Racket politique,* dans lequel il narre son parcours de *« docteur honoris causa »* des *« fausses factures socialistes ».* Dans le chapitre intitulé *« Le Tir aux pigeons »,* il y relate, par le menu, l'extraordinaire histoire de l'appel d'offres lancé, en 1984, par la mairie de Marseille, pour confier au secteur privé la collecte des ordures ménagères de la ville. « Une aventure que

le meilleur des romanciers n'aurait jamais imaginée »,
dit-il.

Etant donné l'importance de l'adjudication — plusieurs dizaines de millions de francs — pendant plusieurs mois tous les grands groupes spécialisés vont participer à de folles enchères. Le faux facturier Josua Giustiniani fait office de commissaire-priseur :

« Ce marché des ordures ménagères de Marseille, raconte-t-il, nous permettra de rapporter plus d'un million de francs dans les filets du Parti. Nous accumulons les paiements, sous forme d'ordres de participations bidons, pour des encarts publicitaires dans *L'Unité* — l'organe du Parti dirigé par Claude Estier — qui ne paraîtront jamais. »

Ces fausses factures, qui sont à l'origine du conflit que doit trancher Georges Beauchamp — il oppose les commanditaires de Giustiniani et les dirigeants d'Urba —, sont aujourd'hui en ma possession. Car, lors de la publication de ses mémoires de repenti, Josua Giustiniani m'a fait le dépositaire exclusif des quelque 12 000 fausses factures dont il fut l'ouvrier modèle, au service de Michel Pezet et de Claude Estier (notamment)... qui l'avaient engagé par contrat, avec la mission explicite de racketter.

9 mars. Les méthodes musclées des commandos Monate portent leurs fruits. 40 entreprises ont déjà réservé des stands pour le congrès socialiste de Lille. Au final des courses, « *52* » auront craché au bassinet. Et Urba leur aura « *soutiré* » la modique somme de « *5 millions de francs* ». Malheureusement, il y a des défections :

« *Montenay nous claque dans les pattes* », note Joseph Delcroix.

Une autre annulation fait mauvais genre : Les Nouveaux Constructeurs, le groupe immobilier d'Olivier Mitterrand — le propre neveu du Président —, oppose un « *niet* » formel. Lui n'a pas besoin d'Urba pour décrocher ses marchés.

30 mars. Urba croule sous les Pascal, l'or et l'argent. Les caisses débordent. Le député de Marseille Philippe Sanmarco vient d'annoncer, pour sa seule ville, « *un chiffre d'affaires* [sic] *compris entre 10 et 20 unités* [millions] ». Promesse enregistrée par Urba, le 23 mars. Devant son état-major, Gérard Monate peut s'exclamer, sans rire :

« *Heureusement qu'on a le "Congrès", sinon on ne saurait pas comment dépenser... !* »

Les camarades d'Urba auraient été bien inspirés d'aller prendre des cours de gabegie chez Bernard Tapie, la coqueluche de François Mitterrand. Bientôt, les occasions de dépenser ne manqueront plus. Après le congrès PS de Lille — simple amuse-gueule — un autre objectif se profile, autrement plus stratégique :

« *Maintenant, il faudra penser aux présidentielles* », prévient Gérard Monate, toujours premier de corvée.

2 avril, 15 heures. On est au jour J-1 du congrès socialiste. Salle Amaryllis, à l'hôtel Ibis de Lille, l'équipe des délégués d'Urba est au grand complet. Pour l'heure, après l'exposé traditionnel du président Monate, on inventorie diverses « *solutions pour maintenir ou développer le chiffre d'affaires* ». Les délégués sont invités à la « *sélection* [sic] *d'entreprises françaises à pro-*

mouvoir [resic] *par Gracco* », et à étudier les « *organigrammes de groupes tels que CGE, SLEE, Bouygues, SAE ou
SOGEA* ». Autant dire le gratin du BTP français.

La preuve est donc bien rapportée, par le directeur
administratif d'Urba, que la corruption n'est pas organisée au niveau des entreprises. Sans qu'elles le
sachent, celles-ci sont examinées à la loupe par les
vautours du PS, avant qu'ils ne reçoivent l'ordre de
s'abattre sur elles.

Ensuite, et tout naturellement, l'éternel problème
de la « *clé de répartition* » des commissions engrangées,
grâce à leur racket, revient sur la table. Pour le lendemain soir, à Lille, un dîner est prévu avec les représentants de l'Aecl, la très spéciale société d'assurances
du Gie. Pendant que, en public, les camarades dirigeants du Parti amuseront la galerie, en chantant
L'Internationale, ce sera, pour Urba, l'occasion de par-
faire son dispositif d'attaque, en vue d'une plus
complète pénétration des collectivités locales socialistes dont les contrats d'assurances représentent une
manne fantastique.

Gérard Monate est radieux. Avant de lever la
séance, le président d'Urba proclame, tout fier :

« *Nous battons des records de réservations de stands...
Même si nous avons perdu le pouvoir* [lors des élections
législatives de mars 1986] *et sommes privés de nationaux
(exemple : RATP et PTT).* »

Cette privation ne durera plus très longtemps. Dans
un an, au printemps de 1988, grâce au retour des
socialistes au gouvernement, après la réélection du
Président Mitterrand le racket repartira de plus belle
dans le secteur public et les sociétés nationalisées.

11 mai. Une fois retombée l'euphorie du congrès de Lille, la réalité reprend doucement ses droits. Les grandes manœuvres commencent pour l'organisation du financement frauduleux de l'élection présidentielle des 24 avril et 8 mai 1988. Le président Monate a déjà reçu des instructions de la rue de Solférino. D'emblée il annonce la couleur :

« Pour la campagne 1988, sur 100 unités [100 millions de francs], *le PS nous réclame 20 à 25 unités* [millions]. »

Autrement dit, alors qu'à cette date le Président de la République fait durer le plaisir et n'a pas annoncé son intention de se porter candidat à sa propre succession — ce ne sera chose faite que dans dix mois, le 22 mars 1988 ! —, Urba lance déjà ses légions de carnassiers aux trousses des malheureuses entreprises choisies comme proies. La saison de chasse est avancée. Rue de Solférino, l'équipe de Lionel Jospin est fébrile. Urba va devoir régler un quart des 100 millions de francs dont le candidat François Mitterrand aura besoin pour sa réélection. Plus tard, quand tout sera découvert, le Président ne pourra pas nous rétorquer — ce que d'ailleurs il s'est bien gardé de faire — qu'il a tout ignoré de l'origine de cet argent sale issu de la corruption. Par six fois, au moins (en 1984, 1986, 1987, 1988), Joseph Delcroix mentionne dans ses cahiers les réunions des dirigeants d'Urba avec le *« contact Élysée »,* alias Jean-Claude Colliard, le directeur de cabinet du Président de la République.

A aucun moment, la Justice ne manifestera l'intention d'entendre Colliard... comme témoin. Elle n'a pas tenté, non plus, de savoir pourquoi, à cette date du 30 mars 1987 et alors que le fisc continue de voir,

sans réagir, les fraudes du Gie, Joseph Delcroix écrit
à propos de Superman Monate :

« *GM* [Gérard Monate] *a vu "les impôts". Ça s'est bien
passé.* »

Décidément à la Direction des Impôts, on n'a rien
à refuser à Gérard Monate et à ses racketteurs. La fête
continue.

4 juin. Lors de la traditionnelle réunion des
délégués régionaux d'Urba, l'exposé de Gérard
Monate est interrompu par l'arrivée d'Alain Coquard,
un ancien du cabinet de Louis Mexandeau, au ministère des PTT. Ce militant du PS est le PDG de la société
Citécâble, spécialisée dans l'installation de chaînes de
télévision câblées. Ses clients : les petites et moyennes
communes, le plus souvent socialistes. Coquard
commence par un exposé sur le « *plan câble* », le ruineux programme — une vingtaine de milliards de
francs — que mettent en œuvre les pouvoirs publics
pour promouvoir cette nouvelle technique de diffu-
sion télévisuelle.

Bien qu'Urba soit intéressée à l'opération, Coquard
est surtout là pour participer à la mise au point d'un
dossier autrement plus délicat : le très confidentiel
financement de la « *campagne présidentielle* », dont le
premier tour interviendra dans moins de dix mois.

Comme de coutume, Delcroix ne perd rien des
propos du « *président* ».

« *SVP : l'Élysée et* [le] *trésorier* [du PS] *"cumulés"* [ont
besoin], *sur 100 millions de francs, que 25 % soient pris
en charge par le Gie "en un court temps".* [Il faut aller]
au-delà de la gestion habituelle. [A cet effet], *un effort est
demandé à nos fidèles élus ; la trésorerie* [est] *à accélérer*

avec l'aide des élus ; [il faut] *veiller à la facturation, veiller aux encaissements et* [il y aura une] *démarche de Gérard Monate aux élus : pendant la campagne présidentielle ne faire payer des retombées* [c'est-à-dire l'argent dû aux élus et au Parti] *que l'essentiel, ne pas utiliser à plein la trésorerie. Attention, on n'ampute pas, il faut rassurer... l'image du groupe s'est améliorée. Le PS nous aidera... »*

De cet édifiant exposé, il ressort indubitablement que le financement frauduleux de la campagne présidentielle de François Mitterrand, en 1988, est — du moins dans les hautes sphères du Parti — un secret de polichinelle. Pour venir en aide au président candidat, satisfaire ses besoins, les camarades doivent restreindre leur train de vie, se contenter de l' « *essentiel* ». Le Gie se doit de donner l'exemple :

« *Il faut,* [dit Monate] *vingt-cinq millions de francs* [pour les] *présidentielles.* [Pour cela, il est nécessaire d'] *inverser* [la] *tendance habituelle : pas d'avance aux élus ; éviter* [les] *"grosses dépenses" pendant* [la] *période présidentielle, baisser de moitié les dépenses* [des] *retombées A... ».*

Par « retombées A », il faut comprendre les sommes portées au crédit des élus socialistes dans les comptes secrets d'Urba. Les maires, conseillers généraux et parlementaires concernés passeront à la caisse, mais après que le Président de la République aura été servi.

Lors de la même réunion, l'expert-comptable et commissaire aux comptes d'Urba, David Azoulay — celui qui, le 30 juin 1988, osera certifier exacts au Conseil constitutionnel les comptes de campagne de François Mitterrand qu'il savait faux —, explique la mécanique à mettre en place.

Azoulay est un virtuose. Il n'a pas son pareil dans

l'organisation des fraudes fiscales, commerciales et, plus généralement, pénales, celles dont Urba a besoin pour blanchir ses fonds de mauvaise provenance. Oubliant ses devoirs [1] et fort de l'impunité que lui confère la carte de visite de ses clients — celle d'Urba et du Président de la République, bientôt —, David Azoulay expose aux délégués « *une nouvelle idée pour la mise en place d'un projet* »... audacieux :

« [Il s'agit, prévient-il, de la] *création d'une société tampon* [sic], *de courte durée, entre les structures* [le PS et les élus], *qui reçoivent les retombées* [millions de francs], *et le Gie* [qui s'occupe du racket]. »

Cette « *société tampon* » servira à « *dégager 15 à 20 % des retombées* » engrangées par Urba.

David Azoulay connaît le droit des sociétés sur le bout des doigts. Il précise que la « société tampon », c'est-à-dire de blanchiment, recevra un nom adapté à son objet : Multiservices. Son objet social ? « *Il concerne,* ajoute-t-il, *les opérations dont on ne peut pas dire qu'elles aient été utiles au fonctionnement des sociétés* [déjà existantes] *du Gie : imprimerie locale, locaux, pub* ».

Pour ceux qui ne seraient pas rompus aux arcanes et délices de l'« abus de bien social » et de la « fraude fiscale », je précise que « *la nouvelle idée* » de David Azoulay, pour financer le futur candidat Mitterrand, est de fonder une société bidon dont l'objet social, finalement adopté (« toutes prestations de services liées à l'imprimerie, la communication, la publicité »), répondra, précisément, aux dépenses — fictives ou

---

1. Les commissaires aux comptes ont l'obligation de révéler au procureur de la République les faits délictueux dont ils ont connaissance au cours de leur mission.

non — qu'on lui fera frauduleusement endosser. Pendant la campagne présidentielle, cette société écran sera utilisée à la place d'Urba et de ses satellites, dont les propres objets sociaux ne sont pas adaptés et qui, en outre, doivent rester dans l'ombre... pour ne pas compromettre le Président de la République, son directeur de campagne (Pierre Bérégovoy) et son trésorier, le futur ministre de la Justice (!) Henri Nallet. Ensuite, tout sera mis en œuvre pour entraver le cours normal de la Justice, pour empêcher la manifestation de la vérité.

Ainsi donc va naître la Sarl Multiservices : elle entrera en activité le 1er septembre 1987, mais ne sera officiellement fondée que le 14 décembre suivant.

Par mesure de sécurité, Multiservices aura une durée de vie égale à celle d'une étoile filante :

« *Date prévue d'opérationnalité* [sic] : *avant présidentielles.* »

Ensuite, elle n'aura plus aucune raison d'être. Il faudra se dépêcher de la faire disparaître. Ni vue, ni connue. D'où le recours aux compétences de David Azoulay qui, ce 4 juin 1987, fait un grand numéro de prestidigitation destiné à permettre les futurs agissements frauduleux d'Urba, par Multiservices interposé.

Dans son exposé, « monsieur le commissaire aux comptes » donne la marche à suivre pour que l'on ne puisse pas ultérieurement établir un lien entre Urba et Multiservices :

« [Il faut] *un siège différent du 140* [boulevard Haussmann, l'adresse d'Urba] ; *des hommes différents du 140* [boulevard Haussmann]. »

Une fois créée — 8, rue de Liège, à Paris —, l'éphémère Multiservices aura pour gérant Jean-Pierre

Barth, le camarade directeur technique d'Urba, chargé des équipements publics.

Omniprésent dans les comptes rendus de Delcroix, Barth apparaît comme l'une des pièces maîtresses de l'organisation Urba-Gracco. Un dossier en ma possession permet d'appréhender son rôle dans la pyramide du Gie. A l'occasion il ne dédaigne pas utiliser son cachet d'« *expert auprès de la Cour d'appel* »(!) de Paris, comme pour donner de la respectabilité à certaines de ses correspondances... au nom d'Urbatechnic.

Le 12 juin 1985, il adresse un courrier à Claude Saada, le délégué d'Urba en Normandie. L'objet de cette lettre est la construction d'un centre de télécommunications à Caen, la ville du ministre des PTT de l'époque, Louis Mexandeau. Jean-Pierre Barth a été prévenu du nom des quatre « *équipes* » (Sublena, Sechaud et Bossuyt, Dupuy et Butler), c'est-à-dire les quatre entreprises retenues pour la réalisation de ce centre de télécommunications. La première citée par lui a déjà passé des accords avec Urbatechnic. La mention « *Connais-tu Dupuy ? Il serait important de prendre un accord avec lui (local)* » signifie que Jean-Pierre Barth projette de ponctionner cette société. Ce n'est pas tout. En écrivant : « *D'autre part, la société Bouygues aurait les faveurs de la DGT et du ministère ; il serait judicieux de prendre des contacts avec Quille* », le directeur technique d'Urba indique que ce n'est pas Bouygues (dont la filiale en Normandie est Quille) qui prend l'initiative de la corruption. Mais bien Urba, l'officine du Parti socialiste. Ce document prouve également que, dans un marché public d'environ 100 millions de francs, Urbatechnic entend s'imposer comme intermédiaire et, ainsi, obtenir une commission pour une activité complètement fictive. Le ton de la lettre montre bien que si les sociétés citées refusent de passer à la caisse, ce marché (comme d'autres) leur échappera.

De plus, Jean-Pierre Barth est un collecteur de fonds vigilant.

« *Informe-moi de l'évolution de tes démarches* », écrit-il à son délégué régional.

Cette note, signée, je l'ai aussi remise au juge Jean-Pierre. Mais, depuis, la Justice n'en a rien fait. Car toucher à Barth, c'est mettre le doigt sur l'aspect du dossier que l'on ne veut surtout pas connaître, puisqu'il débouche sur l'Elysée et la campagne présidentielle de 1988.

29 juin. Gérard Monate termine une agréable tournée des popotes. Successivement, il a rencontré l'ancien ministre du Logement, Roger Quilliot, sénateur-maire de Clermont-Ferrand et président, depuis 1985, de l'Union nationale des HLM, ainsi que Serge Lamaison, le maire PS de la petite commune de Saint-Médard-en-Jalles en Gironde. Il est « *l'homme de confiance d'Olivier Mitterrand* », écrit Joseph Delcroix, impressionné.

« *A Bordeaux, il y a le problème* [Michel] *Sainte-Marie. C'est un individuel* », grommelle Monate, en parlant du député-maire de Mérignac, vice-président de la communauté urbaine de Bordeaux.

Belles fréquentations !

Serge Lamaison et Michel Sainte-Marie ont aujourd'hui l'honneur d'être les deux nouvelles découvertes de mon ami Marcel Dominici, l'infatigable explorateur de la galaxie Jean-Michel Boucheron.

Les 12 et 22 mai 1995, le tombeur de l'ancien député-maire d'Angoulême les a interpellés dans deux lettres ouvertes à propos d'une troublante série de chèques émis par Michel Gabaude, le faux facturier socialiste le plus couru à Bordeaux, Angoulême, Mont-de-Marsan et Libourne.

Comme moi, Marcel Dominici est un homme minutieux, précis. Copies de ces huit chèques à l'appui, il demande à Lamaison et Sainte-Marie quels sont les motifs exacts de ces versements ou cadeaux. En conclusion, il les prie de *« restituer ces sommes et celles détenues par (...) Michel Gabaude, y compris les intérêts moratoires, aux taux en vigueur de la Banque de France, afin de les mettre au profit exclusif de l'économie de l'entreprise, de l'emploi et des nouveaux pauvres du socialisme »*.

Imperturbable, Dominici prévient :

« Sans réponse de votre part, sous huitaine je saisirai l'autorité judiciaire. »

Vu les résultats déjà obtenus à Angoulême par l'auteur de cette saine requête, les deux élus cités comprendront, plus que d'autres, pourquoi il me revient de les faire figurer dans ce *Rendez l'argent !*

Je n'ai d'ailleurs pas été étonné de retrouver leurs noms dans les fidèles comptes rendus des activités d'Urba... où Gérard Monate regrette leur indépendance.

En revanche, le président d'Urba ne tarit pas d'éloges à l'égard de Laurent Fabius. Il indique l'avoir vu le 29 juin 1987. L'ancien Premier ministre lui a donné son *« feu vert pour rencontrer le secrétaire général du Sgap »*.

Pour un marché de parapluies ?

A Nevers, la ville dont Pierre Bérégovoy est le maire, les nouvelles sont alarmantes :

« *Monate a eu appel de Pierre Bovet* [le délégué d'Urba pour l'Auvergne]... *Béré est dans la m...* [1]. »

A la ligne suivante, entre deux flèches, figure un mystérieux signal d'alarme :

« → *SOS* ← ».

Comprenne qui pourra ! La Justice, elle, en a les moyens. Pour l'heure, 97 % des vilenies exposées dans ces pages ne l'ont jamais inquiétée.

27 juillet. Gérard Monate a pris des vacances bien méritées et le Gie recrute. Sans que le nom d'Urba soit cité, un encart est publié le 16 juillet par « *Régie Multi Media* » dans le quotidien de gauche *Le Matin de Paris*. Dans le style attrape-nigaud du monde des affaires et du gang des R 25 qui s'est emparé des leviers de commande d'Urba et du PS, Monate joue les chasseurs de têtes :

« *Importante société de services en pleine expansion, introduite auprès des collectivités locales, recherche pour consolider son équipe de cadres plusieurs collaborateurs technico-commerciaux bons négociateurs d'affaires. Domaines d'activités : Bâtiment-Travaux publics ; Equipements. Salaire motivant —Voiture de fonction. Toutes régions concernées.* »

Urba doit d'ores et déjà se mettre sur le pied de guerre... pour participer au financement de la campagne présidentielle de François Mitterrand, en 1988.

Sur le terrain, les irréductibles « *réseaux parallèles* » des élus socialistes ne désarment pas. A leur sujet le directeur d'Urbatechnic Jean-Louis Claustres évoque

1. Ce n'est pas moi qui abrège. C'est Delcroix.

des « *difficultés politiques* ». Il donne, pour exemple, le rôle de la Sages de Michel Reyt à Evry, la ville de Jacques Guyard, un « *mitterrandiste* ».

31 août. Le plan de campagne d'Urba pour l'élection présidentielle se précise. Le président Monate présente son « *programme de contacts* ». Les noms de villes et de maires s'alignent sous la plume de Joseph Delcroix :

« *Laon : Gérard Monate va voir* [Georges] *Lemoine* [député-maire de Chartres] : *lui rappeler des "casseroles",* dit *Jean-Dominique Blardonne ;* [Gérard] *Gouze :* [maire de] *Marmande ;* [André] *Labarrère* [député-maire de Pau] : *prix forfaitaire pour campagne (hors affaires ponctuelles) ;* [Claude] *Germon* [député-maire de Massy] : *il nous "fait chier"* [sic] *dit Jean-Dominique Blardonne ;* [Laurent] *Cathala* [maire de Créteil] : *il y a eu tellement de promesses... ! !* »

Vient une seconde liste de noms prestigieux :

« *Bérégovoy, au niveau du secrétariat national ;* [Robert] *Chapuis ;* [Michel] *Pezet ; Sarre G.* [dont le nom et l'initiale du prénom, Georges, sont rayés d'un trait] : *non ; P. Joxe ; Mattieu pote à Fabius ;* [Michel] *Delebarre (pour le Nord) ; Bartolone.* »

2 octobre. Joseph Delcroix insère, dans son cahier, un dessin de l'excellent Cabu paru dans *Le Canard enchaîné*. Il est intitulé « Tonton plane ». On y voit un Mitterrand sautillant qui s'exclame :

« *En 1981, les rumeurs disaient que j'étais gravement malade... Aujourd'hui, on me prédit que j'aurai 80 ans en 1995.* »

Instinct de divination : Urba-Gracco et leurs racketteurs sont maintenant rassurés. Ils ont de beaux jours devant eux. Merci Cabu.

6 octobre, à 15 heures. Dans les locaux du 140, boulevard Haussmann à Paris, Urba s'américanise et fait de l'œil à Mickey :

« André Laignel a vu un dénommé Bouvier (...) à Marne-la-Vallée pour l'opération Disney Land [sic]. A Marne-la-Vallée... il y a du tirage (Mayadou travaille avec Reyt, Fourré aussi). Qui est Bouvier ? (Établissement public, SAM, Jean-Dominique Blardonne n'est pas sûr de ce nom.) »

Si les millions de petits porteurs, actionnaires de Disney, pleurent aujourd'hui leurs économies englouties dans le gouffre du parc d'attractions édifié pendant les années 1980 aux portes de Paris, Urba, elle, n'aura pas à se plaindre des « retombées » de ce programme importé des États-Unis, grassement aidé et financé par les capitaux publics français. N'est pas oncle Picsou qui veut. Chez Urba, c'est un métier.

8 octobre. Gérard Monate est en quête de nouvelles complicités. A Digne, dans les Alpes-de-Haute-Provence, il est admis — à quel titre... et pour quel motif ? — à la réunion des directeurs de cabinet des maires socialistes. En son absence, une importante conférence rassemble les délégués régionaux d'Urba à Paris. Le numéro deux du Gie, Jean-Dominique Blardonne, est dans le fauteuil du grand chef. Il ouvre la séance à 9 heures avec les dernières nouvelles du front :

« La situation financière du groupe est bonne. Le chiffre d'affaires est, globalement, quoique inégalement, bon. Mais

il y a des variations très importantes des délégués régionaux [les uns] *par rapport à d'autres.* Malgré les difficultés politiques, [il convient de saluer] *les performances dans la région Rhône-Alpes, malgré la trahison de Diaz, le Midi-Pyrénées et la Provence-Côte d'Azur. Pour celles* [les régions] *qui ne s'améliorent pas, la solution* [est toute trouvée] : *il faut changer les hommes, comme par exemple dans le pays nantais. (...) Christian Giraudon reste au Gie* [pour son] *utilisation dans* [le] *Gracco. Ce n'est pas une action contre Giraudon, mais une conséquence* [de son] *chiffre d'affaires trop petit.* »

Voilà ce qui arrive au PS quand un homme de main n'est pas performant. Comme dans l'administration, Urba ne licencie pas. Les racketteurs ont la garantie de l'emploi. Mais les camarades au rendement peu satisfaisant sont prestement mis au placard. Pour Giraudon, ce sera les manches de lustrine et la confection de l'annuaire du Gracco, c'est-à-dire le recensement des entreprises sur lesquelles s'abattront les voltigeurs de pointe du bataillon de Monate. Le délégué dans les Pays de Loire n'avait pas la main :

« *Ça ne passait plus entre Giraudon et les élus nantais.* »

Malgré ses performances exceptionnelles, la boutique a ses points faibles. Ordre est donné d'augmenter la cadence. Une à une, les régions sont épluchées :

• En Picardie, déception : « *Raymond Corbeaux fait moins de 2,5* [millions de francs]. *En 1987,* [il] *devrait faire 50% de son objectif.* »

• A Villefranche-sur-Saône, Robert Gambin, responsable de la région Bourgogne-Franche-Comté, « *fait moins de 1,5* [million] ». « *Jean-Dominique Blar-*

donne lui conseille d'améliorer ses relations avec Mathus [1]. *Robert Gambin* [lui] *répond : "Le père, ça va à peu près, le fils Mathus, c'est mauvais."* Il cite Chalon-sur-Saône où les élus PS n'ont pas bougé ! *Jean-Dominique Blardonne répond : "La région 71* [la Bourgogne] *devrait revenir chez nous* [c'est-à-dire pas aux concurrents socialistes d'Urba], *car la Famille Mathus respecte l'appareil.* [Il faut] *que Robert Gambin essaye de rétablir le dialogue".* »

• Dans le Sud-Ouest, « *malgré les voyages de Gérard Monate, il n'y a pas d'ouvertures* ». Le rendement y demeure faible. Le délégué de Bordeaux, Claude Fretat, en est fort marri : « *C'est mieux dans les petites villes*, rétorque-t-il. *Exemple : Eysines, Langon. Les "grands donneurs d'ordres" travaillent avec les réseaux parallèles.* »

Encore eux, toujours eux ! Quelle poisse ! Futé, le matou Jean-Dominique Blardonne pose la question clé : « *Quid Emmanuelli ?* » Allusion aux territoires du Sud-Ouest dont il faut éviter les barons. Réponse embarrassée du camarade, telle que retranscrite par Delcroix : « *Fretat cite* [les] *CES* [Collèges d'enseignement secondaire] *où les marchés ont été attribués à des* [concurrents socialistes] *locaux...* » Un scandale ! Il reste cependant un espoir, exprimé par cette petite phrase, en forme de miam-miam : « *Pau lance un appel d'offres de 200 millions de francs.* »

1. Didier Mathus : ce fidèle de Pierre Joxe est le premier secrétaire de la Fédération PS de Saône-et-Loire ; il fut (de 1979 à 1982) le collaborateur de Joxe à la présidence du Conseil régional de Bourgogne. De 1984 à 1986, il est chargé de mission du même Joxe, ministre de l'Intérieur. Conseiller régional depuis 1986, il deviendra député socialiste de Saône-et-Loire, en remplacement de Pierre Joxe (dont il est le suppléant), quand celui-ci revient à l'Intérieur, en 1988.

- Délégué d'Urba pour les pays de la Savoie et de l'Isère, Louis Houdoyer est plutôt morose : « (...) *les années s'annoncent dures. La concurrence est vive.* [Il] *évoque Saint-Chamond (Badet*[1]*), Roanne (Auroux), et l'Ain (Bourg-en-Bresse — cas du maire Moretto.* »

Après le tout venant, l'assemblée passe au bizarre. C'est encore de « *grisbi* » dont il s'agit. Jean-Dominique Blardonne lève totalement le voile sur la mystérieuse « *société tampon* » Multiservices qui doit servir à financer la prochaine campagne du Président Mitterrand :

« *Aujourd'hui*, déclare-t-il, *il y a trop de clarté entre les structures* [du Gie]. »

Qu'a-t-on à cacher de si honteux, de si terrible, pour avoir besoin de rendre plus opaques encore les noires activités d'Urba et de sa galaxie ? Blardonne donne à ses collaborateurs le mode d'emploi de Multiservices :

« [Cette] *société* [est] *programmée dans le temps.* [Sa] *durée de vie (secrète)* [est de] *1987* [à] *1989* [au plus tard]*, après les élections municipales.* [Son] *objet : payer un tas de petites choses hétéroclites.* [Les] *dépenses* [des] *retombées* [des] *factures supérieures à vingt mille ou trente mille francs* [sont] *difficiles à justifier.* »

Comme s'il s'agissait du braquage de la Banque de France, la plus grande confidentialité est exigée. Blardonne insiste :

« [Il ne doit y avoir] *aucun lien de Multiservices avec le Gie.* [Les] *ressources de Multiservices* [doivent prove-

1. Jacques Badet : député socialiste de Rive-de-Gier, dans la Loire, président de la Fédération nationale des Offices HLM, depuis 1981.
Jean Auroux : député-maire de Roanne, ministre de l'Urbanisme, du Logement et des Transports, en 1985 et 1986.

nir] *soit* [de] *contrats spécifiques, soit* [des] *sous-traitants des sociétés Urbatechnic ou Gracco.* »

Autrement dit, Urba collecte l'argent du candidat Mitterrand, avec ses habituelles méthodes mafieuses, mais personne ne doit le savoir.

A midi, le big boss, André Laignel, prend la parole pour une rapide analyse de la « *répartition des recettes* ». En homme de l'art, le trésorier national du PS estime la campagne du RPR à « *500 unités* » [millions], celle de Raymond Barre entre « *250 à 300 unités* ». Habile manière de se disculper, de justifier ses coupables manigances... et de se donner bonne conscience.

12 octobre. Digne ambassadeur de la fausse facture socialiste, Monate poursuit, sans relâche, ses contacts de haut vol. Il a vu : le député-maire de Roanne Jean Auroux *(« bonne rencontre »)* ; le député et maire adjoint de Tarbes Pierre Forgue ; Roger Mas à Charleville ; ou encore Laurent Cathala à Créteil. Un problème ardu pointe à l'horizon :

« *C'est la fin des mandats actuels des élus. Quid de la répartition* [de l'argent racketté] *avec la rue de Solférino ?* »

Car la future campagne présidentielle met tout ce beau monde en transe. Ordre est donné aux délégués régionaux de ramener, pour le 21 octobre, « *les listes rapprochées des entreprises à collecter pour la campagne* » au cours de laquelle le candidat Mitterrand va continuer de s'en prendre aux « *puissances d'argent* », aux « *deux cents familles* », aux accapareurs de fortune de la droite vénale « *qui menacent la paix civile et la paix sociale* ».

Pour financer le discours trompeur du Président, Monate sera un exécutant zélé, faisant assaut de créativité et de hardiesse. Il lui faut d'abord un élément de comparaison. En hâte, il a fait rechercher la liste des 23 grandes entreprises qui avaient déjà été ponctionnées en mai 1981, pour la précédente campagne présidentielle de François Mitterrand. Voici, rédigé à son intention, un court, mais huppé *Bottin mondain* de la grande distribution française et de l'industrie, du bâtiment et des travaux publics. A l'époque, la petite collecte avait rapporté la modique somme de « *4,363 millions de francs* » ! Pour 1988, Monate sait qu'il peut faire beaucoup mieux.

14 octobre. La petite troupe s'est remise au travail : « *La trésorerie n'est pas mal pour une reprise* », chantonne le président.

A Saint-Nazaire, les rôles sont renversés. C'est maintenant Monate qui « *a reçu* » le député-maire de la ville, Joël Batteux... et non l'inverse :

« *Il va nous confier deux unités* [millions] *de travaux (0,5 unité* [million] *pour Batteux). Il veut doter la section* [socialiste] *d'un local.* »

Le directeur du Gracco, Jean-Jacques Gastebois, est lui aussi sur un gros coup. Gonflé d'orgueil, il présente « *le protocole* » qu'il a fait entre la Libye — pays terroriste au ban des nations, frappé d'embargo — et un géant renommé français du BTP. Là, c'est trop ! On joue avec de la dynamite.

Même Jean-Dominique Blardonne, qui s'y connaît pourtant en matière de coups foireux, trouve celui-là « *risqué* ».

Réflexe salutaire : il ne manquait plus que Kadhafi au rayon Urba.

26 octobre. Gérard Monate est absent. Blardonne joue au grand patron. Mêlant joyeusement François Mitterrand, le financement de sa campagne et l'amélioration des conditions sanitaires des toilettes d'Urba, il commence par rejeter l'achat d'un « *séchoir aérochaud, car pas hygiénique* ». Puis, sans transition, le président par intérim réclame :

« *La liste des entreprises auprès desquelles on pourrait soutirer l'argent* [pour les] *présidentielles.* »

J'insiste sur l'utilisation du verbe « *soutirer* » par le numéro deux d'Urba... et repris, tel quel, par Joseph Delcroix dans ses notes quotidiennes. En mémoire des années exemplaires de François Mitterrand — ce Président fin lettré et amateur de beaux textes —, je rappelle la définition exacte donnée du verbe « soutirer » par l'excellent dictionnaire alphabétique et analogique de la langue française, *Le Petit Robert* :

« Soutirer : (1723, de sous, et tirer). (...) *Soutirer quelque chose à quelqu'un,* obtenir de lui sans violence, mais par des moyens peu délicats, une chose qu'il ne céderait pas spontanément. Voir *Arracher, escroquer.* »

Voilà donc de quelle façon, en « *réunion de direction* », les racketteurs d'Urba qualifient eux-mêmes leurs méthodes pour le financement de la campagne présidentielle de François Mitterrand en 1988. Elles consistent à demander aux entreprises déjà rançonnées d'« *apporter un plus* ». Delcroix note encore que « *quelqu'un a dit : "il faudrait faire la liste des entreprises qui peuvent donner"* ».

« Donner »... en tout bien, tout honneur, évidemment. Pour la beauté du geste... et par adhésion, sincère et désintéressée, au programme du candidat François Mitterrand.

2 novembre. Il faut accélérer la cadence. Gérard Monate est soucieux. L'argent attendu pour la campagne de François Mitterrand tarde à venir :

« Pour novembre, il faudrait 4,7 millions de francs de rentrées. »

Les tenaces *« circuits parallèles »* continuent à faire des dégâts. Le 30 octobre, Gérard Monate a vu à leur sujet Françoise Gastebois, déléguée générale du PS, haut placée rue de Solférino. Monate espère toujours que le Parti finira par intervenir pour stopper les vautours des circuits parallèles. Ces rapaces de la pire espèce sont maintenant passés en revue. Parmi eux, plusieurs ténors du PS et (ou) leurs organisations personnelles :

« La commission de contrôle semblait décidée à faire quelque chose : Cerco, [Daniel] Cottineau, Sages,... "Rocard" ?, [Michel] Pezet Irec, Copaps (Marius Bouchon), Scec/Edi 2000, [Michel] Sainte-Marie, [Christian] Pierret, Association Mosellane, Nantes-Lorient : M. [Daniel] Nedzela Snep (ex-Leroy-Routier). Orcep... ça paraît difficile à monter (... ça deviendrait une Scop !). »

Quel est donc ce parti qui multiplie les officines de racket comme les petits pains ? Pour la énième fois, Delcroix se fait l'interprète du courroux des mercenaires d'Urba. Cette liste comporte les noms de personnalités, pourtant réputées au-dessus de tout soupçon.

Revue de détail des réseaux concurrents d'Urba :

• La désormais célèbre société Cerco (Conseils, études, réalisations pour collectivités) est installée à Villeurbanne. C'est l'officine de François Diaz, l'ancien patron du Gracco récupéré par Charles Hernu et la Fédération PS du Rhône.

• Nouveau venu parmi les concurrents d'Urba : Daniel Cottineau. Il est, lui encore, un ancien du Gie qui vole maintenant de ses propres ailes, dans le centre de la France et la région de Nevers. Cottineau est un veinard. Il profite, à l'occasion, de son homonymie avec Georges Cottineau — même orthographe — le propre gendre du maire de Nevers, Pierre Bérégovoy, futur directeur de la campagne présidentielle de François Mitterrand, en 1988.

« Monsieur Gendre » est, lui aussi, aux affaires. Il dirige la dispendieuse société d'économie mixte du circuit automobile de Magny-Cours, à Nevers toujours. Financé sur demande directe... et affective de l'Elysée, le circuit de Magny-Cours a procuré d'agréables retombées au camarade Guy Ligier et à une famille de propriétaires terriens du coin. Reconstruit à grands frais, le circuit va coûter plusieurs milliards de francs aux contribuables, aux collectivités locales et aux grands groupes nationalisés — dont la servile Caisse des Dépôts —, forcée de le financer.

La confusion entre Daniel et Georges Cottineau provoque parfois d'amusants imbroglios. Même les racketteurs d'Urba s'emmêlent les pinceaux. Ainsi, lors de la réunion du 13 octobre 1986 citée plus avant, Joseph Delcroix — qui rapporte des propos peu amènes de Gérard Monate sur Pierre Bérégovoy — indique en outre : « *voir Cottineau son gendre* [qui] *n'égale pas Daniel* ».

• L'Irec (Institut régional d'études et de conseils) est la « structure » personnelle du Marseillais Michel Pezet. Installé au cœur de la cité phocéenne, dans de luxueux bureaux, elle est longtemps dirigée par Guy Pallet, son principal lieutenant. C'est dans les locaux de l'Irec que Pezet recrute, en novembre 1982, son futur faux facturier — aujourd'hui repenti — Josua Giustiniani. Dans son livre *Le Racket politique*[1], celui-ci raconte : « L'Irec est une officine proche du PS, qui sert de discret relais financier, en donnant dans "l'intermédiation" entre les entreprises publiques et privées et le Conseil régional-de Provence Alpes-Côte d'Azur ».

• Le camarade Marius Bouchon œuvre en franc-tireur, à Valence, dans la Drôme, haut lieu du socialisme gourmand. Sa société de « publicité », la Savicop, sera dissoute en septembre 1990.

• Par Edi 2000 et son satellite, la Scec (Société commerciale d'échange et de communication), il faut comprendre les Nouvelles Editions de l'an 2000. C'est la société du Parti. Officiellement basée rue de Solférino, elle a en charge les revues et périodiques du PS. La Scec a été mise en liquidation judiciaire en mars 1992. Mais les Nouvelles Editions de l'an 2000 sont toujours en activité, dirigées, depuis mars 1995, par Jean Glavany et Marc-Antoine Jamet, deux des fidèles lieutenants d'Henri Emmanuelli.

• Michel Sainte-Marie : il s'agit du député-maire de Mérignac, dont je disais plus avant qu'il est aujourd'hui poursuivi par la vindicte de Marcel Dominici, le « tombeur » du maire d'Angoulême Jean-Michel Boucheron. Critiqué par Monate en raison de son individualisme, Sainte-Marie a longtemps utilisé

1. Editions Albin Michel, juin 1990, p. 35.

les services de l'efficace Michel Gabaude, le faux facturier de Boucheron. Affaire pendante...

• Dans les Vosges, le maire de Saint-Dié, Christian Pierret, alors député PS, a lui aussi ses propres réseaux, telle l'Association Mosellane. Cet ancien rapporteur général du Budget, longtemps président de la commission de surveillance de la Caisse des Dépôts et Consignations, a été récemment mis en examen, pour « recel d'abus de bien sociaux », par le juge parisien Etienne Guilbaud, à la suite de la faillite frauduleuse, en juin 1986, de la fabrique vosgienne de rétroviseurs Cipa (Comptoir pratique pour l'invention automobile). Nous y reviendrons.

• A Nantes et à Lorient, le fringant publicitaire Daniel Nedzela a monté, pour des élus socialistes de la région — Claude Evin, Jean-Marc Eyrault, Jean-Yves Le Drian, etc. —, la Snep (Société nouvelle d'édition et de publication), « pompe à fric » concurrente d'Urba. Ce Nedzela a été à bonne école, formé par l'avocat nantais Jean-Claude Routier-Leroy, dont il se dit l'élève. Lequel va vite dépasser le maître. Dans l'Ouest, mais également dans le reste du pays, Nedzela va brasser des volumes de commissions considérables. Les millions tombent dru. Mais il est bientôt concurrencé par la Deep (Diffusions et éditions publicitaires) qui lui ravit plusieurs élus socialistes, dont Joël Batteux, le maire de Saint-Nazaire. Batteux ne veut plus entendre parler ni de la Snepn, ni d'Urba. Leurs « retombées » ne sont pas assez généreuses.

Nedzela fera les frais de l'affaire des fausses factures de l'Ouest qui, commencée en 1991, va mettre un terme à son petit commerce.

• L'Orcep est, dans le Nord — la région de Pierre

Mauroy —, une perle rare. Comme tout ce qui touche à l'ancien Premier ministre, argent et savantes combinaisons y font bon ménage. Car, en réalité, deux Orcep existent, l'une aidant l'autre à brouiller les pistes, et vice versa.

16 novembre. A cette date, soigneusement dactylographié, un document est collé par Joseph Delcroix dans son cahier noir de la corruption. Pièce capitale. Une véritable bombe H. Si, comme les États-Unis ou la Grande-Bretagne, la France avait été une grande démocratie, cette pièce aurait permis, dès avril 1989, date de la saisie des archives d'Urba par le tandem Gaudino-Mayot, de donner un coup d'arrêt immédiat à ces trafics mafieux. Il s'agit de la fameuse *« Liste des entreprises »* réclamée par Jean-Dominique Blardonne, le 26 octobre précédent, pour *« soutirer l'argent »* qui sera affecté à la campagne présidentielle de 1988. Terrifiants aveux !

Sous forme d'un tableau, le récapitulatif comporte trois colonnes.

Celle de gauche recense les *« donateurs de 1981 »* : une liste de 23 entreprises auxquelles on a extorqué, lors de la première élection de François Mitterrand, les 4,363 millions de francs déjà indiqués.

Au centre figurent les grands groupes et leurs filiales, tous ceux qui ont été rackettés par Urba au cours des *« exercices 1985, 1986, 1987 »*, avec, pour chacun, le total des sommes qui leur ont été soutirées. Les groupes Bouygues, Saint-Gobain, GTM, Générale des Eaux, SAE, Lyonnaise des Eaux, Spie-Batignolles, ont été contraints de verser respectivement pour ces trois années : 13,22 millions de francs ; 6,973 millions ;

5,608 millions ; 4,445 millions ; 3,826 millions ; 3,174 et 1,95 autres millions de francs. Du bon boulot. Dans une rubrique à part de la même colonne, Urba a regroupé les « *indépendants* », c'est-à-dire le menu fretin : Nord-France (2,363 millions de francs) ; BEC (1,689 million) ; Laurent Bouillet (1,223 million) ; CGE-Alsthom (969 120 F) ; l'Entreprise Industrielle (879 929 F) ; la bien nommée entreprise Pascal (824 800 F) ; Léon Grosse (761 475 F) ; Beugnet (525 025 F).

Enfin, dans une troisième colonne, à droite, les délégués d'Urba n'ont pas oublié de faire figurer le nom de la « *personne à contacter* », avec son « *téléphone* ».

Pour Bouygues : plus aucune indication. Les ponts seraient-ils enfin rompus ? Pour tous les autres, il s'agit chaque fois du PDG, avec son numéro d'appel. Parfois sa ligne directe. Les plus grands chefs d'entreprise de France ont les honneurs de ce *Who's Who* d'un genre spécial. Qu'il s'agisse du président de la Générale des Eaux, Guy Dejouany, ou de Jérôme Monod, le patron de son grand concurrent, la Lyonnaise des Eaux.

Savoir que les hommes de main de l'ancien policier Gérard Monate se permettent d'aller rançonner des hommes de cette envergure en dit long sur les complicités dont ils bénéficient, au plus haut niveau de l'Etat.

Savoir aussi qu'aucun de ces entrepreneurs-victimes n'a osé porter plainte, dénoncer ces agissements barbares, indique le degré de crainte auquel ils ont été soumis par Urba et tous les autres concurrents de cette officine... et le pouvoir socialiste, durant toutes ces années. Savoir, enfin, que les juges — dont plusieurs (au Mans, à Rennes, à Lyon, à Marseille et à Paris) ont eu en main ce document révélateur — n'ont

jamais voulu (ou osé) pousser plus avant leurs investigations, montre la docilité, l'indifférence ou l'aveuglement d'une magistrature malade. A Saint-Brieuc,
en avril 1995, les Emmanuelli, Monate et consorts ont
ainsi pu être jugés — sur une lilliputienne partie des
délits d'Urba —, sans que ce document pourtant
essentiel, cette liste accusatrice ait été évoquée et
contradictoirement débattue à l'audience.

Faut-il que les cahiers de Joseph Delcroix, et les 626
pages que j'ai remises à la Justice, soient porteurs de
dynamite pour qu'ils soient, encore aujourd'hui, systématiquement mis sous l'éteignoir !

23 novembre. La future campagne de François Mitterrand — qui ne s'est toujours pas officiellement
déclaré candidat — occupe tous les esprits. Monate
active ses troupes :

« *Financement de la présidentielle : du "+" à monnayer* »,
mugit-il à l'adresse de ses délégués.

Au lecteur peu averti des procédés en usage dans
le monde de la fausse facturation, je signale que par
l'expression « *du "+" à monnayer* », Monate veut parler
d'une surtaxe qui doit être réclamée aux victimes
habituelles d'Urba, sous prétexte du « *financement* » de
l'élection présidentielle.

Comment faire passer le message ? Nouvelle conversation d'aigrefins :

« *En Gracco* [c'est-à-dire pour les marchés de petites
fournitures] *la démarche peut être faite directement par
nous* », explique l'honorable président Monate.

« *En Urbatechnic* [pour les gros contrats] ? *Dans quelle
mesure le trésorier Laignel peut intervenir, lui ?* », inter-
roge-t-on...

Manifestement, la collecte des fonds occultes pour la prochaine campagne de Mitterrand rend Monate méfiant. En sa qualité d'ancien policier, il est conscient des risques :

« *Etre prudent au téléphone* », recommande-t-il doctement à ses directeurs.

Ce que Joseph Delcroix retranscrit, avec son habituel sens de l'image, en croquant un petit combiné téléphonique. Humour cher aux équipes de Gilles Ménage, le directeur de cabinet de François Mitterrand, qui vient de superviser, depuis l'Élysée, la mise sur écoute téléphonique d'environ 5 000 personnes, dont Anne Pingeot, la compagne secrète de François Mitterrand, sans oublier la femme du Premier ministre, Laurent Fabius... et les dirigeants des Editions Albin Michel qui me publient.

30 novembre. Tout d'un coup, ça sent le roussi. Dans la foulée du scandale Luchaire et de l'affaire des fausses factures de *Radio Nostalgie* à Lyon — où Charles Hernu et son entourage sont impliqués —, la justice commence à mettre timidement son nez dans les réseaux de financement du Parti socialiste. Gérard Monate est dans le collimateur. En personne. Delcroix relate les récentes mésaventures du président :

« *Le 25 novembre, à Paris, il a été interrogé sur commission rogatoire, dans l'affaire Protelec* [société rackettée par Urba et tombée en faillite]. *Puis, le 27 novembre, il a dû faire le pompier... dans l'affaire Regicom.* »

Lui aussi très inquiet, Jean-Dominique Blardonne souhaite que les délégués régionaux soient alertés à propos du problème des « *fausses factures* ». Blocage de Monate, catégorique :

« Urbatechnic et le Gracco n'en font pas. »
Monate est un superstitieux : on ne parle pas de
corde dans la maison d'un pendu !

4 décembre. Dans les salons de l'hôtel Arcade, rue
Cambronne à Paris, une grande réunion rassemble
tout le personnel d'Urba. La salle est archi-comble.
Les délégués régionaux et même leurs secrétaires sont
là.
« S'abstenir de fumer » ordonne en préambule le
caporal Monate. Il y a de la tension dans l'air. L'affaire
des fausses factures de Lyon est un coup dur. Le feu
est dans la maison. Anxieux, Monate ne cache rien
des scandales qui risquent d'ébranler Urba. Impossible cette fois d'échapper aux regards :
« On ne peut pas occulter les événements actuels, dit-il.
*On ne peut pas occulter le passé (exemple : Diaz ex-directeur
du Gracco). »*
Il faut avant tout rasséréner les troupes. Monate
tente de persuader ses délégués de *« la légalité des rentrées »* d'argent sale dans les caisses du groupe. Mais il
n'a pas convaincu son directeur administratif. Dubi-
tatif, Joseph Delcroix note :
*« Quid de l'utilisation des fonds, de la responsabilité de
Monate ? »*
En costume de premier communiant, un cierge à
la main, Monate dissimule mal une grande fébrilité :
*« Les "Affaires", ça va repartir dans la "Presse". A partir
du 8 décembre, nouvelle campagne (ce n'est pas d'origine
politique). Mais des propos erronés* [vont être tenus], *donc
pas de démentis de notre part. »*
Le général de la fausse facture a des dons de
voyance. Il sait, à l'avance — par quels moyens ? —,

ce qui va paraître dans les journaux. Aussi met-il en garde sa petite armée. Sans rien changer, toutefois, au plan de bataille :

« Discrétion dans les contacts. Mais continuer à travailler, comme nous le faisons actuellement. »

L'échéance de la candidature Mitterrand approche et le PS ne veut pas se passer d'Urba. Monate se fait cérémonieux :

« 150 millions de francs sont nécessaires pour la campagne présidentielle. Aucun parti, aucun homme ne sont capables de le faire. Donc des financements d'appoint sont nécessaires. »

Comment réunir tout cet argent ? Pour Monate il ne peut s'agir que de ressources frauduleuses. Après un aparté sur les *« charognards de la presse »*, dont je m'honore d'être — j'ai publié, le 7 novembre 1987 dans *Le Figaro Magazine,* une longue enquête, assortie de preuves accablantes sur les activités d'Urba —, le président se lance dans un long développement sur *« les risques que nous courons »*. La situation est dangereuse, précise-t-il, *« si les Palacin, Cottineau, Diaz* [les responsables de trois grands réseaux socialistes concurrents d'Urba] *commettaient une erreur, si* [une] *faillite* [intervient] *chez un des fournisseurs. Exemple : Protelec »*.

Aussi Monate recommande-t-il de *« s'assurer de la solidité de nos clients »* [sic]. D'autant, ajoute-t-il, que la *« campagne présidentielle »* arrive. Consignes du chef :

« Il faut faire rentrer des arriérés et, hors marché, faire subventionner. Exemple : 100 000 francs chacun. »

Toujours la même obsession, la même manie : les délégués d'Urba doivent obtenir une rallonge des entreprises déjà rackettées par la bande du Gie. C'est cet argent corrompu qui doit alimenter la campagne moralisatrice de Mitterrand.

Comment procéder pour l'encaisser directement ? Jean-Dominique Blardonne suggère deux solutions :

« *Par chèque à la trésorerie d'André Laignel,* [ou] *en liquide.* »

Traduction : au PS directement, rue de Solférino, ou en espèces, en monnaie sonnante et trébuchante, ce qui a l'avantage de ne laisser aucune trace. Quand il s'agit du Président de la République, on n'est jamais assez prudent.

L'échange nourri de questions-réponses qui s'ensuit nous éclaire sur le quotient intellectuel et l'intégrité des caissiers du Parti :

« *Bruno Desjobert veut savoir comment vérifier la solvabilité des clients* [les entreprises détroussées]. *Bernard Benoit demande comment accepter des dons (des libéralités).* »

Nous voilà maintenant à l'Ecole nationale des vols et escroqueries.

En chaire, le professeur Monate fournit les données de base : un budget sera alloué légalement au candidat du PS. Mais, quoi qu'il arrive, il sera insuffisant :

« *57 millions de francs sont prévus par l'Etat pour l'affichage, etc. C'est* [seulement] *la campagne officielle.* »

D'où la mission dévolue à Urba de la doubler avec une campagne parallèle nourrie au lait de la corruption.

Jean-Michel Amiot a des préoccupations plus terre à terre. Il s'inquiète des déboires du collecteur de fonds concurrent Jacques Palacin « *qui a un contrôle fiscal actuellement* » :

« *Ça remontera sur nous, c'est inévitable* », prévient-il.

En effet, Palacin — qui travaille maintenant pour

son compte — est l'ancien délégué du Gracco à Carcassonne de toute la zone Languedoc-Roussillon.

Arrive le point d'orgue de la réunion : la définition des objectifs pour 1988, l'année cruciale de l'élection présidentielle.

Monate et Blardonne tablent sur « *52,4* » millions de francs de « *rentrée* » pour leurs 16 racketteurs, sans compter la contribution de la direction d'Urba. Quant au montant « *dû client* » (les fonds qui restent à récupérer), il est pour les derniers « *6 mois de travail* » évalué à « *24,7 millions de francs* », sur un chiffre d'affaires de 49 millions de francs. Il est vrai qu'à Urba, le chiffre d'affaires et le bénéfice, c'est peu ou prou la même chose.

Un par un, les délégués régionaux donnent leur avis :

• Une fois de plus, Jean-Claude Van Herpen se plaint de la trop vive concurrence sur son territoire : à Evry, chez Guyard, « *tout va vers Michel Reyt (2,7 unités* [millions] *en 1988)* », s'emporte-t-il. Et il demande : « *A quand un contrôle de* [la] *Sages ?* [par le Parti]. »

• Basé à Saint-Brieuc, André Renault rencontre un « *problème politique : exemple* [Jean-Yves] *Le Drian* », député socialiste du Morbihan qui préfère les concurrents d'Urba : la Sages du frère Michel Reyt (avec lequel il sera mis en examen) ou la Snep de son grand ami Daniel Nedzela.

• Pierre Bovet, le délégué pour l'Auvergne, est un racketteur qui voit loin : « *Les ordures ménagères de Clermont-Ferrand et Brioude, c'est pour 1989* », annonce-t-il. Jean-Dominique Blardonne calme son optimisme : « *A Nevers... c'est la guerre des clans.* » Comme à Chicago et dans le Bronx de New York.

• Délégué de l'Ile-de-France, Bernard Benoit est plus réservé. Explication : « *C'est Marne-la-Vallée* [le gros marché du parc d'attractions de Disney Land] *qui s'essouffle.* »

Toujours la vieille alliance de Mickey et des frères Rapetout.

11 h 15 : après une brève pause, la discussion marathon reprend. Jean-Dominique Blardonne revient sur la délicate affaire de Villeurbanne et de la Fédération PS du Rhône. Il parle des « *difficultés de Yvon Deschamps* [président de ladite Fédération] *et François Diaz à se justifier* ». Il rugit, hors de lui :

« *Il n'est pas admissible de laisser inculper... des hommes du PS. La solidarité est nécessaire. Car personne n'est à l'abri. Attention à l'engrenage. Il faut des moyens politiques d'arrêter, sauf à mettre en danger nos structures et leurs responsables.* »

A Palerme et à Naples, les parrains de Cosa Nostra ne parlent pas différemment. Vive Toto Riina !

Avant de conclure, les dirigeants d'Urba dévoilent les coordonnées de Multiservices, la nouvelle société écran chargée de blanchir l'argent sale d'Urba pour la campagne de François Mitterrand. Son gérant est le dévoué Jean-Pierre Barth, l'un des plus anciens de la maison, par ailleurs expert auprès la Cour d'appel et titulaire d'un diplôme de transporteur routier. La Sarl dont il porte les parts est installée 8, rue de Liège, 75009 Paris. Tél : (1) 45 63 99 27.

A propos de Multiservices — la dernière trouvaille d'Urba —, Joseph Delcroix note cette ultime précision :

« [Pour les] *Facturations supérieures à 30 000 francs.* »

Noblesse oblige : lors de la campagne du Président,

on ne blanchira, par société écran interposée, que les gros chèques.

Lundi 14 décembre. Monate préside personnellement la « *réunion de coordination* ». Le mentor d'Urba partira bientôt en vacances. Auparavant, il lui reste seulement quelques visites à effectuer. Delcroix note fidèlement :

« *Monate voit demain Laignel. Avant congés, va voir Elysée* [sic] *au sujet financement des partis. Les dons...* »

Ainsi, une fois de plus, tout remonte à la présidence de la République... où Monate est *persona grata*.

Joseph Delcroix est d'excellente humeur. Il ne peut s'empêcher d'insérer dans son cahier une interview exclusive du trésorier du PS, André Laignel, recueillie pour l'hebdomadaire *Paris-Match* par la journaliste Laurence Masurel. Après lecture de ces extraits de l'œuvre impérissable du mémorialiste d'Urba, on ne savourera que davantage les réponses faites par le trésorier du camarade premier secrétaire, Lionel Jospin.

D'actualité, une première question s'impose. Laurence Masurel interroge : « Face à la prolifération des affaires (Nucci, Luchaire et fausses factures de Lyon) qui éclaboussent le PS, quelle va être la ligne de défense des socialistes ? »

Tout de blanc vêtu, Laignel a un sermon tout prêt :

« Il n'est pas question de laisser attaquer les socialistes, ni individuellement ni collectivement, par une droite dont la principale motivation est l'appétit du pouvoir et son appropriation à tout prix. Nos réponses seront politiques. »

La journaliste insiste :

« On dit pourtant que vous allez rendre "coup pour

coup" et que vous avez de quoi faire trembler certains membres de la majorité ? »

Laignel ne montre pas d'embarras : il fait l'ange. Saint André, priez pour lui :

« Contrairement à certains de nos adversaires, assure-t-il, et notamment au RPR, la boue n'est pas notre élément. Donc, nous ne souhaitons pas participer à ce concours de tartufes. La moralité fait partie des valeurs fondamentales *[sic]* de la gauche. C'est pourquoi la droite veut à tout prix la mettre en cause. Elle enterre ses affaires pendant qu'elle cherche à déterrer ou à créer de toutes pièces *[resic]* celles qui, éventuellement, pourraient nous toucher. Tout ce qui a été lancé depuis dix-huit mois relève d'une campagne diffamatoire. Plus le temps passera, plus ce sera clair pour l'opinion. »

Relance de Laurence Masurel :

« Pourquoi accusez-vous la droite de "déterrer" ou de "créer" des affaires ? Avez-vous donc des preuves ? »

Laignel ne se démonte pas. Comme aux grandes heures du socialisme robespierrien de 1981, il se veut porte-parole et trésorier d'un Parti qui ne saurait tolérer le moindre doute quant à sa sainteté. Ces soupçons qui planent, ces dossiers qui sortent les uns derrière les autres ? Armé d'un culot volcanique, le trésorier s'enflamme :

« A l'évidence, l'organisation de ces campagnes ne peut se situer qu'à Matignon. M. Chirac se comporte en Janus de mauvaise comédie, jouant le bon cohabitationniste avec le Président dans le même temps où il lance ses coupe-jarrets pour tenter d'abattre la gauche. Le double jeu est sa manière (...). De telles pra-

tiques suffiraient à le disqualifier pour la haute fonction qu'il veut briguer. »

Amusée, la journaliste bouscule quelque peu
l'imposteur [1], en lui rappelant la plus célèbre de ses
sentences :

« Diriez-vous qu'au fond, la majorité ne fait
qu'appliquer votre célèbre formule de 1981 : "Vous
avez juridiquement tort parce que vous êtes politiquement minoritaire" ? »

Laignel est piqué au vif :

« Non, ma formule ne s'appliquait qu'à l'élabora-
tion de la loi. Il revient au Parlement et particulièrement à sa majorité de faire la loi (...). En manipulant
des juges, en faussant la Justice par des interventions
d'un nombre et d'une intensité inconnus depuis le
gouvernement de Vichy, le gouvernement actuel trans-
forme insidieusement la justice républicaine en justice politique... »

Formé à Vichy, sous le gouvernement du maréchal
Pétain qui, « pour services rendus », le décora de la
Francisque n° 2202 (sur 3 000 distribuées), le 16 août
1943, François Mitterrand — et non Jacques Chirac
— est alors, à l'Elysée, en sa qualité de président du
Conseil supérieur de la magistrature qui lui confère
le titre de « premier magistrat de France », garant de
l'indépendance des juges et des Institutions. C'est à
lui — et non à Chirac — que le trésorier du PS devrait
adresser ses récriminations.

1. Imposteur : « 1. Personne qui abuse de la confiance, de la
crédulité d'autrui, par des promesses, des mensonges, dans le
dessein d'en tirer profit. Charlatan, menteur, mystificateur. 2.
Personne qui cherche à en imposer par de fausses apparences,
des dehors de vertu. Hypocrite » (Le Petit Robert).

1988 :
Avec la rose Urba,
Mitterrand entre au
Panthéon... de la corruption

1988 restera, dans la saga de la corruption socialiste, l'année du Président : trois scandales vont ébranler son trône... et ternir à tout jamais une réputation déjà bien écornée.

L'élection présidentielle ? Elle sera financée, pour partie, avec l'argent du trafic d'influence, dans les circonstances ici relatées, en détail, par le greffier d'Urba Jo Delcroix.

Roger-Patrice Pelat, le meilleur copain du chef de l'Etat, surnommé à l'Elysée « Monsieur le vice-président » ? Lui au moins a la chance de ne pas figurer dans les écrits de Delcroix. Mais, en novembre 1988, il a le malheur de se faire bêtement pincer, lors de l'énorme scandale Pechiney-Triangle où, grâce à un tuyau miraculeux obtenu dans les allées du pouvoir, il a réussi à empocher frauduleusement 11 petits millions de francs, lesquels sont venus grossir une fortune considérable, déjà faite avec de l'argent corrompu.

Le scandale de la Société Générale, où un milliard de francs s'est envolé vers les paradis fiscaux ? Tout, cette fois encore, est parti de l'Elysée...

Année record.

11 janvier. Réunion de routine des directeurs d'Urba-Gracco. Les caisses débordent. Gentleman Monate est au nirvana, dans un état de sérénité suprême :

« *On est positif à la BCCM, du jamais vu !* », s'enflamme-t-il.

Dans cette ambiance fraîche et joyeuse, le moment est venu de distiller quelques « *infos* » :

« *Le 30 janvier, réunion des trésoriers fédéraux au Parti. Gérard Monate y va. Monate a vu Jean-Claude Colliard à l'Elysée* », note Joseph Delcroix dans son pense-bête.

Tiens, comme c'est étrange ! Qui croire ? Au PS, on ne cesse alors de nous répéter qu'Urba n'a aucun lien avec le Parti socialiste et ses trésoriers. Encore moins avec l'Elysée. Ce « Verbatim » de Delcroix n'est pourtant pas l'œuvre d'un illuminé, ni d'un mythomane.

15 janvier. En comité restreint, la direction d'Urba se réunit pour un « *colloque extraordinaire sur les centres commerciaux* » [sic]. Encore eux ! Nous voici au congrès des « oiseaux » d'Alfred Hitchcock. Ceux d'Urba sont encore plus redoutables. En préambule, Monate explique que la réunion a lieu « *suite à l'affaire Cora et... un peu de panique* ».

Retour en arrière... et petite explication de texte : à cette date, un nouveau scandale vient d'éclater, dans l'est de la France. A Nancy, Gilbert Thiel, doyen des juges d'instruction au tribunal de la ville, est en train d'enquêter sur une vilaine affaire de fausses factures. Il vient d'expédier derrière les barreaux le patron de la chaîne de supermarchés Cora, Michel Bouriez. Du jamais vu dans le monde feutré de la grande distribution. En l'état des investigations du juge, cette affaire ne concerne, pour une fois, ni le PS ni Urba. Pourtant, Gérard Monate est affolé et s'en ouvre à son état-major. Delcroix enregistre :

« *D'après* [Claude] *Faux* [le monsieur grandes surfaces d'Urba], *ce ne serait pas très clair en ce qui concerne Saint-Egrève* [dans l'Isère]. *Ce qui inquiète Claude Faux, c'est Cora. Because son responsable qui flancherait ! Mais il a plus travaillé avec* [l'] *UDF qu'avec nous.* »

Tout à coup, Monate recouvre son sang-froid. Milord l'Arsouille procède à un rapide examen de la situation :

« [Le] *PS a été en affaire avec Cora, à Montbéliard et à Massy, où nous ne sommes pas intervenus directement.* »

Ouf de soulagement. Pour ce coup, le grisbi a été empoché directement par les camarades de la rue de Solférino. Mais des mauvaises surprises ne sont pas à exclure. Il faut toujours se méfier des non-professionnels. En Moselle le « *PS* [est] *in quiet* ».

A 11 heures, Jean-Dominique Blardonne donne son avis. Il n'a pas son pareil pour vous couper l'appétit :

« *Avec ce qui se prépare on va plutôt vers les ennuis.* »

Le numéro deux d'Urba ne croit pas si bien dire. Si, comme je le demande dans *Rendez l'argent !*, la Justice se décide un jour à poursuivre tous ces malfrats, l'addition risque d'être poivrée.

Le plus détonant reste à venir.

Sur la page de gauche de son aide-mémoire, Joseph Delcroix fait les comptes. Imprudent, il retranscrit fidèlement — encore une fois pour l'histoire du « socialisme à la française » — le montant des commissions occultes versées à Urba et au PS par le groupe Cora. Il dresse également le bilan de la feuilletonnesque opération Saint-Egrève. Avec, à chaque fois, la mention de la somme encaissée et du numéro codé de facturation.

Aveux une fois de plus confondants, auxquels la Justice n'a donné aucun écho. Ils fournissent, à nouveau, la preuve formelle que le PS et ses racketteurs ont, pendant une bonne décennie, systématiquement plumé les groupes, petits et grands, de la distribution. Comment ? En monnayant frauduleusement les autorisations d'implantation des hyper et supermarchés.

Pour l'ouverture de sa grande surface de Montbéliard, le groupe Cora n'a pas échappé à cette taxation d'office. Calligraphe d'une haute fiabilité, Delcroix récapitule :

« *154 A6* [le code secret de fausse facturation] : *Urbatechnic, 200 000 francs ; 155 A6 : Urbatechnic, 80 000 francs ; 114 N6 : Gracco, 120 000 francs.* »

Après ce premier total de 400 000 francs pour Montbéliard, Joseph Delcroix passe au « *centre commercial* » de Massy. Pour lui, le groupe Cora a réglé, par deux fois, 650 000 francs. Ces sommes ont été affectées aux comptes codés 123 C6 et 18 J5, soit « *1,3 million* » de francs.

Montant global du « hold-up » chez Cora, pour les seuls centres de Montbéliard et Massy : 1,7 million de francs... Sans rien faire d'autre que donner un coup de téléphone à la société rackettée et quelques autres aux élus décideurs.

Au tarif de la communication, le rapport qualité-prix est sans équivalent !

Curieusement, malgré l'instruction menée à Nancy pendant plusieurs mois par le juge Thiel, nul n'entendra jamais parler des généreuses contributions « *sou-*

tirées » par le PS et Urba au groupe Cora. Monate avait bien tort de se faire du mauvais sang. Qu'avait-il à craindre de cette justice à moitié aveugle ?

A Saint-Egrève, près de Grenoble, ce sont deux autres chaînes de la grande distribution — Promodès et Leroy-Merlin — qui ont été dépouillées comme dans un bois, par une nuit sans lune :

Promodès a dû régler respectivement « *445 000* », « *300 000* » et « *500 000* » francs (enregistrés sous les codes 06 H5, 07 H5, 08 H5). Total : « *1,245 million de francs* ».

Pour Leroy-Merlin, l'ardoise figure sous les codes 002 B6 et 120 G6, correspondant à une addition de « *130 000 + 220 000 = 350 000 francs* ».

Simple échantillonnage, certes. Mais quand on sait que ce racket a été pratiqué dans toutes les régions de France, ces chiffres font tourner la tête.

4 février. Delcroix annexe à son bloc-notes un courrier émanant de la Fnesr, la Fédération nationale des élus socialistes et républicains. Cette organisation de l'ancien Premier ministre Pierre Mauroy est installée 11, cité Malesherbes, dans les anciens locaux historiques du PS. A deux pas de la place Pigalle.

Avec cette lettre officielle adressée au Gsr, la camarade Paule-Marie Baur, « chef de publicité » (!) de la Fnesr, sollicite, au nom de Pierre Mauroy, la participation des sociétés du groupe Urba au prochain congrès de l'organisation, les samedi 19 et dimanche 20 mars 1988, au Bourget. Correspondance militante... où l'on voit des socialistes étrangers à Urba utiliser les mêmes méthodes et la même phraséologie pour, une nouvelle fois, ratiboiser les entreprises.

Le passage suivant de cette lettre, en date du 29 janvier 1988 — sous la référence : « *Objet : Congrès. Renseignements et réservations* » —, est en parfait rapport avec ce que notre *Code pénal* appelle le « trafic d'influence » :

« (...) *Cette manifestation rassemblera 15 000 élus, maires, conseillers généraux, conseillers régionaux et parlementaires donc des décideurs* [sic].

A cette occasion est organisée une exposition des différents matériels, fournitures et services dont les municipalités sont grandes consommatrices [resic]. *La surface disponible étant nécessairement limitée nous avons besoin de savoir très rapidement si vous souhaitez participer activement à cette exposition.* (...) »

La camarade « chef de publicité » ne s'est pas contentée d'envoyer sa missive aux habituelles sociétés saignées par les « *élus, maires, conseillers généraux, conseillers régionaux et parlementaires* », tous « *décideurs* » dans l'attribution de marchés publics. Manifestement mal inspirée, elle espère également écornifler le Gsr, la maison mère d'Urba-Gracco.

Echec cuisant : ce n'est pas à un vieux singe que l'on apprend à faire des grimaces ! Incongrue, la démarche de la Fnesr fera chou blanc. Quelques semaines après, le 18 mars 1988, Gérard Monate explique à ses délégués « *pourquoi nous n'avons pas de stand au Bourget* ». La manifestation de la Fnesr est organisée par un organisme dénommé « *CAP (Collectivités Avenir Promotion)* » dont s'occupe précisément « *Paule-Marie Baur* ». Il est installé lui aussi « *cité Malesherbes* » à Paris. C'est un « *concurrent* », blêmit Monate. A cette dernière observation, Joseph Delcroix, manifestement fâché avec l'orthographe, ajoute le nom de l'ancien

Premier ministre en l'écrivant « *P. Maurois* », au lieu
de Mauroy. Epuisé par l'exposé de tous ces brigandages, Jo Delcroix en arrive à perdre son latin.

8 février. L'élection présidentielle se rapproche. Il
ne reste que trois mois. Réunion de coordination, en
petit comité. La pompe à fric d'Urba tourne comme
un moulin. Gérard Monate confie qu'il a « *déjà versé* »
une partie du « *tribut présidentiel* ».

Sujet essentiel du jour : le compte rendu de la « *réunion des trésoriers fédéraux* » du PS qui a eu lieu le 30
janvier. Il y avait « *80 présents* », raconte Monate... qui
en était. La suite du récit fait saliver l'auditoire. Trô-
nant au milieu de tous leurs caissiers, les huiles du PS
ont fait le déplacement. Il y a l'« incorruptible » Lionel Jospin, le premier secrétaire du PS, qui daigne,
quand c'est nécessaire, s'aventurer dans les réunions
des vide-goussets de son Parti. A ses côtés, Gérard
Monate a remarqué la présence du trésorier national
« *André Laignel* », du camarade président de la
commission de contrôle et œil de François Mitterrand,
Georges « *Beauchamp* », de même que, parmi les
seconds couteaux, celles de Jean-Dominique Blardonne et de Françoise Gastebois, l'apparatchik de la
rue de Solférino, interlocutrice habituelle d'Urba.

De quoi peuvent parler, dans une si brillante assemblée, 80 trésoriers fédéraux et leur premier secrétaire ? Du sexe des anges ? De la perruque de Guy
Bedos ? Des soies et lingerie de Jack Lang ? Evidem-
ment ces messieurs ont mieux à faire. Monate rapporte que les débats ont porté sur Urba et ses
nombreux concurrents :

• [Le] « *problème du Gie* [a été] *abordé clairement* » ;

- [il y a eu] « *démystification des réseaux parallèles* » ;
- « *les nordiques* [n'étaient] *pas heureux : leur organi-sation* [l'Orcep, n'a] *pas* [été] *citée* ».

Autrement dit, les problèmes posés par le finance-ment occulte du PS, à travers ses différentes, multiples organisations, toutes versées dans le trafic d'influence, ont été clairement débattus.

Présent à ce conclave du 30 janvier 1988, l' « *incor-ruptible* » Lionel Jospin ne peut faire mine, aujourd'hui, d'avoir ignoré les trafics du Parti dont il était le chef.

Quant à François Mitterrand, il est regrettable que son fidèle Beauchamp ne l'ait prévenu de rien. Par respect de la fonction... présidentielle ?

22 février. La bataille pour l'Elysée devient l'unique objectif d'Urba-Gracco. Déjà « *7 unités* », soit 7 mil-lions de francs, ont été remis au Parti « *national* ». Un astucieux montage, sous forme d'installation bidon de « *stands* », est « *en cours* » pour « *écluser* » [sic] cette somme. Afin de réaliser ce camouflage, on fait appel aux compétences des camarades « *Paul Letort* » (chargé à Urba des « irrigations », c'est-à-dire la redis-tribution aux élus des capitaux récoltés) et « *Françoise Gastebois* ».

En régions, il faut savoir aussi faire feu de tout bois :
- à Pau, le député-maire André Labarrère « *a promis à Laignel de donner une affaire* [sic] *ou deux* ».
- « *Jean-Louis Claustres va à Bordeaux rencontrer Mazo-dier* », le dévoué correspondant de la Scic, la filiale de la Caisse des Dépôts et Consignations. Il aurait été inimaginable que la vénérable Caisse ne participe pas à cette grande fête de la rose.

18 mars. Réunion plénière des délégués régionaux d'Urba. Gérard Monate commence par son habituel tour d'horizon : la société écran « *Multiservices va fermer* ». Ce sera chose faite après la campagne électorale du Président de la République et l'encaissement de l'argent sale destiné à son financement. En attendant, le racket bat son plein. Delcroix se fait précis comme un horloger suisse.

« *Retombées* [de] *campagne : 9 unités* [9 millions de francs] *payées sur les 25 promis. A 20 unités, Gérard Monate serait content, la Présidence étant à 15 unités.* »

Pour la énième fois, la complicité de la présidence de la République est signalée par l'état-major d'Urba. Elle est consignée dans un document connu de la Justice... Et, pour la énième fois, celle-ci s'acharne à ne rien voir.

Le candidat Mitterrand va coûter cher au Gie. Délégué pour Marseille et sa région, Bruno Desjobert pose une question pertinente :

« *Si des législatives suivent... ne serons-nous pas exsangues, après avoir payé* [la] *présidentielle ?* »

Gérard Monate opine du chef. Il a réponse à tout :

« *Oui, dit-il.... on étalera la dette.* »

1er juin, 9 heures du matin. Devant ses délégués régionaux, réunis pour la première fois depuis la réélection de François Mitterrand, Gérard Monate est rayonnant. Il leur décerne un grand « *satisfecit* », ce que Jo Delcroix retranscrit en lettres capitales.

Lors de la campagne gagnée pour l'Elysée, Urba-Gracco a fait mieux que tenir son rang. Monate aligne les chiffres :

« *La trésorerie est bonne, malgré* [des] *frais de campagne* [de] *14 unités* (14 millions de francs). *Depuis 1984,* [Urba-Gracco a versé] *94 unités 714* [94,714 millions de francs] *au PS...* »

Dans ce décompte, Monate se contente d'additionner les sommes versées à la direction centrale du PS (compte *« 02 »* et *« National »*). Il faut y ajouter les dizaines de millions rétrocédés, dans chaque département, aux élus socialistes, par le truchement d'un compte spécial mis à leur disposition par Urba.

Blardonne souligne que les apports d'Urba à la famille socialiste tout entière *« ont triplé entre 1984 et 1988 »*. Mais il a un grief à formuler :

« Ce qui ne bouge pas [ce sont] *les impayés. Environ 25 unités* [millions]. »

Pour en finir avec les retardataires, le sous-chef réclame donc *« une nouvelle méthodologie des relances et une liste noire des entreprises »*, celles qui se font tirer l'oreille pour payer. Sous-entendu : si elles ne s'exécutent pas, nous saurons leur faire entendre raison. Pour les plus récalcitrantes, il conseille la *« recherche de compromis éventuels »*.

Maintenant que le PS est revenu au gouvernement, le sous-marin Urba refait surface. Fous de joie, les camarades délégués se frottent les mains : les *« interventions dans les ministères »* vont pouvoir reprendre. Comme au bon vieux temps. Au président — dans le secret des dieux —, ils demandent :

« Quel sera le nouveau trésorier [du PS] ? »

Question capitale, car, comme l'écrit Delcroix, *« de lui dépendent les rapports avec les ministères »*.

Monate fait le mystérieux. Ça classe son homme.

Jean-Dominique Blardonne est obligé de calmer le jeu :

« L'avenir du Gie Gsr ne repose pas sur les rapports avec les ministères éphémères, mais sur les collectivités. »

Autant dire : la vache à lait.

Après ce grand moment du jazz, Gérard Monate se lance, à corps perdu, dans un époustouflant cours de corruption et de fraude fiscale, tous azimuts. A ses délégués admiratifs, l'ancien gardien de la paix explique *« l'art d'utiliser les retombées ».* Monate est un maître. Il connaît toutes les recettes pour que les élus puissent utiliser l'argent sale d'Urba, sans se faire voir. Sous sa dictée, on prend note :

« • Eviter factures retombées avec frais de personnel (salaires camouflés) ;

• Buffets campagnards : OK... mais montage (échange de courriers) ;

• Pub radiophonique (mais factures doivent passer par radio locale) ;

• Frais de personnel (pratiques, mais bien prévoir bilan financier) ;

• Pub imprimés... ça marche ;

• Etudes... Bien, mais il faut justif. sérieux. »

Ce charabia du professeur Monate mérite traduction.

En premier lieu, il me faut rappeler que l'argent noir récolté par Urba, en truquant l'attribution des marchés publics, est redistribué, à hauteur de 30%, à l'élu local socialiste : celui dont la *« collaboration »* a permis de favoriser le poulain ponctionné, au nom du socialisme qui a bon dos [1]. Encore faut-il que le ministre, le député, le maire, le conseiller général puissent percevoir... et utiliser cet argent inavouable, car issu de l'exercice d'un délit pénal : le trafic d'influence.

Urba a donc mis au point un complexe système de comptes, dits « *analytiques* ». Ils permettent aux faux facturiers du PS d'assurer ce qu'ils appellent, dans leur inimitable jargon : « *l'irrigation* ».

Il est des mots qui ne s'inventent pas !

Ainsi, chaque élu, chaque Fédération départementale... et la direction nationale du PS elle-même disposent, dans les livres d'Urba, d'un compte codé, numéroté, secret ! Comme dans les banques suisses et les meilleurs établissements des paradis fiscaux les plus opaques. Ce compte très spécial est ensuite alimenté par la partie des « *retombées* » qui revient à son titulaire. Ainsi accumulé, l'argent peut être utilisé de deux manières : soit il sert à faire payer par Urba, directement, les dépenses réelles de l'élu (affiches, tracts, restaurants, locations diverses, frais de réceptions et de déplacements, etc.) ; soit il permet d'alimenter le même élu, en argent liquide, par le biais de fausses factures, payées par Urba à des associations 1901 de façade, spécialement créées. Celles-ci produisent alors de faux justificatifs, pour d'imaginaires prestations ou études.

En résumé, chez Urba, tout est faux... sauf la monnaie qui circule.

Le cours magistral de Gérard Monate, dont je viens

1. Pour mémoire, je redonne ici la « *clé de répartition* » de l'argent sale d'Urba-Gracco : « *30 % pour le PS ; 30 % pour l'élu décideur ; 40 % pour les frais de fonctionnement d'Urba.* »

de retranscrire les têtes de chapitre, telles que consignées dans les cahiers à spirale de Joseph Delcroix dresse, précisément, la liste des prestations et études fictives qui peuvent être payées par Urba à ces associations de complaisance.

De fait, à l'analyse des archives maintenant transparentes d'Urba, nous voyons comment un immense réseau d'associations 1901, toutes bidons, a été mis en place, partout en France. Il permet aux élus locaux de recevoir leur part, avec la fève... de la galette des rois, autrement dit leur quote-part du racket. C'est à ce niveau précis qu'interviennent les associations de façade destinées à faire transiter les 30 % destinés aux élus.

Du grand art ! Digne de Jean Gabin et de Maurice Biraud dans *Le cave se rebiffe* !

Rien que dans la région de Marseille, où il a été contraint de limiter ses investigations, l'inspecteur Gaudino a pu dénombrer une dizaine d'associations soupçonnées d'avoir alimenté les caisses des deux députés socialistes Michel Pezet et Philippe Sanmarco.

En se faisant régler des « *études bidons* », au moyen de fausses factures, les associations Marseille-Solidarité *[sic]*, Du soleil de pierres *[resic]*, Solidarité culturelle-Solidarité sociale *[reresic]* auraient payé pour près de 2,5 millions de francs d'argent sale à Philippe Sanmarco. Un rien !

De son côté, Michel Pezet aurait profité de 1,412 million de francs, versé par l'association Grand Marseille. Dans la capitale des Bouches-du-Rhône, d'autres associations du même type ont été recensées : Les amitiés Gaston Crémieux de Marseille ; Marseille économie ; l'Association d'aide et d'assistance aux consommateurs marseillais, j'en passe et des plus comiques...

« Pareille pratique existe dans toute la France », assure Antoine Gaudino dans le rapport de synthèse transmis à sa hiérarchie, le 5 mai 1989. « Rien, ajoute-t-il, ne permet d'attester que les sommes, parfois sorties en liquide, ne correspondent pas à un profit personnel. »

Gravissime soupçon... qui ne sera jamais levé, faute d'une enquête judiciaire impartiale et complète.

Aujourd'hui, chaque fois qu'ils sont éclaboussés par une affaire de corruption, les hommes politiques ont une parade facile : elle n'aurait rien à voir avec de l'enrichissement personnel, puisque cet argent noir aurait seulement servi à payer des activités militantes, avant que n'interviennent les nouvelles et récentes lois sur le financement des partis. Fallacieuse argumentation !

D'une part, l'argent sale de la corruption a pour principale caractéristique d'être occulte et de ne jamais laisser de traces, sauf, par exemple, dans les cahiers de Joseph Delcroix. Quand un pot-de-vin est versé à un élu ou un ministre, bien malin qui peut dire la part réservée à son train de vie personnel (voyages, restaurants, voitures, logements, vins fins, costumes de chez Smalto, etc.) et celle consacrée à son travail réellement politique.

D'autre part, pendant des décennies, en dehors de quelques indélicats vite repérés et sanctionnés, nos élus mettaient un point d'honneur à assumer, avec le produit de leur travail, la prise en charge économique de leur carrière politique.

Premier président de la Ve République (de 1958 à 1969), le général de Gaulle — si vilipendé par François Mitterrand, dans son injurieux pamphlet *Le Coup d'Etat permanent,* paru en 1964 — a, d'un bout à l'autre de ses deux mandats, payé avec son propre argent tous les repas pris en famille, en privé, à l'Elysée. Et, à Colombey-les-Deux-Eglises, là où le Général avait sa résidence principale (La Boisserie), les travaux d'entretien ou de réfection n'ont jamais été pris en charge par l'Etat.

Enfant, puis adolescent, je n'ai jamais vu mon père, le docteur René Montaldo, se faire élire et réélire (sous la IIIe, la IVe et la Ve République) autrement qu'avec l'argent honnêtement gagné dans l'exercice de sa profession de médecin. Maire, président de Conseil général, sénateur, jamais il n'eut recours — de même que ses collègues — à quelque argent autre que le sien.

Dans le passé, les maires et conseillers généraux étaient des bénévoles. Ils considéraient leur mandat électif comme un sacerdoce. Entre eux, la concurrence n'en était pas moins vive. Savoir que, maintenant, la politique coûte cher ne change rien au débat. Plus que tous les autres citoyens, les représentants du peuple se doivent de respecter la loi qui, dans une démocratie, est la même pour tout le monde. Pourquoi existerait-il une race de nouveaux nobles, qui seraient au-dessus de la loi républicaine ? Je rappelle que le maire est, à ce titre, officier de police judiciaire. Son rôle, dans la cité, est aussi de faire appliquer la loi. A l'Assemblée nationale et au Sénat, nos élus n'ont nulle excuse : si les textes en vigueur ne leur conviennent pas, leur mission est, justement, d'en voter d'autres.

Dans les pages du scellé n° 46 du dossier Urba — celui que j'ai transmis au juge Jean-Pierre, en même temps que les instructifs cahiers à spirale dont nous analysons ici le contenu —, figure une étonnante note manuscrite de Delcroix. Elle complète parfaitement les instructions précédentes de Monate, en nous fournissant le mode d'emploi de ces associations 1901. Edifiant catéchisme, pour des élus qui ne sont pas des enfants de chœur :

« *Attention aux contrôles fiscaux, attention aux liens directs* », explique Delcroix, avant de distiller quelques conseils pratiques.

Voici maintenant les commandements du chef maquilleur :

• « *Ne pas créer une SA* [société anonyme] *ou Sarl* [société à responsabilité limitée] *locale. Cela ne fait que déplacer le problème fiscal et se rapprocher dangereusement des élus.* »

• « *Favoriser les associations. Simple, (...) pas de contrôle fiscal. (...) Possibilité de supprimer ou de créer facilement une association.* »

Plus loin, Delcroix explique les atouts des providentielles associations 1901 à but en principe non lucratif, en général peu contrôlées par le fisc :

« *Les factures sont plus faciles à faire passer. Contrats "bidons", car liquidités pour l'élu. Placement facile et rémunérateur (comptes Associations).* »

Précautionneux, Joseph Delcroix n'omet aucun détail :

« *Voyages et déplacements, un peu trop utilisés déjà. La*

facture agence de voyages ne doit pas mentionner le nom de la personne. »

Son petit manuel du parfait fraudeur propose une variante :

« *Sous-traitance : sur un contrat Urba ou Gracco, passer un contrat avec un élu ayant une qualification particulière, avocat, architecte ou bureau d'études.* »

Décidément peu curieuse quand elle le décide, l'administration des Impôts ne s'est guère intéressée à ces associations utilisées illégalement par Urba et à peu près tous les camarades maires, conseillers généraux, députés, sénateurs et ministres. Qu'elle ait été frappée de cécité avant mars 1993, sous Michel Charasse, son ministre de tutelle, par ailleurs conseiller du président de la République François Mitterrand, à la rigueur je veux bien, sinon l'accepter, du moins le comprendre. Mais qu'ensuite, rien n'ait été entrepris, sous Edouard Balladur et le nouveau ministre du Budget Nicolas Sarkozy, pour que soient localisés, quantifiés les trésors qui ont été barbotés par le truchement de ces associations fantaisistes qui ont pullulé — et sont encore en activité — aux quatre coins de l'Hexagone, voilà qui est proprement déconcertant.

13 octobre. Les délégués d'Urba partent en mini-croisière. A 9 heures, ils ont rendez-vous quai des Belges, à Marseille, pour un embarquement en direction des îles du Frioul. Temps couvert. Dans l'après-midi, la pluie est de mauvais augure.

Le PS vient de désigner son nouveau trésorier, Henri Emmanuelli, ancien ministre du Budget. Delcroix remarque qu'il devait être présent. Gérard Monate l'excuse :

« *Il a été empêché, à la dernière minute.* »

Les clignotants financiers sont au vert. Les « *retombées* » pour l'ultime campagne présidentielle de François Mitterrand se sont élevées à « *19 + 5 millions* » de francs. Total : 24 millions de francs.

Jean-Dominique Blardonne veut pour le 22 novembre les prévisions de 1989. Elles devront être remises le 2 décembre, au plus tard. Au PS et à Urba, il n'y a pas de jours chômés.

2 décembre. Présentation, à la date prévue, des chiffres d'affaires prévisionnels H.T. d'Urba-Gracco pour 1989. Ils donnent « *63,7* » millions pour Urba-technic et « *15,25* » millions pour le Gracco, soit un total de « *78,95* » millions de francs. Dans le racket, la crise c'est pour les autres.

Le lendemain, l'habituelle réunion de coordination, à l'hôtel Ibis, est l'occasion de clore le bilan de la campagne présidentielle de Mitterrand. Gérard Monate a le torse bombé comme un maréchal d'Empire. Au centime près, il a pleinement tenu ses promesses. Déclaration solennelle :

« *25 millions de francs* [avaient été] *demandés pour la campagne présidentielle ; 24 694 653 francs* [ont été faits] *; 21 300 000* [ont été] *payés* [et il reste] *3 millions de francs à payer.* »

Inépuisable bailleur de fonds, marin au long cours, le commandant Monate regarde déjà vers le large :

« *En 1989, les* [élections] *municipales nous coûteront cher. Pour les européennes... nous attendrons des demandes du Parti. L'objectif sera fonction de nos clients potentiels.* »

Mais, en 1989, les inspecteurs Antoine Gaudino et Alain Mayot, de la Brigade financière de Marseille, vont mettre les pieds dans la fourmilière d'Urba. Tout sera découvert. Et plus personne à la direction du PS ne pourra sérieusement prétendre avoir méconnu les agissements de sa honteuse pompe à finances.

1995 :
La Justice... à la tête du client

Additionnés les uns aux autres, tous ces larcins, vols, abus de confiance, détournements, fric-frac, maraudages, rackets et pillage, sont le menu quotidien des supplétifs du Parti socialiste, installés à Urba.

Le manège aura duré vingt ans : de 1972 à 1992 !

Entrer, comme nous venons de le faire, dans les secrets de cette machine infernale à pomper et redistribuer de l'argent sale donne la mesure des crimes et délits qui y ont été commis. En dresser une liste définitive relève de la mission impossible. Aussi accablants qu'ils soient, les écrits de Joseph Delcroix sont loin d'inventorier l'ensemble des malhonnêtetés accumulées par le Parti socialiste, jusqu'à ce que, par effet de trop-plein, il finisse par se faire prendre. Car dans ses cahiers, Delcroix se contente de relater la partie émergée de l'iceberg : les activités des délégués régionaux d'Urba, envoyés dans toute la France pour parasiter les marchés publics des administrations, mairies et collectivités locales aux mains des socialistes.

Mais rendons à César ce qui lui revient : les Monate, Blardonne et Delcroix ne sont, malgré tout, que de petits poissons au regard des requins qui ont pullulé, durant ces folles années, dans les eaux profondes de la direction nationale du PS, rue de Solférino, dans ses annexes et jusqu'à l'Elysée. C'est là que se ventilent alors les gros coups : le rançonnement des grands contrats et celui des entreprises nationalisées ; les vastes spéculations financières et boursières ; les montages dans les paradis fiscaux ; les jackpots du Loto... et des écuries de Formule 1.

Delcroix, dans ses cahiers, ne s'étend guère sur le volet « international » d'Urba, celui dont est chargé Jean-Dominique Blardonne. Sujet tabou, rarement débattu lors des réunions du Gie. La piétaille n'a pas à connaître les secrets de la haute direction.

Toute cette partie opaque de la nébuleuse socialiste demeure inexplorée. Seule une enquête judiciaire sérieuse, confiée à une seule équipe de magistrats — comme dans le cadre de l'opération « Mains propres » en Italie — permettrait de faire toute la lumière, de déterminer s'il y a eu, de surcroît, enrichissement personnel.

Que la Justice ne s'avise pas de nous rétorquer qu'il lui est impossible d'ordonner ces investigations. Qu'elle se garde aussi de nous opposer je ne sais quelles prescriptions, lois d'amnistie, ou déficit d'information.

Quand ils le veulent, nos juges savent toujours trouver, au fin fond des livres de loi, les textes qui leur permettent de franchir, haut la main, ces obstacles.

Pour la seule affaire Urba — scandale d'Etat, s'il en est —, le luxe de détails fournis par Delcroix de même

que le contenu des centaines de documents que j'ai
déposés entre les mains du juge Jean-Pierre prouvent,
de manière irréfutable, une corruption aggravée, our-
die de façon systématique, à partir d'un groupement
de sociétés dotées de personnels nombreux, notamment pour le dépouillement des appels d'offres
publics devant être faussés... quels que soient la
région, la ville, l'administration ou le ministère.

Ces agissements ne sont pas de simples délits correctionnels. La loi les qualifie de « crimes ». C'est le
cas des « faux en écritures publiques », omniprésents
dans les activités d'Urba, ou de la « concussion
commise par les fonctionnaires », c'est-à-dire leur corruption.

Jusqu'ici, les magistrats en charge des rares investigations relatives aux agissements d'Urba se sont bien
gardés de prononcer des mises en examen pour
infraction à l'article 174 du *Code pénal* qui réprime la
« concussion » des fonctionnaires ou officiers publics
(dont les maires et conseillers généraux font partie).
De même, ils n'ont pas voulu viser les articles 145, 146
et 147 du même *Code pénal*, qui punissent de la réclu-
sion criminelle à perpétuité, ou de 10 à 20 ans de prison, « tout fonctionnaire ou officier public qui, dans
l'exercice de ses fonctions, aura commis un faux ».

Pourraient être impliqués à ce titre, ou à tout le
moins entendus, les complices des racketteurs d'Urba
dans les cabinets ministériels et administrations.

Au ministère de l'Economie, des Finances et du
Budget, les marchés ont été truqués par des fonctionnaires marrons. Y compris celui de l'imposant bâtiment qui les abrite, quai de Bercy. Que dire de la
Direction générale des Impôts qui a arrangé ou arrêté,

au profit d'Urba et de ses clients, on ignore combien de contrôles fiscaux. A l'Intérieur, à la Défense, et à l'Education nationale... et même à la Justice (!), les adjudications d'hôtels de police, commissariats, casernes, gendarmeries, CES et prisons ont été frelatées.

« Crime » toujours, la « corruption des citoyens chargés d'un ministère », ceux cités régulièrement par Joseph Delcroix.

Pour tous ces « crimes », la prescription de l'action publique n'est pas de trois ans, comme pour les simples « délits » correctionnels. Elle est de dix ans. Cela signifie que le dossier Urba ne pourra s'éteindre avant le mois d'avril de l'an 2001. Jusqu'à cette date, si nos magistrats ne s'y emploient pas, nous serons quelques-uns à réclamer, sans relâche, que Justice passe...

Malgré quelques investigations courageuses — celles du juge Thierry Jean-Pierre au Mans, du conseiller Renaud Van Ruymbeke à Rennes, des magistrats des tribunaux de Marseille et de Lyon —, malgré le procès des fausses factures de l'Ouest, qui s'est déroulé à Saint-Brieuc en mars 1995, malgré l'examen, en novembre 1991, au tribunal correctionnel de Paris, de l'affaire Sormae-Sae — autre volet régional du scandale Urba —, à aucun moment, comme cela a été le cas en Italie et même en France, dans les affaires de terrorisme, les autorités judiciaires n'ont manifesté l'intention de regrouper, en une seule et même information, ce dossier gigogne.

Pourtant, rien ne s'y oppose. En vertu de l'article 84 du Code de procédure pénale, le président du tri-

bunal ou la chambre criminelle de la Cour de cassa-
tion peuvent, « dans l'intérêt d'une bonne administration de la Justice », désigner un seul et même juge
d'instruction, quand il s'agit de procédures « con-
nexes », concernant des faits et des personnes identi-
ques. Tel est précisément le cas du dossier Urba. Mais
dans cette information, alors que tout était commandé
depuis Paris, centralisé au 140, boulevard Haussmann,
on n'a pas voulu d'une instruction unique, portant
sur l'ensemble des délits, ou crimes éventuels, révélés
par les archives du Gie et les cahiers de Joseph Delcroix.

A l'inverse, par l'exploitation avisée des méandres
du droit français, du labyrinthique Code de procédure pénale, ainsi que des « saisines » qui limitent le
champ d'action de nos juges, l'affaire a été opportunément « saucissonnée », pour être instruite par
« tranches ». Ici au Mans, puis à Rennes, là à Marseille,
ailleurs à Lyon... Sans que jamais les poupées russes
du réseau Urba aient été démontées, une à une, ou
que des investigations soient menées, tous azimuts,
pour déterminer, d'un bout à l'autre de la chaîne, la
provenance des fonds, leurs vrais destinataires, ainsi
que les responsabilités de chacun.

A Saint-Brieuc, le 2 mars 1995, seuls dix-huit prévenus, presque tous des lampistes (à l'exception d'Henri
Emmanuelli), ont comparu devant le tribunal correctionnel... pour se retrouver condamnés à des peines
de prison avec sursis, indolores, sans que leurs
commanditaires ou les receleurs des produits de leurs
forfaits — les François Mitterrand, Pierre Mauroy et
Lionel Jospin en tête —, aient jamais été interrogés,
ou au moins entendus comme témoins.

Certes, on pourrait, à bon droit, objecter que, après tout, ces éminences sont peut-être innocentes de péchés qu'elles n'ont pas commis directement, qu'elles sont les victimes malheureuses de fâcheuses apparences. On pourrait aussi répliquer que ces « messieurs du Château » et de la rue de Solférino ont été abusés par des brebis galeuses, dans leur entourage ou au sein de leur Parti, qu'ils seraient, en définitive, coupables seulement du délit d'amitié ou de leur indulgence à l'égard de camarades dévoyés. L'histoire de la criminalité regorge, en effet, de scénarios fantastiques. Et, dans la recherche de la vérité, toutes les hypothèses doivent être envisagées. Mais comment aboutir à ces heureuses conclusions, sans que soit lancée une instruction judiciaire en bonne et due forme ? L'innocence ne se décrète pas : quand autant de présomptions planent, elle se prouve.

Seul de tous les hiérarques du PS, l'ancien trésorier et actuel premier secrétaire Henri Emmanuelli aura été amené à s'expliquer. Si je puis dire.

A Saint-Brieuc, dans son jugement du 15 mai 1995, le tribunal correctionnel retient à l'encontre d'Emmanuelli les qualifications de « recel » et de « trafic d'influence ». Verdict : un an de prison avec sursis et... 30 000 francs d'amende. A ce tarif-là, les petits délinquants n'ont aucune raison d'arrêter le « business ».

Quant au généralissime Monate, ses glorieux états de service chez Urba lui rapportent la même indulgence : un an de prison avec sursis, peine venant se confondre avec celle déjà prononcée, en 1991, par le tribunal correctionnel de Paris, dans le cadre de l'affaire Sormae-Sae.

Ses comparses n'ont pas non plus à se plaindre. Qu'il s'agisse du directeur d'Urbatechnic, Jean-Louis Claustres (10 mois de prison avec sursis et 10 000 francs d'amende), du directeur commercial Christian Luçon (même peine), du dernier patron du Gracco Jean-Jacques Gastebois (même peine), du délégué régional Marc Judit (8 mois de prison avec sursis), ou du directeur technique Jean-Pierre Barth (4 mois avec sursis) : tous sont ressortis libres du tribunal.

Chez les élus, les peines sont tout aussi symboliques : 18 mois de prison avec sursis et 20 000 francs d'amende pour Pierre Villa, l'ancien maire adjoint socialiste du Mans. Député PS de la Sarthe, ex-président de la communauté urbaine du Mans, Jean-Claude Boulard est acquitté.

Ni Emmanuelli ni ses complices — qui ont jugé utile de faire appel ! — n'ont été frappés d'inéligibilité, à l'image du maire de Lyon, Michel Noir, ou de celui de Cannes, Michel Mouillot, lors du procès Pierre Botton, en avril 1995.

Les distinctions faites aujourd'hui entre les délits des uns et des autres sont une échappatoire bien facile. *Stricto sensu*, tout financement politique illégal doit être considéré comme un enrichissement personnel. Car c'est autant d'argent que l'élu n'a pas sorti de sa cassette, alors qu'elle est faite pour cela, des indemnités lui étant par ailleurs versées au titre de fonctions.

Un seul camarade a quelque peu payé les pots cassés. Il fallait bien un bouc émissaire. Franc-tireur de la Sages, Michel Reyt a écopé d'un an de prison, dont six mois fermes... qui couvrent sa période de détention provisoire. Lui a connu, à Rennes, la rude expérience de l'univers carcéral. Car, à la différence de tous les autres, il travaillait sans filet et n'a jamais été rattaché directement, structurellement, au PS.

Vieux militant socialiste, depuis l'époque bénie de la SFIO, fidèle de Pierre Mauroy et de Jean Poperen, l'ancien steward d'Air France a royalement traité, pendant vingt ans, dans son appartement du 7ᵉ arrondissement, toute la nomenklatura socialiste. Générosité exemplaire ! Elle a été jusqu'à payer la réfection de la cuisine de Guy Penne, le conseiller pour les affaires africaines du Président de la République, François Mitterrand. Une fois pris dans la nasse, tout bascule : Michel Reyt n'est plus qu'un pestiféré. Durant son séjour derrière les barreaux, seuls quelques camarades continuent de lui tendre la main.

Monde impitoyable !

Au jeu de l'oie des tribunaux français, mieux vaut, pour les justiciables, tomber sur les cases Paris ou Saint-Brieuc, plutôt que sur Lyon ou Grenoble.

Comment ne pas remarquer la peine disproportionnée (15 mois de prison avec sursis) infligée par le tribunal correctionnel de Lyon, en avril 1995, à Patrick Poivre d'Arvor, le journaliste-vedette de *TF1*, pour des faits sans commune mesure avec les centaines de millions de francs détournés, pendant des années, par Monate et son équipe de carnassiers. Cela à la demande et au profit des trésoriers du Parti socialiste et d'élus, dont seule une enquête judiciaire, étendue à tout le territoire... et hors frontières, pourrait prouver qu'ils ne se sont pas enrichis clandestinement.

Aujourd'hui leur jeu consiste à prétendre que, au contraire, l'exercice de leur mandat les a plutôt appauvris. Toujours le même cynisme.

L'observation sur les inégalités de traitement dans les jugements rendus vaut aussi pour Michel Mouillot, le maire UDF de Cannes, condamné, lui encore, à 15 mois de prison avec sursis, dans le même dossier Pierre Botton. Lequel s'est vu infliger une condamnation de « 2 ans de prison ferme ». Alors qu'il a remboursé la totalité des 28 millions de francs d'abus de biens sociaux qui lui sont reprochés... dans ses propres sociétés.

A Grenoble, le 16 mai 1995, au lendemain de la douce condamnation d'Henri Emmanuelli, le tribunal correctionnel condamne l'ancien maire de Nice, Jacques Médecin, pour « abus de confiance ». Sa peine : 2 ans de prison ferme, 200 000 francs d'amende et 5 ans de privation de ses droits civiques...

Qui a dit que la Justice n'est pas égale pour tous ?

A Saint-Brieuc, il est vrai, seules quelques fausses factures disparates — celles des marchés publics de l'agglomération du Mans — ont été sanctionnées. Les juges auraient donc beau jeu de répondre que leur verdict est normal, en parfait rapport avec les faits qu'ils ont été amenés à apprécier.

Nous retrouvons là les effets pervers du mécanisme diabolique utilisé, sous les gouvernements de Michel Rocard, Edith Cresson et Pierre Bérégovoy d'abord, sous celui d'Edouard Balladur ensuite, pour désamorcer la dévastatrice bombe Urba... et toutes les autres que ce dossier recèle.

Trois instructions, rigoureusement cloisonnées —
deux à Marseille, plus celle du Mans, transférée à
Rennes —, ont été jetées en pâture à l'opinion pour
donner le change, faire croire à la rigueur de la Justice. Mis bout à bout, ces trois dossiers ne concernent
que deux départements français : les Bouches-du-
Rhône et la Sarthe. Or Urba — c'est sa principale
caractéristique — est un réseau national de racket...
opérationnel dans tous les départements. Sans exception. Aujourd'hui, si l'on devait s'en tenir à ces trois
instructions judiciaires, et si aucune nouvelle investi-
gation n'était ordonnée, ce sont donc seulement
$2/95^e$ (soit $1/190^e$) du dossier Urba qui auront été
instruits et jugés.

Voilà comment on tente de faire passer à la trappe
le dossier de corruption le plus honteux de l'histoire
politique de la France, celui qui a tout déclenché... et
qui remonte jusqu'à l'Elysée, jusqu'à la personne du
Président de la République, François Mitterrand. Lui
qui, comme la plupart des élus socialistes, a bénéficié
(en 1981 et 1988) de « l'argent sale » d'Urba.

Au contraire de ce qu'a prétendu Pierre Méhaignerie, le garde des Sceaux, ministre de la Justice du gouvernement Balladur — lors d'une intervention
remarquée, en 1994, à l'émission de télévision *La Marche du siècle* de Jean-Marie Cavada —, le cours normal
de la Justice a continué d'être entravé, après mars
1993 et le retour de la droite au pouvoir. Tout au
moins en ce qui concerne les affaires socialistes, dans
lesquelles le nom de François Mitterrand apparaît,
peu ou prou.

Dans *Mitterrand et les 40 voleurs* [1]..., mon précédent livre paru en juin 1994, je signale que, depuis décembre 1993, dort, enfermé à double tour dans un bureau du palais de justice du Mans, le dossier de l'affaire Pelat-Mitterrand-Vibrachoc dont j'ai longuement exposé les tenants et aboutissants. Aujourd'hui, un an plus tard, rien n'a bougé. Le successeur du juge Thierry Jean-Pierre — qui avait rédigé un long rapport, sous forme d'« ordonnance de soit-communiqué pour faits nouveaux », document transmis le 17 décembre 1993, sous le numéro 92/031 au procureur de la République d'Angers — n'est toujours pas désigné.

Cet enterrement de première classe a une explication : les 59 pages de ce rapport rédigé par le juge, avant son départ du Mans pour une promotion à la Chancellerie, font trembler le Tout-Paris politique et judiciaire, la présidence de la République d'alors.

Ainsi, dans son rapport, Thierry Jean-Pierre décrit les mécanismes du réseau de corruption qu'anime Roger-Patrice Pelat, l'ami le plus intime du Président. Pour la première fois, dans un document de Justice, un magistrat ose fournir le nom du protecteur de Pelat : François Mitterrand soi-même. Dans la conclusion de son rapport envoyé au procureur, « *pour ses réquisitions* », le juge d'instruction va très loin. Il écrit qu'« il résulte de l'examen du dossier l'existence de présomptions graves », contre le chef de l'Etat et son fils Gilbert Mitterrand. Le magistrat vise « l'abus de biens sociaux [...], ainsi que le recel [le paiement de faux honoraires par Vibrachoc à MM. François et Gil-

1. *Op. cit.*, pages 141 à 239.

bert Mitterrand : respectivement 292 000 francs de 1972 à 1980, et 579 429,92 francs de 1981 à 1989] ».

Encore une fois, pour moins que cela, le maire de Lyon, Michel Noir, et celui de Cannes, Michel Mouillot, viennent de se voir condamnés à 15 mois de prison avec sursis, assortis de 5 ans d'inéligibilité !

Je dis « moins que cela », car, dans l'affaire de la société Vibrachoc de Roger-Patrice Pelat, il est avéré que cette PME, en sérieuses difficultés, a été reprise par le groupe nationalisé CGE et sa filiale Alsthom, le 30 avril 1982, au prix délirant de 110 millions de francs, sur instructions précises des plus hautes autorités de l'Etat.

Achat de complaisance. Le juge Jean-Pierre a pu vérifier ce que nous avions précédemment établi [1], à savoir qu'à Vibrachoc ont émargé, sans fournir de prestations réelles, François Mitterrand (avant d'être élu) et son fils Gilbert (après le 10 mai 1981). La famille Pelat s'illustrera encore, en novembre 1988, dans le délit d'initiés du scandale Pechiney. Mais elle n'a jamais eu à rendre de comptes. Ni sur la vente extravagante de Vibrachoc, ni sur les plus-values boursières illicites du scandale Pechiney-Triangle, ni davantage sur les 37 millions de francs de travaux frauduleusement réalisés dans le château, en Sologne, de « Monsieur le vice-président », en échange de son efficace intervention pour un contrat en Corée du Nord, ainsi que pour le marché d'une tour à la Défense.

1. Voir *Le Piège de Wall Street* (l'affaire Pechiney-Triangle) de François Labrouillère et Gilles Sengès, collection *« Jean Montaldo présente »*, Editions Albin Michel, Paris, septembre 1989.

De la même manière que le dossier Pelat-Vibrachoc, provisoirement passé sous silence au Mans, celui d'Urba concerne directement la personne de François Mitterrand. C'est bien grâce à Multiservices, l'astucieuse « société tampon » inventée par le commissaire aux comptes David Azoulay, son propre expert-comptable, que le chef de l'État a pu financer, avec l'argent noir d'Urba, à hauteur de 25 millions de francs, sa campagne présidentielle de 1988. Cette affaire n'est pas moins grave que celles concernant les cent élus, de gauche et de droite, aujourd'hui aux prises avec la Justice, ceux dont les journalistes Jérôme Dupuis, Jean-Marie Pontaut et Jean-Loup Reverier ont dressé la liste, dans le numéro de l'hebdomadaire *Le Point* du 10 juin 1995. Le nom de François Mitterrand n'est bien sûr pas cité... et n'a pas à l'être. L'ancien Président n'a pas été condamné, ni mis en examen. Il n'a, je le répète, jamais été entendu comme témoin. Pas même dans le cadre de l'affaire Pechiney... qui a vu Alain Boublil — son ancien conseiller à l'Elysée, devenu le directeur de cabinet de Pierre Bérégovoy au ministère de l'Économie, des Finances et du Budget — se faire condamner, en juillet 1994, à 2 ans de prison dont un ferme, alors que, de toute évidence, il est innocent de ce dont on l'accuse. Aucune preuve n'a été retenue contre lui. Bouc émissaire.

Si une enquête digne de ce nom est engagée sur tous les aspects du dossier Urba, l'une des tâches urgentes du juge d'instruction désigné sera de déterminer la provenance des fonds qui ont transité par la Sarl Multiservices. Il devra également entendre David

Azoulay, afin d'établir dans quelles conditions, le 30 juin 1988, en sa qualité d'expert-comptable, il a attesté la « *sincérité* » des comptes de la campagne présidentielle de François Mitterrand. Or, il est prouvé, par les cahiers de Joseph Delcroix et plusieurs autres documents, qu'Azoulay a personnellement conseillé Urba pour maquiller le financement frauduleux, à hauteur de 25 millions de francs, de la campagne de Mitterrand, allant jusqu'à donner aux responsables du Gie des cours sur l'établissement de fausses factures et l'habillage juridique, de circonstance, destiné, via Multiservices, à blanchir ces 25 millions de francs issus du trafic d'influence et de la corruption.

A entendre Henri Nallet, le trésorier de la campagne de François Mitterrand en 1988, de même que le patron du Gie, Gérard Monate, ou encore Henri Emmanuelli, le dossier Urba ne serait qu'un mauvais procès, une campagne de calomnies pour déconsidérer la famille socialiste, en général, et François Mitterrand en particulier. Moyens de défense faciles. Ils ne résistent pas à l'analyse.

Commençons par Henri Nallet, trésorier de campagne du candidat Mitterrand. Le samedi 10 novembre 1990, celui qui, entre-temps, a été récompensé — et mis à l'abri —, par sa promotion au poste de ministre de la Justice du gouvernement Rocard, répond aux questions de Ladislas de Hoyos, le présentateur du journal de 20 heures, sur *TF1*. Ce soir-là, Nallet fait une révélation :

« Il y a eu, en fait, deux campagnes présidentielles. Moi, j'ai la responsabilité d'une campagne et je peux en donner le contenu, je peux en donner les comptes. »

Des filandreuses explications du garde des Sceaux, il ressort qu'un subtil distinguo devrait être fait dans le financement de la campagne de Mitterrand. A l'en croire, il y aurait, d'une part, les dépenses — au-dessus de tout soupçon — qu'il a lui-même assumées, pour les grandes affiches, cinq meetings, les déplacements et la « Lettre à tous les Français » du candidat, en sa qualité de trésorier officiel. Et puis vient le reste : les frais réglés par d'autres (?), pour lesquels, lui, Nallet, n'a « pas de responsabilité » et ne veut rien connaître.

Question du journaliste :

« Bien que vous n'en ayez pas eu la responsabilité, monsieur le ministre, étiez-vous au courant de ces comptabilités parallèles ? »

Henri Nallet s'emberlificote, s'emmêle les pinceaux et finit par dégager au-delà des 22 mètres :

« Je ne pouvais pas l'être [...]. Ma responsabilité, à moi, c'est d'avoir assumé des points clairs, transparents, remis au Conseil constitutionnel, qui constituent bien les comptes de la campagne de François Mitterrand. »

Quand il prononce ces mots, Henri Nallet semble ignorer le vrai contenu des cahiers de Joseph Delcroix. Sans quoi, il se garderait d'évoquer les comptes transmis au Conseil constitutionnel... et certifiés exacts par David Azoulay. Car cet expert-comptable n'est autre que le professeur en « société écran » et commissaire aux comptes marron d'Urba, membre de la Fiduciaire nationale de Paris où il officie toujours, en se flattant de n'avoir jamais été inquiété par la Justice ni par son ordre.

Même candeur, faussement naïve, chez Gérard Monate. Le 25 juillet 1992, le patron d'Urba-Gracco est interrogé par notre confrère du *Monde*, Edwy Plenel :

« Comment pouvez-vous justifier le système Urba qui ramenait de l'argent pour le PS, avec toute l'influence du parti au pouvoir ? »

Pas le moins du monde gêné, Monate joue le grand numéro de la vertu outragée. Les fausses factures ? Pensez donc, tout cela n'est que pure invention ! Réponse angélique de l'ancien policier, qui n'en est plus à un mensonge près... et ne semble pas redouter qu'une enquête judiciaire approfondie vienne cruellement contredire ses propos :

« Je n'ai rien à cacher. Dans le système Urba, il n'y a rien à redire à la perception de l'argent. Nous rendions de vrais services aux entreprises. C'est une activité de courtage, une activité commerciale très classique. En revanche, nous étions critiquables dans la redistribution : j'étais en dehors de la raison sociale de ma société. Quand je payais trente personnes pour le siège de Solférino ou que je mettais des voitures à disposition des responsables, j'étais en infraction. Je ne le conteste pas. Mais c'était parce que, avant la loi de 1990, il n'y avait pas d'autre moyen pour un grand parti d'avoir une aide financière annexe. »

Au pouvoir depuis 1981, les camarades du PS n'ont à s'en prendre qu'à eux-même. S'ils sont aussi vertueux qu'ils le proclament que n'ont-il donc voté, dès leur arrivée aux affaires, cette loi de moralisation de la vie politique — qu'ils avaient d'ailleurs promise —

et dont ils ne cessent de nous rebattre les oreilles, depuis qu'ils se sont piteusement fait prendre, en délit flagrant.

Epoustouflant Gérard Monate, qui considère son entreprise d'extorsion de fonds comme une société commerciale « très classique ». Voilà maintenant qu'il nous la présente comme une société de bienfaisance :

« Comparé à ceux des autres partis, le système d'Urba était le plus transparent *[sic]*. Il avait été créé pour éviter les dérives et les dérapages. La meilleure preuve, ce sont nos factures : chez nous, toutes les rentrées d'argent étaient justifiées. Les " fausses factures " d'Urba, c'est l'Arlésienne. J'attends encore qu'on m'en sorte une, une qui soit vraiment fausse ! [...] »

Quand, à la sortie de ce livre, je remettrai à la Fondation nationale des sciences politiques les pièces constitutives de mon petit musée de la fausse facture, Gérard Monate pourra, à la bibliothèque de la rue Saint-Guillaume, compléter utilement sa culture générale. Les vraies fausses factures, comme saint Thomas, il pourra les toucher. Par milliers !

Henri Emmanuelli croit bon, à son tour, d'y aller de son plaidoyer *pro domo*. Lui, fait les choses en grand. Entièrement consacré à sa défense et à celle du Parti, un *Livre blanc* de 32 pages a été spécialement rédigé et publié par le PS, le 24 août 1993, sous le titre *Chronique d'un procès politique, la mise en cause d'Henri Emmanuelli*. Ce document est, lui encore, un monument de mauvaise foi, rédigé dans la plus parfaite langue d'ébène.

Emmanuelli est un expert dans l'art de renverser

les rôles. Les fautes qui lui sont imputées, de même qu'au PS et à Urba ? Ce ne sont qu'anecdotes et vieilles histoires, l'exploitation d'un dossier ancien qui ne mérite pas tout ce vacarme.

Circulez, bonnes gens, il n'y a rien à voir.

« L'affaire Urba, si tant est qu'il y en ait une, écrit Emmanuelli, ne recèle plus aucune ombre. Et cela depuis de nombreuses années. La presse avait, dès le milieu des années 70, décrit les modes de financement des partis politiques. Une simple chronologie des articles de presse parus à ce sujet, entre 1974 et 1987, sous les gouvernements de messieurs Chirac, Barre, Mauroy, Fabius et, à nouveau, Chirac, témoigne que nul n'en faisait mystère. »

Je retrouve, là, les vieilles techniques de la rhétorique marxiste, l'utilisation du mensonge, des contre-vérités les plus grossières, pour intimider, faire taire ou endormir l'adversaire. En l'espèce, le premier secrétaire du Parti a le front de se réclamer des enquêtes et articles de presse — je remarque, au passage, qu'il omet, prudemment, tous les miens, de même que mes livres —, pour pouvoir crier au complot, prétendre que l'affaire Urba est connue depuis longtemps et qu'elle ne recèle plus aucune ombre. Mieux, il cite ces articles en annexe, avec titres et dates de parution, en faisant croire que le PS les avait avalisés à l'époque de leur publication, alors que ce fut tout le contraire et que, justement, ils avaient été démentis de la manière la plus formelle.

A un mètre de moi, en décembre 1982, sur le plateau de l'émission *Droit de réponse* de Michel Polac, sur *TF1*, le trésorier André Laignel assure avec aplomb que « le PS ne possède aucune société ». Laignel, dont je remarque qu'il est bagué comme un perdreau et qu'il exhibe de scintillants boutons de manchettes en or, sertis de pierres précieuses, surenchérit. Il ose affirmer :

« L'exigence fondamentale liée à l'exercice de la démocratie est celle de la transparence. Chaque parti devrait être une maison de verre. »

Rue de Solférino, il faudrait plutôt parler de verre fumé.

Comment résister au plaisir d'un rapide examen de l'irrésistible *Livre blanc* confectionné par le PS pour l'édification des foules, la réhabilitation d'Henri Emmanuelli et celle de tous les élus socialistes. François Mitterrand compris. J'irai à l'essentiel, avec les plus grosses perles.

Dans l'esprit d'Emmanuelli, il ne saurait être question de renoncer à la « réputation d'intégrité » du Parti socialiste. Comme on le comprend !

Pratiquant la méthode Coué avec un art consommé, le premier secrétaire va même jusqu'à affirmer que, nul en France ne conteste l'honnêteté du PS. Mieux, l'ancien trésorier croit pouvoir donner, à bon compte, un brevet d'honorabilité à Urba. Il plaide :

« Grâce à la structure centralisée qu'adoptait naïvement Urba, aucune "valise de billets" ne circulait. Deux contrôles fiscaux, entre 1974 et 1981, n'avaient-ils pas établi que le Gie ne faisait rien de répréhensible et que son activité, réelle, dans le conseil aux entreprises, était entièrement conforme à son objet social ? Si d'autres partis politiques avaient été observés avec une acuité semblable, il n'est pas certain, aux dires de leurs propres dirigeants, que le bilan eût été entièrement favorable. »

Propos scandaleux. L'ancien secrétaire d'État chargé du Budget sait, mieux que quiconque, que si Urba a échappé, *in extremis,* aux foudres de la Direction générale des Impôts, pendant toutes ces années de fraude, c'est uniquement en raison de complicités, d'interventions répétées, au plus haut niveau, notamment quand il était (de mars 1983 à mars 1986) le ministre de tutelle des fonctionnaires du fisc. Maladroit, trop empressé dans la présentation d'une défense à l'emporte-pièce, l'actuel patron du Parti socialiste, eût été plus avisé de ne pas revenir sur le passé fiscal d'Urba. Car c'est bien son propre nom qui apparaît, en toutes lettres, dans l'implacable éphéméride du camarade Delcroix. Morceaux choisis, petite sélection, pour la seule période de sa présence au Budget :

• 6 janvier 1984 : « *Contrôles fiscaux : danger réintégration : voir Emmanuelli au Budget.* »

• 20 février 1984 : « *Emmanuelli JDB* [Jean-Dominique Blardonne] *rencontre Goudières today* [aujourd'hui], *contact nécessaire avec Direction générale des Impôts.* »

• 2 avril 1984 : « *Redressements fiscaux : Jean-Dominique Blardonne a vu les Impôts.* »

• 3 juin 1985 : « *Jean-Dominique Blardonne a eu rendez-vous avec Rocher. Direction des Impôts pour contrôle fiscal. On ne va pas provoquer de contrôle fiscal.* »

Illusionniste accompli, convaincu que jamais personne ne viendra lui donner la contradiction, voilà maintenant Emmanuelli qui, à la page 9 de son *Livre blanc,* se plaint d'« une absence d'instruction surprenante ». Armé d'une bonne dose de toupet, il profite et s'appuie sur le manque de pugnacité de la Justice, sa coupable indulgence, pour déclarer, contre toute vérité :

« Contrairement à ce qu'on pourrait croire, Urba n'a jamais versé d'argent au PS, sous quelque forme que ce soit. »

Savoir que ces fonds ont été payés, soit en espèces, soit par la prise en charge des dépenses du PS par Urba, ou d'une autre manière, n'a aucune importance. Dans les deux cas, c'est de l'argent corrompu qui a circulé. Et la loi républicaine a été violée, tous les jours et partout. De plus, vu la complexité des comptes d'Urba et du PS, la multitude des informations contenues dans les archives que j'ai remises à la Justice, seule une instruction judiciaire, en règle, pourrait nous donner le dessous des cartes. Tout le reste n'est que fadaises.

Dans sa liturgie, Emmanuelli se plaint de n'avoir « jamais été confronté à qui que ce soit », de n'avoir jamais eu, en communication, « le moindre document saisi » par la Justice.

Trésorier du PS du 14 mai 1988 au 22 janvier 1992, Henri Emmanuelli aurait dû — j'en conviens — être confronté à tous les protagonistes du dossier Urba, aux élus cités dans les cahiers de Delcroix. Aussi aurait-il fallu que ses emplois du temps, ses comptes en banque, son train de vie, en France et éventuellement à l'étranger, soient épluchés. Les siens et ceux de toutes les personnes impliquées, comme c'est le cas dans toutes les grandes affaires aux Etats-Unis, en Angleterre, en Allemagne ou en Italie. Même s'il s'agit du Président ou du Premier ministre. C'est à ce prix que, au terme d'une instruction judiciaire irréprochable, Henri Emmanuelli aurait pu publier son *Livre blanc.* En France, le sien a été rendu public, huit mois avant que son affaire ne soit jugée par le tribunal correctionnel de Saint-Brieuc, lequel a reçu un dossier tronqué, car limité au seul département de la Sarthe.

Pour la défense de son honneur... et de celui des socialistes, dont il est aujourd'hui le chef, Henri Emmanuelli aurait été mieux inspiré de fournir, en temps utile, quelques explications à propos de l'énigmatique mention retrouvée dans les cahiers de Joseph Delcroix, à la date du 2 octobre 1986 :

« *Ça ne marche plus. Chef de cabinet ne donne plus de renseignements. Emmanuelli touche directement via Gabaude. Exemple : centre de loisirs Aquitaine Loisirs. S.G.* [secrétaire général] : *Orta.* »

Dans les écrits saisis de Delcroix — déjà produits en justice —, c'est Claude Fretat, le délégué d'Urba basé cours Clemenceau à Bordeaux, qui, ce jour-là, mêle le nom d'Henri Emmanuelli à celui de deux personnages bien peu recommandables.

Michel Gabaude, nous l'avons vu, est, à Mérignac, en banlieue bordelaise, le directeur d'un redoutable réseau de collecte de fonds, concurrent d'Urba. Avec ses deux sociétés bidons, la Scca et la Sepc, il sévit, notamment, à Angoulême. Il y fut le faux facturier préféré de l'ancien maire (en fuite) Jean-Michel Boucheron. Le 8 juillet 1994, pour une partie du dossier Boucheron, Gabaude est d'ailleurs condamné à 30 mois de prison, dont 15 avec sursis et à une amende d'un million de francs, tandis que Boucheron, jugé par défaut, a droit à « 4 ans de prison ferme », la même amende..., et 5 ans de privation de ses droits civiques.

Quant à André Orta, promoteur socialiste de centres de vacances issu de la Fédération (socialiste) Léo-Lagrange et des réseaux mauroyistes du Nord, il est le héros d'une sombre affaire de détournement de fonds, jamais élucidée, où quelque 300 millions de francs ont disparu, sans qu'il ait jamais voulu révéler le nom de leurs destinataires.

Dans son dossier, jugé en juin 1989 à Montpellier pour une petite partie (celle concernant la ville de Carcassonne), il est notamment question de pots-de-vin en liquide qui ont transité, dans un attaché-case, jusqu'à la petite île antillaise de Saint-Martin, où ils ont abouti sur un compte de la banque néerlandaise ABN.

Sur la ténébreuse affaire Orta, la Justice, ces dernières années, ne s'est hâtée que doucement. La majeure partie de ce dossier — celle impliquant les politiques — est toujours en cours d'instruction à Bordeaux... depuis novembre 1988.

Neuf ans !

C'est ce que mes amis avocats, amateurs d'ail et de petits-gris, ont coutume d'appeler « la justice gastéropode ».

Pourquoi cette course de lenteur ? La réponse se trouve dans les chefs d'inculpation signifiés à André Orta — « abus de confiance, faux en écritures privées de commerce et de banque, usage de faux, escroquerie et tentative d'escroquerie » — autant que dans les conclusions du rapport remis au procureur de la République par l'administrateur judiciaire, Me Bertrand Audinet, auquel le tribunal de grande instance de Bordeaux a demandé de dresser le bilan des affaires dirigées par Orta.

Le passif ? Entre 260 et 300 millions de francs, y compris 210 millions d'emprunts non remboursés. En sus de l'évaluation du trou financier laissé par la nébuleuse d'associations dirigée par André Orta, Me Audinet termine son rapport par un véritable réquisitoire. Il y dénonce, sans ambages, la « chaîne de relations qui crée un capital de confiance sur lequel on bâtit un groupe financier, sans fonds propres, sans compétence et sans contrôle (...) que la forme, pour ne pas dire l'idéologie associative, rendent encore plus opaques. Cela permet sans doute des pratiques occultes où certains doivent trouver leur récompense ».

Me Audinet n'invente rien. Têtus, les faits constatés devraient conduire la Justice à agir avec célérité. Mais celle-ci n'en a cure. Pourtant, les questions qu'il pose sont d'une particulière gravité :

« Comment se fait-il que des organismes financiers institutionnels comme la Caisse des Dépôts et la Caisse d'épargne et des banques de premier rang aient accordé de débloquer, en une seule fois, des prêts considérables sans prendre de garanties hypothécaires, ni surtout se soucier de la solvabilité de l'emprunteur ? »

Le nom d'Henri Emmanuelli apparaît à deux reprises dans le dossier Orta. Tout d'abord, c'est lui qui, le 10 avril 1987, écrit à Félix Proto, le président du Conseil régional de Guadeloupe (celui-ci a fait ses études de médecine à Bordeaux), pour lui recommander chaleureusement André Orta, désireux de se faire cautionner, aux Antilles, un prêt de 65 millions de francs.

«Je connais très bien M. Orta. Il a toute ma confiance », assure Henri Emmanuelli dans ce courrier... que je produirai devant le tribunal correctionnel de Paris, quand mon témoignage sera requis, pour la défense du journaliste François Labrouillère et du directeur du *Quotidien de Paris,* Philippe Tesson, injustement accusés de diffamation par Emmanuelli. C'est encore ce dernier, en sa qualité de président du Conseil régional des Landes, qui a cautionné, à hauteur de 35 millions de francs (!) la réalisation, par André Orta, d'un complexe de vacances à Port-d'Albret, sur la commune de Soustons, à deux pas de Latché, là où François Mitterrand a sa « bergerie ».

Somptueuse faveur, relevée en ces termes par l'administrateur judiciaire :

« Au cas où l'association Aquitaine loisirs international d'Orta ne se trouve pas en mesure de tenir ses engagements, le département des Landes prendra ses lieu et place... et, en conséquence, s'engage à créer, en cas de besoin, une imposition directe suffisante pour couvrir les sommes dues » (page 7 du rapport).

En outre, Me Audinet déplore que :

« Des maires ou des présidents de Conseils généraux ou régionaux aient " bouclé la boucle ", en accordant leur caution à toutes ces opérations... sans garantie réelle et sans apparemment s'informer sur la situation réelle de l'emprunteur. »

A l'intention du procureur, l'administrateur judiciaire ajoute :

« On reste confondu devant tant de légèreté... Il est consternant de se rendre compte qu'en final, c'est le contribuable qui paiera les cautions, comme d'ailleurs s'y est engagé avec un cynisme déconcertant le Conseil général des Landes » (page 21).

Après la déroute d'Orta et la mise en liquidation de Port-d'Albret, le département des Landes sera effectivement condamné, par le tribunal de Mont-de-Marsan, à payer une partie des pots cassés : une ardoise de 20 millions de francs, supportée par les contribuables.

Cette fois, l'argent ne pourra être rendu, car il s'est évaporé...

Henri Emmanuelli ne s'est pas vanté du jugement rendu le 12 janvier 1993, par la 17e chambre du tribunal de grande instance de Paris, dans le procès qu'il avait intenté, à grand renfort de publicité pourtant, au *Quotidien* de Philippe Tesson et au journaliste François Labrouillère, pour deux articles des 17 et 20 juillet 1992. Les juges les ont relaxés, avec des attendus qui font désormais jurisprudence. A cette date, Emmanuelli est le président de l'Assemblée nationale.

Dans des attendus sévères, le tribunal relève d'abord :

« L'extrait des cahiers Delcroix, régulièrement produit au titre de l'offre de preuve, mentionne bien le nom de M. Henri Emmanuelli aux côtés de ceux de MM. Orta et Gabaude ; en outre, Me Audinet, administrateur judiciaire, dans son rapport sur le redressement judiciaire des associations présidées par M. Orta, s'indigne de ce que ce dernier ait bénéficié de cautions de la part des maires, des conseillers généraux ou régionaux, sans garantie réelle et sans que soit étudiée la situation de l'emprunteur ; il *"discerne tout autour de M. Orta, un réseau de relations d'amitiés anciennes et récentes qui ont constitué autour du personnage, un capital de confiance tout à fait extraordinaire "*, et il ajoute *" et c'est vrai que le président du Conseil régional de Guadeloupe dispose dans son dossier d'une recommandation chaleureuse en faveur de M. Orta du président du Conseil général des Landes* [Henri Emmanuelli] *"*. Cette lettre a d'ailleurs été produite aux débats par le témoin, M. Montaldo.»

Dans ces conditions, comment se fait-il qu'à Bordeaux, où le juge Bernadette Pragout est censée instruire le dossier, depuis novembre 1988, la partie la plus explosive du scandale Orta — celle qui concerne les élus du Sud-Ouest, la Caisse des Dépôts, la mystérieuse société suisse Idis Finance, la Guadeloupe et la petite île de Saint-Martin, dans les Antilles françaises — ne soit toujours pas bouclée, ni renvoyée devant le tribunal ?

Depuis le début de l'affaire Urba, les découvertes des policiers Gaudino et Mayot, les investigations des juges Jean-Pierre et Van Ruymbeke, les révélations de la presse — celles du *Canard enchaîné*, Edwy Plenel dans *Le Monde*, Gilles Gaetner dans *L'Express*, Jean-Marie Pontaut ou Jérôme Dupuis au *Point*, Hervé Gattegno passé du *Nouvel Observateur* au *Monde*, Denis Trossero au *Méridional*, François Labrouillère au *Quotidien de Paris*, puis à *Paris-Match*, Denis Robert à *Libération*, Pascal Krop et Yves Roucaute à *L'Evénement du jeudi*, Jean-Alphonse Richard et Catherine Delsol au *Figaro*, Pierre Rancé à *TF1*, etc. —, un refrain bien

commode est chanté, en chœur, par les dignitaires du
PS. Les Monate, Laignel, Emmanuelli et consorts se
sont passé le mot et ne cessent de le répéter :

« Les gens d'Urba sont des militants. Ils n'ont jamais
œuvré qu'à une tâche obscure, mais nécessaire, à une
époque où il n'existait aucun système de financement
des partis. »

La ligne de défense officielle du PS demeure inflexible :

« La politique coûte cher et l'argent récolté par
Urba auprès des entreprises servait exclusivement à
assurer les frais de fonctionnement et les campagnes
électorales. »

Interviewé par *Paris-Match* en mai 1991, Gérard
Monate en rajoute. Pour lui, Urba c'est le Vatican.
Nous voici dans la maison du Seigneur :

« Nous étions contre les valises bourrées d'argent
qui se promènent dans la nature. Nous voulions que
tout soit clair. Les gens mis à la tête d'Urba par le Parti
socialiste étaient tous de confiance, c'étaient des vertueux *[sic]*, croyez-moi. Nous voulions éviter les fuites,
éliminer les tricheurs. Nous voulions que l'argent ne
serve qu'à financer des activités politiques et non à
permettre à une poignée d'élus de s'enrichir. »

Nous pourrions nous divertir longtemps des dénégations des uns et des autres. Pourtant, quand on
démêle les fils embrouillés du dossier Urba, il apparaît
que la vérité est beaucoup plus complexe que le
tableau idyllique décrit par Gérard Monate. En fait,
son groupement était loin de consacrer au PS la totalité des fonds récoltés.

N'en déplaise aux âmes irréprochables de la rue de Solférino, nous avons pu établir, avec François Labrouillère, qu'il y avait bien, à Urba, des « fuites » d'argent, qui n'avaient rien à voir avec le financement du Parti socialiste. Voici, à titre d'exemple, la petite histoire des 3 millions de francs, investis à perte par la pompe à finances du PS, entre 1988 et 1989, dans le commerce du rouge à lèvres.

En effet, Urba, via le Gracco, a été le principal actionnaire, à hauteur de 25,6% de son capital, de la firme Raphaël Bilange, créée le 25 mai 1988.

En fait d'activités politiques, l'objet de cette très capitaliste société anonyme est la commercialisation des bâtons de rouges à lèvres de la célèbre marque « Rouge Baiser » !

Comment expliquer que le même Gracco a versé des millions de francs, à fonds perdus, dans les caisses de cette société qui peut difficilement passer pour un appendice du Parti socialiste ?

Autre interrogation : la présence, à la tête de Raphaël Bilange et de « Rouge Baiser », de notre vieille connaissance, le camarade Jean-Dominique Blardonne, numéro deux d'Urba. L'homme de tous les coups pendables.

Après ce que nous venons de lire, ni le PDG d'Urba Gérard Monate ni Henri Emmanuelli — qui est devenu le trésorier du PS le 14 mai 1988, tout juste onze jours avant ce mirifique investissement d'Urba-Gracco dans les cosmétiques — ne peuvent se laver les mains d'une prise de participation financière et commerciale, dont ils ont eu forcément connaissance. A l'évidence, il s'agit là d'une ponction faite, dans la cagnotte d'Urba, pour se constituer un « patrimoine », sans aucun rapport avec ce que Monate appelle des « activités politiques ».

Le détournement des fonds d'Urba, à des fins personnelles, est ici patent. Quand, en mai 1991, nous découvrons le pot aux roses, nous nous rendons au quatrième étage d'un immeuble de grand standing, au 41 de la très chic avenue Montaigne à Paris, entre la célèbre maison Vuitton et le non moins prestigieux palace Plazza Athénée. C'est là que nous surprenons le camarade Blardonne. Il y a installé les bureaux des sociétés dont il a la responsabilité. Avec lui, de caviar, la gauche devient « triangle d'or ». La quarantaine gaillarde, Blardonne refuse d'engager la conversation. Il nous claque la porte au nez. Notre proposition de lui offrir la possibilité de répondre se heurte à une fin de non-recevoir.

Depuis mars 1984, le bras droit de Monate ne s'occupe pas seulement du racket des entreprises françaises dans les villes et ministères tenus par les socialistes. Il s'est aussi découvert une vocation d'homme d'affaires. Au 44, rue La Boétie, dans le 8e arrondissement de Paris, tout près de l'Elysée, il a installé la Société française de commerce (SFC). Son objet social est aussi vague que pratique : « Courtage, achat, vente de tout matériel et produits ou denrées de toutes natures. »

Dans la SFC, Blardonne s'est associé avec une autre de nos vieilles connaissances : le dénommé Alain Coquard, patron de la prospère société de télévision Citécâble et actif militant du PS à Bourg-en-Bresse, sa région d'origine. C'est Coquard qui accueillera, en 1987-1988, dans les locaux de Citécâble, rue de Liège à Paris, la bien nommée Sarl Multiservices, créée tout spécialement par Urba pour blanchir l'argent sale de la campagne présidentielle de François Mitterrand. C'est dire si, dans les sociétés de Blardonne, on est entre gens de confiance et de bonne compagnie !

Le dynamique PDG prend réellement son envol, en février 1986, quand il participe à la création de la Commercial Financial and Technological Services (CFTS), société au nom anglo-saxon ronflant installée dans les bureaux de l'avenue Montaigne. Parmi les actionnaires, outre Blardonne, un financier moyen-oriental, installé à Londres, Tarif Ayoubi, une banque suisse, la Ruegg Bank de Zurich et, surtout, une énigmatique société panaméenne, la Eagle Development and Engineering Services. Tout un programme.

La CFTS a des activités en parfait rapport avec l'exigence de clarté voulue par Monate. Elle donne à la fois dans l'immobilier aux Etats-Unis, dans la construction métallique en Israël, les bouées d'amarrage pour pétroliers en Argentine, voire dans la fourniture, aux autorités congolaises, d'hélicoptères I AR 316 B, Alouette III et I AR 330 L Puma de l'Aérospatiale. On retrouve encore la CFTS en Europe de l'Est (notamment en Roumanie et Pologne) et en Afrique (Angola et Congo). En 1989, Blardonne participe aussi au lancement de la CITI (Compagnie internationale de technologie et d'investissement), dont l'objet est le développement de projets dans les pays de l'Est. Etonnantes diversifications, pour un simple militant socialiste, ancien directeur de cabinet d'André Laignel.

Curieusement, il n'est jamais venu à l'esprit d'aucun juge de mettre le nez dans les activités planétaires de Jean-Dominique Blardonne. Or, à la lecture des cahiers de Joseph Delcroix et des archives du Gie, à plusieurs reprises, les voyages à l'étranger de Blardonne sont évoqués, de même que le volet international d'Urba. Quel était le rôle exact du patron de la CFTS au sein d'Urba ? Etait-il, comme cela semble ressortir des dossiers, officiellement chargé des activités internationales du groupement, avec d'intéressantes commissions à la clé ? Seule la Justice serait en mesure d'identifier les propriétaires des sociétés suisses et panaméennes, partenaires de Blardonne dans le capital de sa société. Seul un magistrat instructeur pourrait établir pour qui roule alors la CFTS, de même que toutes les autres sociétés chapeautées par le numéro deux d'Urba.

Le rocambolesque épisode « Rouge Baiser » survient au printemps 1988. A cette époque, un investisseur privé, Jean-Philippe Chauvel, se propose de racheter la fameuse marque. Par une relation, il entre en contact avec Blardonne qui se présente sous la casquette CFTS. Pas question de mettre Urba-Gracco en avant. Impossible de faire autrement, quand il s'agit de distraire une partie des sommes du racket politique... pour des investissements dans l'industrie des cosmétiques.

Propriétaire de « Rouge Baiser », la société Raphaël Bilange est créée. On lui a donné le nom de l'arrière-grand-père de Jean-Philippe Chauvel, ancien secrétaire de Jaurès. Tout un symbole ! Blardonne verrouille près de la moitié du capital. Sa CFTS ramasse 20 % des actions, le Gracco 25,6 % et son conseil juridique, Robert Delatour, 4 %. Pour rendre encore plus clair l'ingénieux montage, l'inévitable

David Azoulay repointe son nez : c'est lui qui est choisi comme commissaire aux comptes de la nouvelle société. Nous sommes, je le rappelle, le 25 mai 1988. Dans un mois, le 30 juin, le commissaire aux comptes d'Urba et de « Rouge Baiser » certifiera les faux comptes de campagne de François Mitterrand, réélu Président de la République le 8 mai.

Mais, à « Rouge Baiser », Azoulay ne pourra, cette fois, faire de miracles. Accumulant les pertes, Raphaël Bilange ne survivra pas longtemps à la gestion débridée des camarades reconvertis dans le maquillage des élégantes, pour se divertir de celui des fausses factures.

A l'hôpital psychiatrique...
pour oublier les pots-de-vin

Dans ce livre, je m'efforce de restituer, le plus fidèlement possible, les circonstances qui ont provoqué la montée en puissance de la corruption, pendant les deux septennats de François Mitterrand, de relater, tel que je l'ai vécu, ce long cortège d'affaires, de scandales et d'avanies...

L'affaire Urba m'aura servi de fil conducteur. Elle explique comment, et suivant quel cheminement, la corruption a proliféré en France, depuis le 10 mai 1981, au point de prendre des proportions aussi graves qu'en Italie. Au-delà de la classe politique, elle a fini par toucher tous les métiers, tous les secteurs d'activités, pour des montants astronomiques qu'il n'est plus possible de chiffrer avec précision.

Dans tous ces détestables dossiers, les chiffres, les accumulations de fausses factures et diverses malhonnêtetés ne sont pas seules à nous remplir d'effroi.

Comme l'avocat ou le médecin, il arrive que le journaliste soit confronté à des cas douloureux, voire pathétiques. De tous les dossiers qu'il m'a été donné de découvrir, celui de Françoise Verne est sans aucun doute le plus affligeant, si ce n'est le plus monstrueux.

Il montre, mieux que tous les autres, l'avilissement des mœurs et des valeurs dans les hautes sphères de l'Etat.

29 mars 1985, 16 heures. Nous sommes, à Saint-Germain-des-Prés, avec Françoise Verne, sous-directrice de l'Hôtel des Monnaies, et son avocat Me Pascal Dewynter. Cette énarque élégante, cultivée et influente, tient la vedette depuis plusieurs semaines. Elle a été récemment inculpée (en décembre 1984) pour avoir vendu à un antiquaire de Caen une pièce rarissime, un « écu carambole » à l'effigie de Louis XIV, provenant de son établissement et appartenant donc au patrimoine de l'Etat !

A quarante-sept ans, Françoise Verne vient de passer quarante et un jours sous les verrous, du 12 janvier au 13 mars, accusée de « vol et recel de vol ». Du jamais vu à ce niveau de la fonction publique en France, pays réputé pour l'intégrité de ses hauts serviteurs !

Remise en liberté depuis peu, la sous-directrice déchue donne, à mes côtés, une conférence de presse peu banale :

« J'ai subi des menaces de mort, déclare-t-elle en substance. Un homme m'a téléphoné chez moi, alors que ma ligne est sur liste rouge. Il m'a avertie : " *Si tu déconnes et si tu parles, on te bute* ". »

Ambiance !

Grand commis de l'Etat, Françoise Verne ne sort pas seulement de l'ENA, la prestigieuse Ecole nationale d'administration. Pendant ses dix-sept ans de carrière dans l'administration des Monnaies et Médailles — en l'hôtel du 11 quai de Conti (à côté de l'Académie française) —, elle a été notée comme une « fonctionnaire d'élite », aux « qualités exceptionnelles ». On sait, aussi, qu'elle a servi trois ministres de la Justice, dont les deux derniers, Maurice Faure (l'ami de Mitterrand) et Robert Badinter, lui ont demandé de les assister, bien qu'elle ait appartenu au cabinet de leur prédécesseur de droite, Alain Peyrefitte, sous la présidence de Valéry Giscard d'Estaing.

Ce que relate maintenant la dame de l'Hôtel des Monnaies est époustouflant. Les chaînes de radio et de télévision sont là. Elles filment et enregistrent. Mais le silence sera total. A la télévision d'Etat, le pouvoir veille au grain. Pourtant, les révélations de Françoise Verne sont gravissimes :

« On me veut du mal, dit-elle, en raison de secrets que j'ai le tort de connaître. Ils mettent en cause de hautes personnalités de l'Etat. »

Nez aquilin, chevelure brune, yeux noirs très perçants, Françoise Verne est en tailleur Chanel. Nerveuse, tendue, fumant cigarette sur cigarette, elle livre aux journalistes un récit cauchemardesque, digne de la Série noire :

« On m'a obligée à faire interner mon mari dans une clinique psychiatrique, parce qu'il avait découvert ces secrets. Il y a subi un traitement qui l'a transformé (...). Cela, grâce à la complicité de plusieurs médecins, qui lui ont fait perdre la mémoire, en lui administrant... neuf électronarcoses. »

Accusation gravissime, dont l'autorité judiciaire va être prévenue. Mais nul, à quelque niveau que ce soit — procureur, juge d'instruction, etc. —, n'essaiera de savoir ce qui s'est réellement passé. Ou, à tout le moins, de vérifier la véracité des charges lancées par la patronne inculpée des Monnaies et Médailles de la France.

Les électronarcoses, dont Françoise Verne affirme que son mari en a subi neuf, ne sont pas un traitement anodin. Le *Larousse médical* nous en donne la définition :

« Sommeil provoqué par un courant électrique. L'électronarcose consiste à obtenir un état de sommeil de type anesthésique en laissant passer, sous faible intensité, le courant dans les électrodes d'un appareil à sismothérapie (à électrochoc) pendant plusieurs minutes (10 à 15). Cette méthode, qui a les mêmes indications et contre-indications que l'électrochoc, est moins utilisée parce que moins maniable que celui-ci. »

Françoise Verne livre des noms, des faits, des dates...

Comme dans les nombreux courriers dont elle m'a fait le destinataire, elle affirme que, dans son entourage, on veut la faire passer pour folle. Elle aussi ! Elle encore !

Ses déclarations sont inquiétantes. On a peine à croire que de telles pratiques puissent exister ailleurs que dans l'univers soviétique. Même dans le Moscou d'alors, les opposants expédiés dans les hôpitaux psychiatriques ne se voyaient pas laver le cerveau à coups d'électronarcoses. Et pourtant, Françoise Verne l'affirme haut et fort : tout ce qu'elle révèle s'est passé en France, à l'initiative d'un grand commis de l'Etat, l'un des supérieurs de son mari au ministère des Finances dont elle dépend, au même titre que son époux, membre du corps des contrôleurs d'Etat.

Le Journal du dimanche du 31 mars 1985 fait écho aux terrifiantes accusations proférées par Françoise Verne, lors de sa conférence de presse. Pas de réponse du gouvernement. Silence également chez le procureur de la République.

Début avril, sous le titre « Les étonnantes confidences de Françoise Verne à Montaldo », *Le Figaro Magazine* fait, à son tour, un compte rendu de l'événement. Il publie une photo la représentant en ma compagnie, lors d'« une rencontre de travail insolite, sur fond de secrets d'Etat ».

Quelques semaines auparavant, le 19 mars 1985, Françoise Verne m'a autorisé, par écrit, à publier tout ce qu'elle m'a déjà révélé. Elle m'a remis plusieurs kilos de documents : courriers, rapports confidentiels, pièces comptables, administratives et médicales, mémoires personnels, etc. L'ensemble prouve, sans conteste, qu'elle dit vrai. Toutes ces preuves se trouvent aujourd'hui déposées au cabinet de Mᵉ Patrick Gaultier, l'avocat des Editions Albin Michel. On y retrouve le feu vert, manuscrit, de Françoise Verne pour le livre que je rédige, à l'époque, sur sa terrible aventure :

« Cher monsieur, m'écrit-elle, je vous remercie pour tous les entretiens que vous avez bien voulu m'accorder et de l'intérêt que vous portez aux affaires que je vous ai exposées (Hôtel de la Monnaie et les dossiers concernant mon mari, le ministre des Finances et le Premier ministre). Je comprends tout à fait qu'avant de publier le livre que vous avez l'intention d'écrire, vous procédiez aux vérifications d'usage. Pour vous aider, je vous remets une liasse de notes rédigées lors de mon incarcération et que j'ai pu sortir à ma libération, le mercredi 13 mars dernier. Mes précédentes lettres, des 1ᵉʳ et 20 janvier 1985, que je vous avais alors remises en mains propres, demeurent valables : je vous fais toute confiance pour cette publication éventuelle. J'ajoute, et je vous le confirme, que les documents que vous m'avez présentés ces jours-ci — ceux résultant de votre propre enquête et émanant tant de l'Inspection générale des Finances que de la Cour des comptes — sont authentiques : ils devraient vous confirmer tout ce que vous allez pouvoir lire maintenant dans mes propres notes. »

Dossier épouvantable ! Tout commence au début de 1984. L'inspecteur des Finances Jacques Verne, mari de Françoise, est, depuis 1972, contrôleur d'Etat à la CNAM, la Caisse nationale de l'assurance-maladie. A ce titre, il lui appartient de vérifier le bon emploi des deniers publics et la conformité des marchés passés par cet organisme où transitent, tous les ans, des centaines de milliards de francs. Récit de Françoise Verne :

« En janvier 1984, lors du grand cocktail des vœux à l'Hôtel des Monnaies, j'ai rencontré le chef du corps des contrôleurs d'Etat, ancien directeur adjoint de la prévision aux Finances. Il m'a dit : " *Votre mari travaille trop. Il est depuis trop longtemps sur les affaires de la CNAM. On va lui donner un autre poste, plus léger et très honorifique : la Seita ; le contrôleur d'Etat y est superbement logé avec un bureau au Quai d'Orsay* ". »

Françoise Verne m'explique dans un courrier que cette mutation surprise est due à la découverte, par son époux, de marchés bidons dans les comptes de la CNAM. Deux ministres sont cités :

« Je savais par mon mari l'histoire des formulaires bidons pour B. et les conditions dans lesquelles il s'était fait couvrir par F., alors ministre délégué au Budget. Je savais aussi que le président de la CNAM l'avait soudainement pris en grippe, alors qu'ils se côtoyaient depuis douze ans. Je savais, enfin, qu'il s'excitait sur l'affaire de Montpellier. Et, pour finir, je savais qu'il ne voulait pas aller à la Seita, " *contrôle bidon* ", me disait-il, purement honorifique, et sans visa préalable. »

Je prie Françoise Verne d'être plus précise. Quelle est donc cette histoire de formulaires et cette affaire de Montpellier ? La dame énarque me répond par écrit, documents à l'appui :

« A la CNAM, mon mari faisait fonction de contrôleur financier et pouvait opposer un refus de visa à toute dépense jugée par lui " *irrégulière* ", en saisir la direction du Budget. J'ai donc pensé qu'ils allaient le débarquer, en raison de ses découvertes, des rapports dont il bombardait les Finances, à la grande fureur du ministre des Affaires sociales. »

Ses découvertes ? Il y a d'abord la lettre que l'infortuné contrôleur d'Etat adresse, le 21 mars 1983, au ministre délégué chargé du Budget.

En termes polis, le contrôleur d'Etat de la CNAM signale à son ministre de tutelle qu'il ne peut donner son visa à « un projet de marché d'étude concernant la confection d'imprimés intéressant la Sécurité sociale ». Lettre exemplaire que je reproduis ici, telle quelle :

« Ce contrat, d'un montant de 565 000 F, serait

passé, sans appel d'offres préalable, entre la Caisse
nationale d'assurance-maladie et la firme TSA Consul-
tants. Or, il se trouve que la réalisation de ce projet
intéresse personnellement M. Bérégovoy, en tant que
ministre des Affaires sociales et de la Solidarité nationale (...). Mais au niveau réglementaire, un obstacle
juridique se présente : outre l'absence d'appel
d'offres, le document devrait être soumis à l'approba-
tion préalable de la commission interministérielle spécialisée, dite " des marchés d'approvisionnements
généraux ", dès lors que son seuil d'examen sélectif
des marchés est fixé à 300 000 F. Cependant, mon
expérience personnelle de cette instance me laisse la
certitude qu'elle rejetterait le projet en cause. »

En résumé le contrôleur d'Etat indique, diplomati-
quement, qu'il lui est demandé d'approuver une facture qu'il considère douteuse, voire — si on le lit bien
— de complaisance. Aussi sollicite-t-il l'aval de son
ministre. Haut fonctionnaire des Finances depuis
1953, contrôleur d'Etat depuis 1972, chevalier de la
Légion d'honneur, Jacques Verne refuse catégorique-
ment d'entériner cette entorse au règlement, puisque
sa mission est, justement, de vérifier, pour le compte
du ministère des Finances, la régularité des opérations
financières de l'organisme où il est en poste. Prudent
et rigoureux, il veut un ordre écrit :

« Néanmoins, compte tenu du haut intérêt public
[sic] qui semble s'attacher à la réalisation de cette
affaire, je suis conduit à penser que l'on pourrait, à
titre tout à fait exceptionnel, s'abstraire de la procédure ci-dessus, et je serais disposé à autoriser, par mon
visa, la passation du marché en cause, si votre cabinet

consentait à m'en donner l'ordre écrit, par l'apposi-
tion d'un simple approuvé. »

Le blanc-seing ministériel arrive à la vitesse de la
lumière. Parti le 21 mars 1983, du siège de la CNAM,
66 avenue du Maine, dans le 14ᵉ arrondissement de
Paris, le courrier du contrôleur Verne lui est retourné
le jour même. Oubliées les habituelles lenteurs administratives... En bas et à gauche du document, est
apposée la signature du ministre du Budget. Elle autorise le déblocage des fonds pour ce marché irrégulier,
passé sans appel d'offres préalable, en contravention
avec les règles impératives du droit administratif. Du
coup, sur ordre exprès de sa hiérarchie, le contrôleur
d'Etat appose, à son tour, son propre visa ainsi libellé :
« Approuvé (...) du 21 mars 1983. »

A la lecture du contrat, finalement conclu, le 12
avril, entre la CNAM et le cabinet privé TSA Consul-
tants, on comprend les réserves du haut fonctionnaire
et sa décision de se couvrir, en faisant endosser ce
marché fantaisiste par son ministre. Car la dépense
annoncée équivaut à jeter l'argent des contribuables
par la fenêtre. Elle est destinée à financer une étude
bidon dont l'intitulé, « Sécurité sociale et imprimés »,
est, à lui seul, un aveu. Rédigé dans un galimatias
d'analphabète, son objet est à peine compréhensible :

« Dégager des perspectives d'amélioration de la
communication écrite de l'Institution de manière à la
rendre plus accessible ; imaginer en prospective l'évolution du dispositif global de communication de l'Institution avec les usagers. »

Le vocabulaire type des vendeurs de vent ! L'art de
soutirer des fonds — pour quelle obscure destination ? — grâce à un nébuleux contrat, dont le texte

atteste qu'il ne s'agit pas, pour son bénéficiaire, de livrer à la CNAM des imprimés comme ceux utilisés chaque année, en millions d'exemplaires, par les assurés sociaux. Je retrouve là l'un des procédés chers aux officines socialistes : faire payer par les contribuables des études factices, destinées à alimenter une caisse noire en période électorale. En l'espèce, les élections municipales de l'hiver 1983.

La même année, en novembre, le mari de Françoise Verne déniche une autre irrégularité. Cette fois, à Montpellier.

Le marché litigieux est celui de la construction de la Caisse régionale d'assurance-maladie de la ville. En 1980, les travaux avaient connu des perturbations, après la découverte de cavités dans le sol. Une « demande d'indemnité extra-contractuelle », c'est-à-dire une rallonge financière, a été « présentée » par l'entreprise de travaux publics GTM.

Aussi, le responsable de la division des affaires immobilières de la CNAM a prévenu le contrôleur Verne qu'on lui a ordonné une « turpitude ». On lui a réclamé, révèle-t-il, de « répondre favorablement aux autorités locales », qui soutenaient cette « demande d'indemnisation importante ». Pour ce spécialiste de la construction, la requête de l'entrepreneur n'était pas fondée : il s'agissait, sans nul doute, d'une « malversation ». Ce qu'il démontre. Mais l'honnête homme a fait les frais de son intégrité. Il a été vite écarté pour « manque de compréhension et de souplesse ». Doux euphémisme, typique du cynisme technocratique.

Sur ces entrefaites, le 14 septembre 1983, le contrôleur d'Etat Jacques Verne a été prié de rattraper l'opération. On lui a demandé d'autoriser ce projet d'« indemnisation de 960 415 francs ». Mais il ne s'est pas laissé faire. Dans une première note du 30 septembre 1983, il a dressé un inventaire sévère des anomalies constatées. En tout, « dix observations », avec copie au directeur de la CNAM. Bref, les hostilités sont ouvertes.

En octobre, lors d'une « conversation d'homme à homme », le contrôleur d'Etat rencontre le responsable du budget de la CNAM. Ce dernier reconnaît, sans peine, que l'entreprise GTM a déjà bénéficié d'une compensation financière pour l'allongement de la durée du chantier et qu'« il s'agit bien d'une malversation ». Mais il se justifie : « J'ai agi sur ordre. »

Pendant le dernier trimestre de 1983 et le début de 1984, les lettres partent dans tous les sens. Voici ce qu'écrit Jacques Verne, le 24 octobre 1983, en termes crus, à son supérieur, le chef du service du contrôle d'Etat, département clé du ministère de l'Economie, des Finances et du Budget. Le texte est sans équivoque :

« Il s'agit d'une ténébreuse affaire où le vieux contrôleur d'Etat que je suis devenu (douze ans !) a flairé un pot-de-vin. Ma décision finale reste volontairement simple et drastique. J'ai pris toutes les précautions juridiques, à la lecture du dossier complet, pour être à même de réfuter toute réplique quelconque. Cela met la révolution à la Caisse Maladie, fortement mouillée. »

Dans d'autres notes, le contrôleur évalue le « pot-de-vin » à 950 000 francs. Il parle maintenant de « contrat bidon ». Il évoque même le nom d'un haut responsable de la CNAM qui a payé la campagne électorale d'un ministre en exercice. Ses conclusions sont formelles. La Justice doit être saisie :

« C'est pourquoi je demande aide et avis de la Direction du Budget. Pour ma part, j'y ai longuement réfléchi. C'est donc en lucide et tranquille état d'esprit, que je propose la solution suivante : plainte, au pénal, de tentative de fraude... »

Le contrôleur d'Etat ne sera pas écouté... et, comme le plus souvent, la Justice ne sera pas saisie. Illico, la décision est prise d'éjecter, d'urgence, ce haut fonctionnaire scrupuleux et intraitable. Contre son gré, il se voit enjoindre de quitter la Caisse nationale d'assurance-maladie pour les cigarettes de la Seita, la Société nationale d'exploitation industrielle des tabacs et allumettes, alors propriété de l'Etat.

L'affaire déjà déplorable des fausses factures de la CNAM aurait pu en rester là. Mais Jacques Verne est un témoin encombrant. Il faut empêcher le contrôleur en colère d'étaler, en public, ce qu'il a découvert à la CNAM et qui pourrait éclabousser deux ministres en vue. Sans que ceux-ci le sachent, on va maintenant faire appel aux techniques les plus radicales de la neurologie. Affaire d'Etat — encore une fois —, dont il n'est pas exagéré de dire qu'elle est « criminelle ». Car c'est à la santé d'un homme, à ses capacités intellectuelles et de mémoire, à son intégrité physique que l'on va maintenant attenter. Mais l'indigne forfait sera connu de plusieurs personnes, dont je suis. En outre, il reste, heureusement, les confessions manuscrites qui

m'ont été confiées par Françoise Verne, les correspondances multiples qu'elle m'a adressées, les rapports
qu'elle m'a remis...

Le récit qu'elle me livre... et qu'elle couche sur le
papier, fait froid dans le dos. Le voici, in extenso, avec
l'aveu de ses propres responsabilités. Le 6 février 1984,
le grand patron des contrôleurs d'Etat appelle la sous-
directrice de l'Hôtel des Monnaies. Il lui demande de
passer le voir à son bureau, rue Saint-Honoré, dans
les anciens magasins du Louvre, récupérés par les
Finances :

« Mon interlocuteur ne me donne pas la raison de
ce rendez-vous, raconte-t-elle. Il est pressé. J'imagine
aussitôt que cela doit être grave, puisque le vendredi
précédent, mon mari avait déjeuné à la Seita, en présence du PDG Francis Heyraud, un ancien du Budget
que je connaissais bien, et d'autres personnalités. En
revenant de ce repas, mon mari, très excité, m'avait
dit : *"Je ne me suis pas gêné pour dire les raisons qui ont
provoqué mon départ de la CNAM. "* Il y avait d'ailleurs
encore son bureau — bien qu'étant installé à la Seita
depuis quelques jours, sa nomination n'était pas
encore officielle — et il ignorait qui lui succéderait à
la CNAM. Il y expédiait donc " les affaires courantes ".
Je lui avais reproché son imprudence. Il s'était indigné
de ma passivité devant ces " magouilles " socialistes,
refusant d'être un " paillasson ". »

Dans la suite de son témoignage, Françoise Verne
décrit le démoniaque stratagème imaginé pour soumettre son époux aux effets des neuf électronarcoses :

« Je me rends donc chez le chef des contrôleurs
d'Etat, ce lundi de février 1984. Il me confirme aussitôt mes appréhensions : " *Votre mari est d'une imprudence*

folle, me dit-il, *il a tenu des propos qui relèvent de la diffamation contre le ministre des Affaires sociales, contre D., contre C., le directeur de la CNAM, tout cela en public, devant des personnalités dont certaines sont socialistes. (...) Bref, il a manqué au devoir de réserve. Le ministre des Finances et le directeur du Budget (...) sont furieux. Le cabinet des Affaires sociales aussi ! Si, par hasard, il y avait eu un journaliste à ce déjeuner, imaginez le scandale. De plus, il possède des documents. J'en ai vu certains qui constituent des commencements de preuve. C'est une vraie catastrophe ! Il risque gros. Votre mari va perdre sa situation s'il ne restitue pas ces documents. "*»

Françoise Verne est atterrée. Poursuivant la relation de son entretien avec le haut responsable des contrôleurs d'Etat, elle m'avoue maintenant avoir cédé aux pressions et s'être prêtée à un bien singulier marché. Puisque son interlocuteur lui « demande de trouver une solution », pressée par les circonstances — et lesquelles ! — elle accepte d'entrer dans son jeu :

« Je pense aussitôt à l'échappatoire médicale (...). Je téléphone aussitôt à notre ami (...), son médecin traitant et, du bureau du chef des contrôleurs d'Etat, je lui expose la situation. Le supérieur de mon mari prend l'appareil. Notre docteur s'en étonne, invoque le secret professionnel, puis, sur ma demande, reconnaît que mon mari (...) dort mal, et qu'il lui donne des médicaments. Le patron des contrôleurs d'Etat saute aussitôt sur l'occasion et me dit : *" Ou je le fais soumettre à un expert assermenté, ou bien, avec votre médecin, vous le mettez en clinique, le plus tôt possible. Je ne vous laisse pas le choix et apportez-moi tous les documents qui sont dans son coffre personnel ou au bureau. "*»

Françoise Verne n'ose pas s'opposer à cette

demande. A l'Hôtel des Monnaies — dont elle a la charge et où de graves dysfonctionnements et des vols sont en train d'être mis au jour — elle se sait elle-même menacée. Drame familial, m'explique-t-elle :

« Je me dis que si mon mari est " révoqué ou interné ", nous ne pourrons plus vivre, les enfants et moi. De mon côté, je me sens sur un volcan à la Monnaie, où est en train d'enquêter la Cour des comptes, avec mon aide. Je quitte le haut responsable des contrôleurs d'Etat, en lui promettant d'agir. Il est environ 16 heures. De mon bureau, je rappelle le docteur. Il me dit que mon mari n'aurait pas intérêt à jouer les " Aranda [1] " et qu'il vaut mieux le protéger et nous protéger tous. Il propose que je passe le voir avec mon époux auquel, le soir même, il joue une comédie pas possible, en lui disant : *" Françoise n'est pas bien. Elle est surmenée. Il est indispensable de la faire entrer en clinique, dès demain matin. "* Et moi, je fais semblant de refuser, de me faire prier, puis de me résigner. »

Arrive le plus abominable. Il se produit dans une clinique psychiatrique de la banlieue ouest de Paris. La scène est digne du film *Les Nouveaux Monstres* des Italiens Ettore Scola et Dino Risi :

« Le mardi matin, mon mari m'amène donc à la clinique. Il ne se doute pas un seul instant que c'est pour lui. »

---

1. Gabriel Aranda : fonctionnaire du ministère de l'Equipement, membre du cabinet du ministre Albin Chalandon (sous la présidence de Georges Pompidou) ; en septembre 1972, il remet à l'hebdomadaire *Le Canard enchaîné* des documents qui révèlent d'inquiétantes compromissions du pouvoir politique avec des promoteurs immobiliers.

Françoise Verne reprend son souffle. Se cherche-t-elle des excuses ? Elle est poursuivie par le remords :

« C'est vrai que j'étais alors assez épuisée et moralement atteinte par tout ce drame. A la clinique, même comédie. Le médecin qui nous reçoit, le docteur (...), dit à mon mari : *"La chambre de Mme Verne est prête. Mais, vous aussi, monsieur, vous devez rester (...). N'est-ce pas, madame ?"* J'acquiesce. Mon mari est sonné, il ne comprend pas, il me demande les clés de la voiture, mais déjà deux infirmiers sont là, qui l'amènent à un pavillon fermé dénommé " Les Lauriers " ! Alors, j'assume la formalité de la prise en charge, des papiers, et l'on me **dit** que tout se passera bien, mais pas de visites. Je repars, effondrée. »

La suite ? Le docteur informe Françoise Verne du traitement choisi : les « électronarcoses », la forme élaborée de l'électrochoc [1] :

« Autant qu'il faudra, me dit-il, pour effacer tout souvenir de cet épisode dans la mémoire de votre mari. Pas de danger pour sa vie. Intellectuellement, il sera éprouvé, mais cela passera et il ne se souviendra jamais de rien, ni de son entrée ici, ni des circonstances qui l'y ont amené. On lui fera croire qu'il a fait une brutale dépression. »

Traitement miracle ! Envolées les fausses factures ! Envolés les contrats bidons ! Envolée l'étude sur les

---

1. Electrochoc : « Le principe de l'électrochoc consiste à provoquer chez le malade une crise comitiale, au moyen d'un courant de 100 à 150 volts agissant pendant 0,1 à 1 seconde. On fait passer ce courant sous 250 mA au maximum, au moyen de deux électrodes imbibées d'une solution salée conductrice, appliquée sur les tempes. » (Source : *Larousse médical.*)

imprimés de la Sécurité sociale ! Envolé le marché truqué de Montpellier !

« En fait, poursuit Françoise Verne, le traitement
durera jusqu'en mai 1984. Dès le mois de mars, je
peux aller le voir, une fois par semaine. Il est prostré,
les neuroleptiques lui déforment le visage. Il me
reconnaît très bien, mais la mémoire lui manque,
puisqu'il a même oublié la mort de notre chien, écrasé
le 14 décembre précédent, et qui nous avait terrible-
ment affectés. De sa " nomination " à la Seita, il ne se
souvient pas du tout, ni des " incidents ". Il me dit
seulement qu'il a hâte de reprendre son métier à la
Sécurité sociale, où il doit manquer beaucoup. Je suis
à la fois inquiète et soulagée. Il avait déjà été hospita-
lisé dans cette clinique pendant une semaine, en 1981,
pour se remettre d'un accident urinaire aigu. Je pense
qu'il s'en sortira, sans trop de casse. »

Pendant que son collaborateur est soumis à une
dose intensive d'électronarcoses — neuf au total, ce
qui constitue un « traitement hors norme » —, le chef
des contrôleurs d'Etat ne reste pas inactif. Il téléphone
régulièrement à Françoise Verne, pour lui demander
de récupérer dans le coffre de son mari, à la CNAM,
les fameux documents compromettants. La sous-directrice de l'administration des Monnaies et Médailles y
parvient, grâce à la secrétaire de son époux, boulever-
sée et indignée de ce qui arrive. Pressé d'obtenir
l'entier concours de Françoise Verne et de mettre la
main sur les précieux dossiers de son subordonné, le
chef des contrôleurs est imprudent. Il laisse diverses

traces administratives, soigneusement recensées par mon interlocutrice :

« Je lui ai fait porter les documents au ministère des Finances (...). J'ai, bien sûr, pris des photocopies [1]. Il m'a fait le chantage au maintien de la rémunération de mon mari. Puis, grâce au directeur du personnel, il a accepté de ne pas le mettre en " congé maladie ". (...) Il a donc été maintenu fictivement en activité. Bien entendu, plus de poste à la Seita, d'où j'ai fait rapatrier ses affaires. Le chef des contrôleurs d'Etat m'a conseillé de mettre mon mari en convalescence, au moins six mois, et m'a promis qu'il lui redonnerait un poste " sans contact avec l'extérieur ". Je l'ai rappelé en mai 1984, lorsque mon époux est sorti de clinique. Il m'a fait confirmer que " tout était bien oublié ". (...) Beaucoup de gens m'ont téléphoné ou écrit à cette époque : tous, de hauts fonctionnaires — comme le docteur Garretta [2], du Centre national de transfusion sanguine que mon mari contrôlait, ou le directeur de l'INRS, l'Institut national de la recherche scientifique, au conseil duquel il siégeait. Tous me demandaient la date de son retour à la CNAM. Je leur en disais le moins possible. D'autres de ses collègues m'ont appelée pour exprimer leur surprise de cette " disparition " subite. Et puis, le temps a passé. Personne n'a plus insisté. Certains ont écrit. Personne n'a posé vraiment de question précise à son sujet, sauf le chef des contrôleurs d'Etat et le directeur du personnel au ministère

1. Ces pièces sont aujourd'hui entre les mains de Me Patrick Gaultier.
2. Le directeur du Centre national de la transfusion sanguine (CNTS), au centre de l'affaire du sang contaminé, pour laquelle il a été condamné en 1993.

des Finances. En dehors d'eux, c'était le *"black out"*, mais les gens *"bien placés"* aux Finances étaient plus ou moins informés de cette histoire. »

Trop curieux, le contrôleur d'Etat de la Caisse nationale d'assurance-maladie a donc été envoyé, sous de bons prétextes, se faire nettoyer la mémoire, dans un agréable centre de santé... électrifié. De son côté, sa femme ne va pas tarder à connaître, elle aussi, les douceurs de la psychiatrie au service de la raison d'Etat.

Depuis son inculpation, le 22 décembre 1984, pour vol et recel, par le juge d'instruction Fabienne Janocka, en raison de la découverte de l'« écu carambole » de l'Hôtel des Monnaies, chez un antiquaire de Caen, Françoise Verne est d'abord laissée en liberté. Quand elle est incarcérée, le 1er février 1985, elle a déjà pris la décision de me révéler l'affaire de la Caisse nationale d'assurance-maladie, dont son mari a fait les frais. Elle profite donc de ses vacances forcées, en prison, pour coucher noir sur blanc à mon intention, tous les détails du chemin de croix enduré par le malheureux Jacques Verne, de même que les secrets bien gardés de l'Hôtel des Monnaies.

Bien que ces deux affaires soient différentes, qu'il n'y ait, entre elles, aucun lien — le contrôleur Verne n'a jamais été mêlé à la gestion de l'Hôtel des Monnaies, ni à son contrôle —, quelque part, à leur périphérie, l'une et l'autre se rejoignent.

En haut lieu — ça devient une manie ! —, on veut maintenant faire passer Françoise Verne pour folle. On essaye — mais sans y parvenir — de lui faire appliquer le fameux article 64 du *Code pénal*. Il prescrit qu'« il n'y a ni crime, ni délit, lorsque le prévenu était en état de démence au temps de l'action, ou lorsqu'il a été contraint par une force à laquelle il n'a pu résister ».

Dans l'affaire de l'Hôtel des Monnaies, Françoise Verne est seule inculpée, alors que, depuis des lustres, d'autres vols et détournements sont une spécialité de la maison, sous le regard complice de la CGT qui y est le syndicat majoritaire. Un vrai pillage : les dossiers en ma possession sont, à cet égard, époustouflants. Tout est fait pour que le Parlement et l'opinion publique, les contribuables continuent d'ignorer ces larcins. Ils ont été perpétrés en raison d'une pagaille indescriptible. Et par une kyrielle d'autres fonctionnaires, petits et grands, en plus de personnalités politiques de tendances variées...

Ces chapardages rocambolesques ont été commis dans des conditions connues de l'Inspection générale des Finances et aussi de la Cour des comptes. J'ai réussi à me procurer leurs rapports « confidentiels » de ces dernières années.

En ce temps-là, à l'Hôtel des Monnaies, Ali Baba n'a pas besoin de la formule magique, « Sésame ouvre-toi », pour pénétrer dans la caverne aux trésors. Celle-ci n'est pas fermée et chacun peut venir, à son gré, s'y remplir les poches. Le foutoir de la Monnaie a d'ailleurs été signalé, dans un rapport resté confidentiel, par un conseiller rapporteur de la Cour des comptes, fils d'un célèbre professeur de l'Institut d'études politiques de Paris. Lorsqu'il effectue sa première enquête, quai de Conti, cet énarque visite les locaux. Au fond du couloir des services des Médailles, il aperçoit une grande armoire blindée, exhibant une étiquette : « Prière de fermer ce coffre à clé. »

L'envoyé de la Cour des comptes s'étonne :

« Quelle étrange recommandation ! Serait-ce que, dans l'administration chargée de conserver des trésors nationaux, les coffres pourraient ne pas être fermés à double tour ? »

Le conseiller s'approche, s'empare de la poignée, et tire ; le lourd battant s'ouvre, comme par enchantement. Il prend note :

« Vaste meuble, à la combinaison rarement utilisée » ! ! !

Il contient, pourtant, l'ensemble des médailles en or de la « Collection générale de la Monnaie » (médailles de baptême, de naissance, de mariage, etc.) aux modules et aux poids les plus divers, ainsi qu'un nombre incalculable (puisqu'il ne l'a jamais été) de chaînes du même métal. Bref, toutes les médailles en or de l'Etat, sauf celles déposées au Comptoir français de la Monnaie.

Le conseiller note encore que des dizaines d'employés circulent quotidiennement devant le coffre, sous la seule surveillance d'un agent de maîtrise installé dans un bureau vitré voisin. Quand il s'absente, ne serait-ce que pour des raisons naturelles, personne ne garde plus le meuble blindé, manipulé par six vendeurs. Ceux-ci ne respectent pas davantage les règles de sécurité les plus élémentaires. D'où ce dialogue surréaliste entre l'enquêteur de la Cour des comptes et le chef du service des Médailles. Judicieuse remarque du conseiller :

« Les bijoutiers privés mettent automatiquement la combinaison après chaque opération.

— Nous ne pouvons pas le faire, lui rétorque le chef de service, car les vendeurs ont besoin d'accéder à ce coffre très souvent... Et puis, ici, monsieur le conseiller, nous ne sommes pas chez Cartier. Nous sommes à la Monnaie. »

Lapsus révélateur : il veut dire dans la caverne d'Ali Baba... et de ses 1 000 voleurs. Car, en ce temps-là, à l'Hôtel des Monnaies, ils se comptent par centaines.

Avec Françoise Verne — grâce aussi aux dossiers qu'elle me transmet, de même que ceux réunis par mes soins — je découvre un monde fantastique. Me voilà chez des extraterrestres.

De l'or et de l'argent, du lingot et des médailles, du bronze, du platine et des « coffrets surprises », la Monnaie en distribue alors à pleines mains. Les patrons fastueux, les dilettantes, les mégalomanes, les ouvriers épris des nobles métaux, les cleptomanes, les mécènes prodigues des biens d'autrui, les prolétaires révolutionnaires en rupture d'Etat bourgeois, les profiteurs en col blanc, les virtuoses du rossignol, les voleurs, receleurs, chapardeurs et autres boy-scouts en sac à dos (bien pratiques pour les transports du vendredi soir) sont chez eux. Ils se côtoient en toute fraternité, en cet Hôtel des Monnaies où, jusqu'à présent, il n'y a eu :

• ni inventaire ;
• ni comptabilité analytique ;
• ni répertoire à jour des pièces les plus précieuses ;

• ni fonctionnaire chargé de la sécurité pour empêcher ces razzias dont tout le monde est conscient...
Incurie ancienne. A l'exception du ministre RPR
Robert Boulin (sous Giscard), les ministres de tutelle
successifs de la Monnaie ont laissé faire. Depuis 1981,
la CGT d'alors s'y croit tout permis. Les rapports officiels sont confondants.

Les dossiers que j'ai sous les yeux montrent, à l'évidence, que Françoise Verne n'est pas la seule susceptible d'encourir les foudres de la Justice. Elle en est
consciente et elle me le dit : dans une affaire de cette
importance — il s'agit tout de même de détournements au préjudice de l'Etat —, il n'est pas bon d'être,
tout à la fois, le seul inculpé et unique témoin.

Pour les vols à l'Hôtel des Monnaies et Médailles,
Françoise Verne — qui, devant moi, clame son innocence — va être la seule à payer les pots cassés. Après
deux années et la nomination d'un nouveau juge, plusieurs changements d'avocats, des pressions en tous
genres, elle est condamnée, en 1988, à 18 mois de
prison avec sursis.

De mon côté, je renoncerai à publier le livre, pourtant terminé, où j'expose les deux volets — Caisse
nationale d'assurance-maladie et Hôtel des Monnaies
— du dramatique dossier Verne. Le roman autobio-
graphique écrit par Françoise Verne, sous le titre évo-
cateur *Le Carambole,* ne paraîtra pas non plus. Cet
ouvrage de 215 pages était prévu pour compléter le
mien. Dans une note liminaire, Françoise Verne précise qu'il est « tiré d'un fait divers ». Et que « le décor,
planté pour être vrai, requiert de n'être pas sans lien

avec la réalité ». Aujourd'hui dans mes archives ce manuscrit donne toutes les clés de l'affaire.

Si, finalement, mon ouvrage annoncé, *Vol et recel de vol au sommet de l'Etat,* n'a pu être édité en 1985, c'est en raison de l'intervention inopinée du frère de Françoise Verne. Personnage alors inconnu du public, il est, aujourd'hui et depuis quelques mois, à la une de la presse, à la rubrique judiciaire. Didier Schuller — car c'est de lui dont il s'agit — s'opposait alors à la publication de mon livre et de celui de sa sœur.

Enarque lui aussi, mais d'un style particulier : sa conception du service public est faite d'intrigues. Nous ne nous sommes jamais fréquentés, mais je le sais opportuniste, ambitieux à l'extrême, au point d'être capable d'épouser les causes les plus contradictoires, dans la mesure où elles correspondent à ses intérêts. Successivement membre des comités Tixier-Vignancour, chabaniste, radical de gauche, puis radical valoisien, avant d'atterrir au RPR, il a fait un passage remarqué, avant 1981, au ministère du Commerce et de l'Artisanat, où il était en charge des autorisations d'ouverture de supermarchés. Poste stratégique.

Cette fois-là, en 1985 — et devant témoin —, Didier Schuller tente de m'entraîner dans un jeu pervers, de me faire le complice de ses manigances :

« Il n'est pas question que votre livre paraisse, me dit-il. Je m'y oppose. Les documents que ma sœur vous a confiés ainsi que ses déclarations devaient, dans mon esprit, servir de matière première à votre ouvrage. Mais il n'a jamais été question qu'il soit imprimé. »

En clair, Didier Schuller compte manifestement se servir de mon manuscrit comme monnaie d'échange.

A quel troc veut-il aboutir ? L'impunité de qui, dans les vols à l'Hôtel des Monnaies, cherche-t-il à garantir ? Sordide marchandage ! Que promet-on, en haut lieu, en échange de son silence (et celui de sa sœur qu'il terrorise) sur le sordide traitement infligé au contrôleur Verne, son beau-frère ? Je suis scandalisé. A Didier Schuller dont je découvre les effrayants côtés je dis, haut et fort, le fond de ma pensée... et j'ajoute:

« Vous n'aurez jamais mon manuscrit, je ne veux plus vous voir, et je préviens immédiatement les autorités concernées. »

Je ne reverrai plus la malheureuse Françoise Verne qui, subitement, disparaît dans la nature.

Devenu, plus tard, le directeur de l'Office départemental des HLM des Hauts-de-Seine et le représentant du RPR à Clichy, Schuller va continuer à duper son monde. Même les plus hautes autorités... politiques et judiciaires. Les dégâts seront considérables. En vacances américaines (ou africaines) prolongées — il est maintenant sous le coup d'un mandat d'arrêt —, Didier Schuller est mis en cause dans l'affaire à rebondissements des fausses factures des HLM de la région parisienne. Justice immanente.

1981-1995 :
Les milliards se ramassent à la pelle

Puisque, dans *Rendez l'argent !,* j'entends présenter aux pilleurs de troncs de la République la vraie facture de leurs méfaits, il me faut procéder, avec les moyens qui sont les miens, à l'évaluation la plus exacte possible de ces années folles du racket socialiste.

En me basant, notamment, sur les précieux cahiers de Jo Delcroix et les autres pièces en ma possession, j'arrive prudemment, rien que pour Urba, à la bagatelle de quelque 120 millions de francs ponctionnés, chaque année, entre 1981 et 1991, dans les entreprises. Total : plus de 1,2 milliard de francs. *In fine,* ce sont les contribuables qui payent les surplus réglés par les entreprises pour obtenir les marchés. Ces rallonges étant répercutées sur le prix facturé à la mairie, au Conseil général... ou à l'administration concernée, adjucatrice de l'appel d'offres truqué.

Je ne compte ici que les « retombées » — comme dit Delcroix — qui sont destinées aux élus de base du PS. En effet, la justice a obstinément refusé de pousser plus avant ses recherches. Comment faire état, à sa place, des valises d'argent liquide, des comptes codés au Panama, en Suisse, au Liechtenstein et autres paradis fiscaux, de tout ce qui apparaît pourtant, en filigrane, dans ces nombreux dossiers ?

Au pactole rapporté par Urba, il faut ajouter les contributions tout autant frauduleuses des fameux réseaux « parallèles » des camarades Reyt, Gabaude, Giustiniani, Orta, Cottineau, Palacin, Diaz et j'en passe. Et de combien d'autres organisations connues, au service des éléphants du PS.

Je pourrais, dans ce livre, développer, de la même manière que pour Urba, des dizaines d'autres affaires, parfois moins spectaculaires mais tout aussi inquiétantes.

Dans les banques, les grandes institutions financières de l'Etat, les groupes nationalisés de l'industrie, dans les marchés à l'étranger garantis sur fonds publics, ce sont des dizaines de milliards de francs qui se sont évanouis, qui ont atterri sur les comptes de sociétés exotiques : à Panama, à Grand Caïman, aux Bermudes, à Jersey et Guernesey, en Autriche, en Suisse et au Liechtenstein, quand ce n'est à Hongkong ou dans la plaine de la Bekaa, au Liban.

Mes dossiers regorgent d'histoires les plus scabreuses. Certaines sont dignes des meilleurs romans policiers ou d'espionnage. Dans les années qui viennent, elles me fourniront une matière abondante.

Dans *Rendez l'argent !* si j'ai choisi de mettre en relief le dossier Urba, c'est en raison de son exemplarité. Au terme des années Mitterrand, il est celui qui nous permet de remonter à l'origine du mal, de trouver le cancer originel de la corruption... qui s'est ensuite généralisé.

Tout le reste n'est que... métastases !

Les partis de droite, nous l'avons vu, ne sont pas épargnés par le fléau. Pourquoi se seraient-ils encombrés de scrupules, puisque l'exemple vient de si haut, des propres amis de François Mitterrand, élu par deux fois, au nom de la vertu et de la morale, les deux enseignes du fonds de commerce socialiste ? Au même titre que le PCF et le PS, les partis de droite ne peuvent faire l'économie d'un examen de conscience, d'une rupture nette et définitive avec des errements dont on veut croire qu'ils n'auront été qu'un accident de parcours.

Faudra-t-il que, sous les coups de boutoir des scandales, la société politique implose pour que ses responsables prennent enfin conscience que le temps des voleurs et des cyniques est révolu ?

Depuis la solitaire rébellion d'Antoine Gaudino et son « enquête impossible », plus rien n'est comme avant. La France ne peut plus échapper à l'intensification de la lutte engagée, partout en Europe, contre les corrupteurs et les corrompus. Les résultats s'annoncent aussi éclatants que ceux déjà obtenus dans la gigantesque et salubre opération « Mains propres » de nos voisins italiens. Mais, aujourd'hui, les plus grandes affaires sont demeurées impunies. Certaines — comme les dossiers Boucheron et Orta — ont été opportunément « saucissonnées ». A l'instruction, pour partie, depuis sept ou huit ans, on attend toujours qu'elles soient jugées en totalité.

Pendant qu'une poignée de juges d'instruction, intègres et courageux, se battent pour aboutir à la manifestation de la vérité, la majorité de leur quelque six cents collègues font du sur-place. Ils sont davantage préoccupés par l'avancement de leur carrière, ou les intérêts partisans de leur syndicat, que par une bonne administration de la Justice.

En France, aux Olympiades des courses de lenteur judiciaire, il n'y a, pour l'heure, que des gagnants.

Intervenues durant l'été de 1988, juste après la réélection de François Mitterrand, les fraudes boursières répertoriées, lors du provocateur raid sur la Société Générale, sont dans les oubliettes de la Justice, au tribunal de Paris. Entre les mains du juge Mireille Filipini, l'affaire est en panne, alors qu'un dossier similaire, celui des initiés du scandale Pechiney-Triangle (la même année) a été, depuis lors, jugé par deux fois, en première instance et en appel.

Qui protège-t-on ? Que veut-on cacher, pour des faits qui ne sont toujours pas prescrits ?

Hold-up politico-financier aux dimensions difficilement égalables, le raid sur la « Générale » a, selon les estimations des financiers les plus qualifiés, permis d'amasser illégalement, sur des comptes camouflés dans plusieurs paradis fiscaux et dans des conditions inouïes, des sommes dont le total dépasse le milliard de francs. L'information judiciaire à retardement, ouverte seulement en septembre 1990, implique des personnalités de premier plan : l'ex-PDG de L'Oréal François Dalle, un des plus anciens camarades de François Mitterrand ; Georges Pébereau, ancien patron de la CGE nationalisée, qui racheta à prix d'or (en 1982) la société en déconfiture Vibrachoc de Roger-Patrice Pelat, autre intime du Président ; Jean-Charles Naouri, ex-directeur de cabinet de Pierre

Bérégovoy, au ministère de l'Economie et des Finances. Encore que ce dernier n'ait eu droit qu'aux ronds de carottes...

Ce milliard de francs volatilisé en Suisse... et ailleurs, lors de l'OPA sauvage sur la Société Générale, met surtout en scène l'inévitable Caisse des Dépôts et Consignations, énorme machine financière de l'Etat qui gère quelque 1 600 milliards de francs par an, volume équivalent au budget de la France. C'est grâce à sa générosité, supervisée depuis l'Elysée par le conseiller du Président, Charles Salzmann, que des « golden papies », amis du pouvoir socialiste, ont pu passer à l'attaque. Il a été établi par une commission de contrôle sénatoriale (l'excellent rapport immédiatement oublié de Roger Chinaud, en avril 1989) qu'un milliard de francs a été généreusement mis à leur disposition par la Caisse.

Pour les besoins de ce spectaculaire coup de Bourse, les fonds publics ont été logés dans d'exotiques sous-filiales panaméennes, immatriculées à Genève, au consulat de l'ancienne dictature du narco-trafiquant Manuel Noriega. Infraction caractérisée aux règles régissant la mission de la Caisse des Dépôts, qui a l'obligation de gérer l'épargne des Français en bon père de famille.

Dirigée, de 1982 à 1992, par Robert Lion, l'ancien directeur de cabinet du Premier ministre Pierre Mauroy, la Caisse des Dépôts a fait la part belle aux copains recommandés par le pouvoir. Elle est devenue l'oasis

enchantée d'affairistes de tout poil, venus s'y désalté-
rer à l'ombre de palmiers dorés.

Surnommé « le roi de la jungle », en raison de sa
gestion de lion, Robert n'a, durant son mandat, pas
grand-chose à craindre du député PS Christian Pierret, président de la Commission chargée de surveiller
sa gestion, de 1988 à 1993. Pierret traîne alors derrière
lui une casserole dont il ne se flatte guère : la faillite
frauduleuse, dans les Vosges, de la fabrique de rétroviseurs CIPA, où plusieurs millions de francs se sont
évanouis, au travers d'un sinueux circuit de sociétés
écrans et d'associations amies. Valse infernale de
l'argent facile !

Sous le règne impérial de Lion, la Caisse ne se
refuse rien. En novembre 1990, la troisième chambre
de la Cour des comptes de la Nation a établi, pendant
huit jours, un rapport acide (n° 90-532), frappé du
sceau « confidentiel », sur les activités financières de
la Caisse des Dépôts. Robert Lion (qui quittera brus-
quement l'institution, à l'automne 1992) y est sévèrement épinglé pour sa gestion :

« De l'ensemble des observations qui résultent des
investigations menées par la Cour, se dégagent trois
conclusions principales :

1. Les conditions dans lesquelles ont été effectuées
certaines opérations sur actions (à l'occasion du krach
[boursier] de 1987 ou de l'introduction en Bourse du
titre Eurotunnel) sont contraires à la mission fiduciaire traditionnelle qui est la raison d'être de l'établissement et ont causé aux sections d'épargne, et
notamment à la section CEP [les Caisses d'épargne et de
prévoyance], des préjudices importants ;

2. De tels errements n'auraient pu se produire si

des mécanismes de protection suffisants avaient été mis en place ;

3. Les conditions dans lesquelles ont été menées certaines opérations (Wagons-Lits, opérations exceptionnelles de 1988) paraissent éminemment critiquables. »

Ai-je besoin de préciser que la Caisse des Dépôts (qui draine 25 % de toute l'épargne française) n'a pas pour vocation de jouer aux « golden boys » avec les fonds des petits épargnants. Pourtant, sous la direction de Robert Lion, un socialiste pur sucre — encarté à la Fédération PS de Paris —, les spéculations les plus acrobatiques deviennent monnaie courante.

La participation (28 % du capital) acquise par la Caisse, en Belgique, dans la Compagnie des Wagons-Lits, sera finalement revendue au groupe hôtelier Accor, dans lequel Christian Pierret n'est pas gêné de se faire embaucher, après sa défaite aux élections législatives de 1993. Il y côtoie aujourd'hui Jean-Marc Simon, l'ancien numéro deux de la Caisse.

Tout au long des deux septennats de François Mitterrand, les frasques de la Caisse des Dépôts ne se comptent plus. Parmi les plus voyantes, il me faut citer trois exploits :

• Le ruineux et délirant financement — plusieurs milliards de francs — de la station de ski Les Arcs, en Savoie, pour le plus grand bonheur de son fondateur, Roger Godino, conseiller du Premier ministre Michel Rocard, de 1988 à 1992 ;

• Le trouble soutien accordé (avant sa banqueroute) à la société de promotion immobilière Les Beaux Sites, pour lequel Robert Lion a tout de même été mis en examen, mais après que des centaines de petits actionnaires eurent été ruinés ;

• L'ardoise de plus de 250 millions de francs laissée à la Caisse, en 1994-1995, par le GPG (Groupement privé de gestion), étrange société de spéculation boursière où officie un marchand de vin (?) associé à Monsieur frère, le général Jacques Mitterrand.

La mise au jour de tous ces milliards dilapidés sans compter, par le premier établissement financier de France, n'a entraîné, jusqu'à aujourd'hui, aucun contrôle général de ses comptes et de ses services. A elles seules, les dépenses, spéculations et gabegies de la vénérable Caisse mériteraient pourtant une étude spécifique. Sans doute faudra-t-il que, dans un livre sur les folles aventures financières de cette fin de siècle, soit réservée à la Caisse des Dépôts une place à la hauteur de ses largesses.

Le « Gang du Lyonnais » restera-t-il, lui aussi, longtemps impuni ?

Qu'attend-on, cette fois encore, pour lancer une information judiciaire digne de ce nom — globale et centralisée — sur les milliards de francs qui se sont envolés, au Crédit Lyonnais, sans que jamais, jusqu'à présent, on ait réussi à savoir dans quelles poches et sur quels comptes à numéro ils ont atterri ?

Les 745 pages de l'excellent rapport de la Commission d'enquête parlementaire sur le Lyonnais [1] prési-

1. Assemblée nationale, rapport n° 1480, collection *Les Documents d'information*.

dée par Philippe Séguin — avec pour rapporteur l'incorruptible François d'Aubert, l'actuel secrétaire d'Etat au Budget — sont une mine inépuisable de pistes. Malheureusement, l'Assemblée nationale n'a ni les mêmes moyens, ni les mêmes missions et objectifs que l'autorité judiciaire.

Aujourd'hui, toujours selon la bonne vieille technique du « saucissonnage », quatre ou cinq instructions différentes et parcellaires sont ouvertes sur les déboires du Lyonnais. Enterrement de première classe garanti ! De qui se moque-t-on ? Ici, les sommes chapardées ou gaspillées se chiffrent en dizaines de milliards. Les escrocs internationaux Giancarlo Parretti et Robert Maxwell, grandes coqueluches de la gauche tiroir-caisse, n'ont pas été oubliés dans la distribution.

L'ardoise du Crédit Lyonnais est estimée, officiellement, à la bagatelle de 135 milliards de francs. Autant que le chiffre d'affaires annuel des groupes comme Renault ou Peugeot. Encore s'agit-il d'un chiffrage provisoire. Les pertes pourraient être bien plus lourdes.

En janvier 1995, la très sérieuse banque d'affaires new-yorkaise Goldmann-Sachs considérait que « la taille des problèmes du Crédit Lyonnais n'a pas encore été pleinement évaluée ». Selon ses analystes, le montant des actifs à risque de la banque nationalisée « pourrait dépasser les 200 milliards de francs ».

Qui dit mieux ?

L'estimation des capitaux perdus par la collectivité nationale, durant les deux septennats exemplaires de François Mitterrand, nous conduit à des hauteurs vertigineuses, inimaginables. A lui seul, le yachtman à crédit Bernard Tapie aura coûté plus de 1,3 milliard de francs au Lyonnais. Et donc, quoi qu'il en dise aujourd'hui, à l'Etat et aux contribuables, propriétaires de la banque. Mais Tapie porte toujours beau. Il continue de squatter, avec sa petite famille, sans être gêné le moins du monde son ancien hôtel particulier de la rue des Saints-Pères, pourtant saisi.

Pas vraiment inquiet, Tapie annonce, dans *Le Journal du dimanche* du 18 juin 1995, son intention de débuter une nouvelle carrière dans le cinéma, entre deux séances au Parlement européen, où il continue de siéger, malgré deux condamnations, en première instance et contre lesquelles il a fait appel :

• Le 15 mai 1995, à un an de prison ferme... et une première peine d'inéligibilité, dans le cadre de l'affaire du match de football truqué Valenciennes-Olympique de Marseille ;

• Le 31 mars précédent, lors de la mise en liquidation judiciaire personnelle des époux Tapie, à l'interdiction d'exercer toute fonction élective pendant cinq ans.

Ce qui n'empêche pas le fier-à-bras Tapie, si souvent flatté et fêté par le Président François Mitterrand, de persister à se présenter comme la victime d'un scandaleux acharnement judiciaire. Et de narguer, arrogant, les honnêtes gens, ses collègues du Parlement européen.

A la Française des Jeux, Gérard Colé, l'ancien conseiller pour la communication de François Mitterrand, a pu croquer, comme d'autres, dans l'un des meilleurs fromages de la République. Aujourd'hui mis en examen pour « abus de biens sociaux, faux et usage de faux », par le juge de Nanterre Isabelle Orsini, l'ancien PDG de la Française des Jeux doit répondre de prélèvements et malversations dans les caisses de sa société, dont nul ne mesure encore l'ampleur.

Le Loto, c'est la pochette-surprise : les sommes évacuées en Suisse et dans les paradis fiscaux, à la Krediet Bank de Lugano notamment, sont protégées par le lourd secret bancaire helvétique. Au magistrat-instructeur, Gérard Colé n'a pas voulu donner la clé de ces lointaines tirelires... et l'identité de leurs non moins mystérieux bénéficiaires. Mais il a benoîtement expliqué comment, sous les lambris dorés de l'Elysée, a été organisé le partage des dépouilles de la République. Récit ubuesque, rapporté, dans *Le Monde* du 14 janvier 1995, par le journaliste Hervé Gattegno :

« Ma nomination à la tête de France-Loto a été une idée de Michel Charasse, à l'époque ministre du Budget et conseiller du Président. Il est le seul à avoir la jouissance d'un appartement à l'Elysée, c'est d'ailleurs dans la salle à manger de ses appartements que, tous les mercredis, à l'issue du Conseil des ministres, avait lieu le " déjeuner des marquis ", déjeuner au cours duquel se ventilent *[sic]* les postes de la République. J'étais invité en permanence à ces déjeuners. En juin 1989, Michel Charasse m'avait demandé si je n'étais pas intéressé par la présidence du Loto national. Je ne connaissais pas les jeux. Charasse m'avait expliqué que le Président était embêté par la candidature de deux membres du PS à ce poste. Je me souviens d'ailleurs que Charasse m'avait dit : *" Faire voter seize millions d'électeurs ou les faire jouer au Loto, c'est pareil. "* Le

Président de la République a donné son accord, à la condition que je continue à m'occuper de lui. Je suis donc devenu président de France-Loto, et parallèlement, je continuais à travailler pour le Président et Michel Rocard. »

Déposition révélatrice : nous ne sommes plus à la présidence de la République, mais à la cour du Roi-Soleil. De surcroît, c'est Charasse qui régale... déguisé en moulin à vent.

Je pourrais m'étendre longtemps — mais à quoi bon ? — sur les milliards emmagasinés pendant toutes ces années par les camarades de l'Elysée et de la rue de Solférino, à chaque fois qu'une occasion de profit a surgi à l'horizon.

Roger-Patrice Pelat, celui que l'on appelle « Monsieur le vice-président », jusqu'à sa mort subite, le 7 mars 1989 (en plein scandale Pechiney dont il est le personnage central), n'est pas un franc-tireur. Dans la meute, nombreux sont les amis qui, comme lui, ont profité des largesses de l'« Etat PS »... et des sociétés publiques. Les plus belles pièces du tableau de chasse font plaisir à voir :

• Affaire Aletti-Cogema. Elle est, en décembre 1986, le premier grand scandale boursier des années Mitterrand. « Golden boy » fringant, très en cour dans la nomenklatura socialiste, à l'Elysée (par l'intermédiaire de sa maman et de sa sœur) ou au cabinet de Pierre Bérégovoy, Jean-Marc Aletti a jonglé sur les marchés financiers, pendant toute la mirifique période du boom de la Bourse, entre 1985 et 1987.

Pas avec son argent, mais celui des grands groupes nationalisés. Bilan : une « perte sèche » de 259 millions de francs... pour le groupe public Cogema qui, il est vrai, donne dans le nucléaire. D'autres sociétés nationalisées — et non des moindres — ont été aussi piégées, pour des montants considérables. Mais les investigations butent — là encore et comme toujours — sur le secret bancaire helvétique et les lenteurs de notre justice. En juin 1995, l'information judiciaire, ouverte début 1988, n'est toujours pas bouclée ! Sur les bords du Léman, les magistrats suisses sont surpris du peu d'empressement des juges français à demander leur concours.

• Acquisition par Air France, en janvier 1990, de la compagnie aérienne privée UTA (Union de transport aérien) au groupe Chargeurs du milliardaire de gauche Jérôme Seydoux. Coût : 7 milliards de francs, alors qu'UTA vaut moitié moins et que le nouvel ensemble, né de la fusion Air France-UTA, ne cesse, depuis, d'accumuler les milliards de pertes. Affaire conduite par Bernard Attali (le frère jumeau de Jacques, longtemps conseiller spécial de Mitterrand à l'Elysée). Dans un épais rapport d'enquête parlementaire, les sénateurs Ernest Cartigny (UDF) et Serge Vinçon (RPR) s'interrogent sur de nombreux points obscurs, dont une forte spéculation boursière sur le titre UTA, durant les mois qui précèdent la transaction. Un autre délit d'initiés, comme dans les affaires de la Société Générale ou Pechiney. Mais, ni la COB (Commission des opérations de Bourse), ni le parquet n'ont voulu se pencher sur ce dérapage. Là encore les milliards ont valsé. Depuis le rapprochement avec Air France, de nombreux anciens salariés d'UTA estiment avoir été floués. Ils ne désarment pas et réclament des comptes sur les conditions de la cession ultérieure, par Air France, des actifs d'UTA, dont sa flotte d'avions ou les 50 % des villages du Club Méditerranée à Moorea et à Bora Bora, en Polynésie française. Ils veulent également des explications sur le complexe montage financier, imaginé par Air France, pour gérer sa flotte (avec les anciens appareils d'UTA), en payant le moins d'impôts possible. Groupe public, la compagnie n'hésite pas à faire appel aux paradis fiscaux les plus appréciés des fraudeurs : les Bermudes et Curaçao, aux Antilles néerlandaises. Là est domiciliée, avec l'autorisation écrite de Michel Charasse, ministre du Budget, la filiale Air France Partnairs Leasing (AFPL). Et je passe, ici, sur les cinq sociétés installées au Japon, à des adresses énigmatiques, propriétaires d'un Boeing 767 et de deux Airbus A 320 loués par Air France. Pourquoi faire simple quand on peut faire compliqué ?

• Affaire Yves Saint Laurent. Que dire de la prise de contrôle, le 19 janvier 1993 (peu avant le retour de la droite au pouvoir en mars), de la célèbre maison de couture et de parfums par la société cotée Sanofi, filiale du groupe pétrolier Elf-Aquitaine, alors nationalisé ? Nouveau délit d'initiés à la Bourse de Paris, assorti d'une nouvelle faveur du régime. Pierre Bergé, le compagnon de promenade de François Mitterrand et PDG de Saint Laurent, se partage avec son associé (Yves Saint Laurent) 365 millions de francs d'indemnités tombées du ciel. Avant d'empocher ce pactole, le couple Bergé-Saint Laurent se distingue dans une double infraction boursière : la cession d'actions Saint Laurent, de juillet à septembre 1992, par l'intermédiaire de trois banques suisses (et sans passer par une société de Bourse française, comme le règlement l'exige). Un délit d'initiés caractérisé, puisque ces titres sont, comme par hasard, vendus juste avant la publication des mauvais résultats de la société Saint Laurent... et l'inévitable chute du cours de son action qui devait s'ensuivre en Bourse.

Entre Roger-Patrice Pelat (l'initié vedette du scandale Pechiney), François Dalle (le « golden papy », aujourd'hui installé à Genève, après sa discrète mise en examen pour l'affaire de la Société Générale) et le spéculateur de choc Pierre Bergé, qui n'est pas le moins avide de la bande, François Mitterrand n'a vraiment pas de chance avec ses copains milliardaires, spéculateurs insatiables.

Il reste, pour la bonne bouche, la mirifique « affaire Joséphine ». Elle est, sans conteste, sous ce nom de code qui ne s'invente pas, celle qui devrait être la priorité des priorités de nos juges. A condition qu'ils veuillent bien se donner la peine d'identifier ses acteurs, en France comme à l'étranger, et de trouver, éventuellement, la destination du **1,136 milliard de dollars** (près de **6** milliards de francs, excusez du peu !) de commissions frauduleuses encaissées auxquelles, selon les documents en ma possession, elle aurait donné lieu. On rêve.

Dans *Mitterrand et les 40 voleurs...* [1], j'ai déjà tracé les

1. *Op. cit.,* pp. 266 à 274.

grandes lignes de ce dossier hallucinant. Mais allons plus loin.

Peu après la publication de ce livre, le 30 juin 1994, répondant à une interview de Pascal Krop, dans *L'Evénement du jeudi,* j'ai donné de plus amples informations sur le radioactif dossier « Joséphine ». Sans manifestement éveiller le moindre intérêt chez le procureur de la République de Paris, Bruno Cotte.

La centaine de pages — dont plusieurs originaux — du dossier Joséphine, aujourd'hui dans mes coffres, révèle le déroulement et les modalités de la plus faramineuse opération financière clandestine jamais imaginée dans l'histoire de la République. Il s'agit du prêt de 24 milliards de dollars — la bagatelle de 125 milliards de francs ! — que l'Arabie Saoudite se propose d'octroyer à la France, en avril 1983, alors que les caisses du gouvernement Mauroy sont vides, à la suite d'un programme de nationalisation ruineux et de plusieurs erreurs de gestion.

L'opération couvait depuis plusieurs mois. Déjà, le 7 décembre 1982, deux journalistes du *Quotidien de Paris* — Claire Chazal, aujourd'hui présentatrice du journal télévisé de *TF1,* et Stéphane Denis, éditorialiste à *Paris-Match* — révèlent « l'histoire secrète de la négociation menée à Riyad par les envoyés spéciaux du ministre de l'Economie » Jacques Delors. Une photo de celui-ci illustre l'article avec une légende adéquate : « Un ministre fiévreux pour un franc malade. »

A cette date, Claire Chazal et Stéphane Denis sont formels : « La France a obtenu de l'Arabie Saoudite l'ouverture d'une ligne de crédits en dollars. » Ils évoquent un montant considérable de 8 milliards de dollars, le double du montant de l'emprunt international de 4 milliards de dollars contracté peu avant par Paris. Cependant, jamais celui-là ne sera officiellement confirmé. Le Trésor se contente alors d'indiquer, « officieusement », que « la France suivait ainsi l'exemple d'autres pays européens, qui ont eu, par le passé, eux aussi, recours aux pétrodollars pour franchir des caps difficiles ».

Le dossier Joséphine, qui semble intéresser beaucoup de monde, nous éclaire sur ce qui s'est passé par la suite, durant toute l'année 1983 et jusqu'en 1985. Pour cacher l'état catastrophique des finances de la France, et échapper à la réglementation contraignante du Fonds monétaire international, il apparaît qu'un emprunt international privé a été décidé. Et que la Banque de France a été tenue volontairement à l'écart. En effet, le bon usage voudrait que tout se passe au grand jour, au moyen d'une transaction officielle, d'un prêt d'Etat à Etat. Et par le canal de la Banque centrale française. Rien de tout cela dans cette curieuse opération. Ce que veut le gouvernement de l'époque, c'est négocier discrètement un « prêt monétaire privé pouvant aller jusqu'à 25 milliards de dollars américains », le tout avec la garantie des cinq premières banques françaises, alors toutes du secteur public ou parapublic : la BNP, le Crédit Lyonnais, la Société Générale, le Crédit Agricole et Paribas.

Le 21 juillet 1994, je fournis ces nouveaux éléments et d'autres à l'hebdomadaire *L'Express*. Ils n'éveillent pas davantage l'attention du procureur de la République. Pourtant, ce que je dis ne devrait pas le laisser indifférent.

L'analyse des documents en ma possession — notamment les originaux que j'ai récemment retrouvés en Suisse — donne d'intéressantes précisions sur la façon dont l'opération Joséphine — une tentative d'escroquerie au préjudice des finances de la France ! — semble s'être déroulée, sans que jamais le parquet soit saisi.

En 1983, les capitaux saoudiens sont en dépôt à New York, et il est prévu de les faire transiter par la Citibank de Londres... Le 26 avril, on évoque une proposition de prêt de 24 milliards de dollars, par tranches de 4 milliards, bientôt ramenées à 2 milliards. Les fonds sont effectivement mis à la disposition de la Citibank de Londres et, plus précisément, à celle de l'un de ses importants dirigeants, le vice-président Peter Forbes, éconduit depuis, en raison précisément de sa participation à cette aventure. Un mois plus tard, le 24 mai, le prêt est fixé à 23,5 milliards de dollars, pour une durée de vingt ans.

Au journaliste de *L'Express,* Renaud Boutmy, j'ai montré les preuves sur lesquelles je me base. Dans une missive du 19 novembre 1983 — elle émane d'un intermédiaire texan, Wallen Rutland —, je retrouve l'historique des démarches entreprises par le gouvernement français de l'époque, pour la réalisation effective du fameux prêt saoudien. Que dit-il ? Plutôt que de procéder normalement, des officiels français sont à Londres, le 25 mars 1983, dans le cabinet d'avocats britanniques Peter T. James and Co. Là a lieu une « réunion de travail pour mettre au point le mécanisme de l'opération ».

Je vais vite découvrir que l'argent est prêté par les Saoudiens, au taux de 8 %, mais que, au terme de nombreux rendez-vous, à la Citibank de Londres, les officiels français, dont un ministre de haut rang, ont accepté de faire apparaître dans le contrat, comme rémunération des fonds prêtés, un taux d'intérêt de 9,5367 % par an. Plusieurs intermédiaires se chargent de prélever, au passage, dans des paradis fiscaux, une commission destinée, à parts égales, aux officiels saoudiens et français, initiateurs de l'opération.

La grande cuisine commence.

Créée dans le paradis fiscal de Grand Caïman par les représentants des Saoudiens, une société, Pearce Trust, doit « servir de paravent ». Elle reçoit les capitaux venant de chez le roi Fahd, au taux de 8 %, pour les reprêter à un taux supérieur. « La différence, 1,5367 % est destinée à payer les frais divers. » Autrement dit, les juteuses commissions des deux parties !

Rien de cet étourdissant dossier n'aurait jamais transpiré, si les intermédiaires, se présentant comme mandatés par le gouvernement socialiste français, n'avaient commis la folie d'essayer de « piquer », en plus de leur part du gâteau, celle du prêteur saoudien.

Dans les documents à ma disposition, on évoque un total de commissions de 1,136 milliard de dollars, somme prélevée sur la première tranche de crédit débloquée, à savoir 7,1 milliards de dollars.

Le dossier Joséphine spécifie que les intérêts des Saoudiens sont représentés par Mohammed Friouichen, financier et homme d'affaires basé en Allema-

gne, lui-même agissant pour le compte de Mahmud
al-Hassan Bhatti, l'agent du prêteur principal. Pour
l'éliminer, lui voler son dû, on a créé, à Jersey, une
autre société du même nom que celle de Grand Caïman : Pearce Trust Corporation. L'enfance de l'art !
Un vieux procédé d'entourloupe qui consiste à jouer
sur la confusion des noms. C'est cette Pearce Trust bis
qui est chargée de l'arnaque, c'est-à-dire d'encaisser
la commission qui, normalement, aurait dû revenir à
la première Pearce Trust.

Dans les studios de cinéma, Lino Ventura et Jean-
Paul Belmondo n'ont jamais fait mieux. Et James
Bond peut aller se rhabiller ! Dans les sables du désert
et toute l'Arabie ce type de razzia n'est pas sans risque.
Chacun connaît le tarif : la main coupée... Quand ce
n'est la tête. Les compères de « l'opération Joséphine » sont des courageux.

Au lieu d'être partagée comme prévu — à 50/50,
entre les intermédiaires français et saoudiens de la
transaction —, la coquette commission occulte de
1,136 milliard de dollars est encaissée, dit-on, dans sa
totalité, par un ou plusieurs aigrefins gravitant, de
toute évidence, autour du pouvoir socialiste.

Grugés, les prêteurs saoudiens réagissent très mal.
Pendant toute la fin de l'année 1983, et les années
suivantes sans discontinuer, leurs représentants et avocats, arabes, américains, anglais ou suisses, ne cessent
de harceler à Paris le ministre des Finances, la présidence de la République, l'hôtel Matignon, le Crédit
Lyonnais, le trésorier du PS... et j'en passe, pour ten-

ter de récupérer cet argent correspondant à ce qu'ils considèrent comme des « services rendus ».

Dans un document original, une très haute personnalité de l'Etat, aujourd'hui sur le devant de la scène, est mentionnée comme étant chargée de la « distribution » *[sic]*. Cela, après que les commissions ont finalement été repérées sur un compte de la Banque internationale du Luxembourg (BIL). Document étourdissant.

En raison des demandes pressantes, répétées, des intermédiaires saoudiens, le dossier prend rapidement les proportions d'une affaire d'Etat. Mais tout se passe dans la coulisse. Motus et bouche cousue.

Au début de l'année 1984, un grand conciliabule a lieu à l'hôtel Matignon. Il rassemble un sous-directeur du Crédit Lyonnais, Hervé de La Mettrie, Michel Delebarre (le directeur de cabinet du Premier ministre Pierre Mauroy), un membre de la DST — les services secrets, s'il vous plaît ! — et un représentant du ministère des Finances.

Entendu en décembre 1993 par le juge Jean-Pierre (qui a, lui aussi, reçu anonymement certaines pièces du dossier Joséphine), Hervé de La Mettrie, aujourd'hui à la retraite, lui confirme sa présence à la réunion de Matignon, de même que la réalité de cette affaire. Au juge, il déclare :

« Il a été question pendant cette réunion d'une commission réclamée par les intermédiaires anglo-saxons, intervenus à propos d'un soi-disant prêt sollicité par la France via la Citibank. Il s'agissait manifestement d'une tentative d'escroquerie (...). »

Et Hervé de La Mettrie d'évoquer, devant le magistrat et sa greffière, un mystérieux personnage. Il permettait à ces « escrocs » de se recommander « d'un certain M. Patrick ou Patrice dont ils prétendaient qu'il était un proche du Président de la République (...) ».

Savoir que l'on a cherché à s'enrichir personnellement à l'occasion d'un emprunt de la France à l'étranger, avec une commission occulte de 6 milliards de francs, laisse pantois. A côté, les carambouilles de l'ex-maire d'Angoulême, Jean-Michel Boucheron, le réseau Urba des fausses factures, la déshonorante affaire Vibrachoc de Roger-Patrice Pelat... toutes les corruptions que j'expose par le menu relèvent de l'artisanat.

Il est remarquable d'observer que, depuis, le dossier d'enquête du juge Thierry Jean-Pierre continue de dormir dans un placard du Mans. Avec celui de l'affaire Pelat-Vibrachoc. Le procureur de la République d'Angers n'y a, pour l'heure, pas donné suite. De son côté, son homologue de Paris, Bruno Cotte, ne m'a pas davantage invité à lui remettre les pièces constitutives de l'embarrassant dossier Joséphine où figure — entre autres documents éloquents — la lettre adressée, le 20 décembre 1985, au Président François Mitterrand lui-même, par le docteur Peter Freidenreich, l'avocat zurichois chargé, par les intermédiaires des Saoudiens spoliés, de récupérer les « émoluments (...) convenus ».

Je dis et je redis que, vu les sommes en jeu... et les personnalités citées dans ce conte fantastique, digne des Mille et une Nuits, et malgré la volonté obstinée de nos autorités à ne pas vouloir percer ses mystères, l'affaire Joséphine n'a pas dit son dernier mot.

A bientôt...

Paris, le 18 juin 1995
Jean Montaldo

Table

La composition de cet ouvrage
a été réalisée par l'Imprimerie BUSSIÈRE,
l'impression et le brochage ont été effectués
sur presse CAMERON *dans les ateliers de B.C.I.,*
à Saint-Amand-Montrond (Cher),
pour le compte des Éditions Albin Michel.

Achevé d'imprimer en juin 1995.
N° d'édition : 14558. N° d'impression : 1729-4/504.
Dépôt légal : juin 1995.